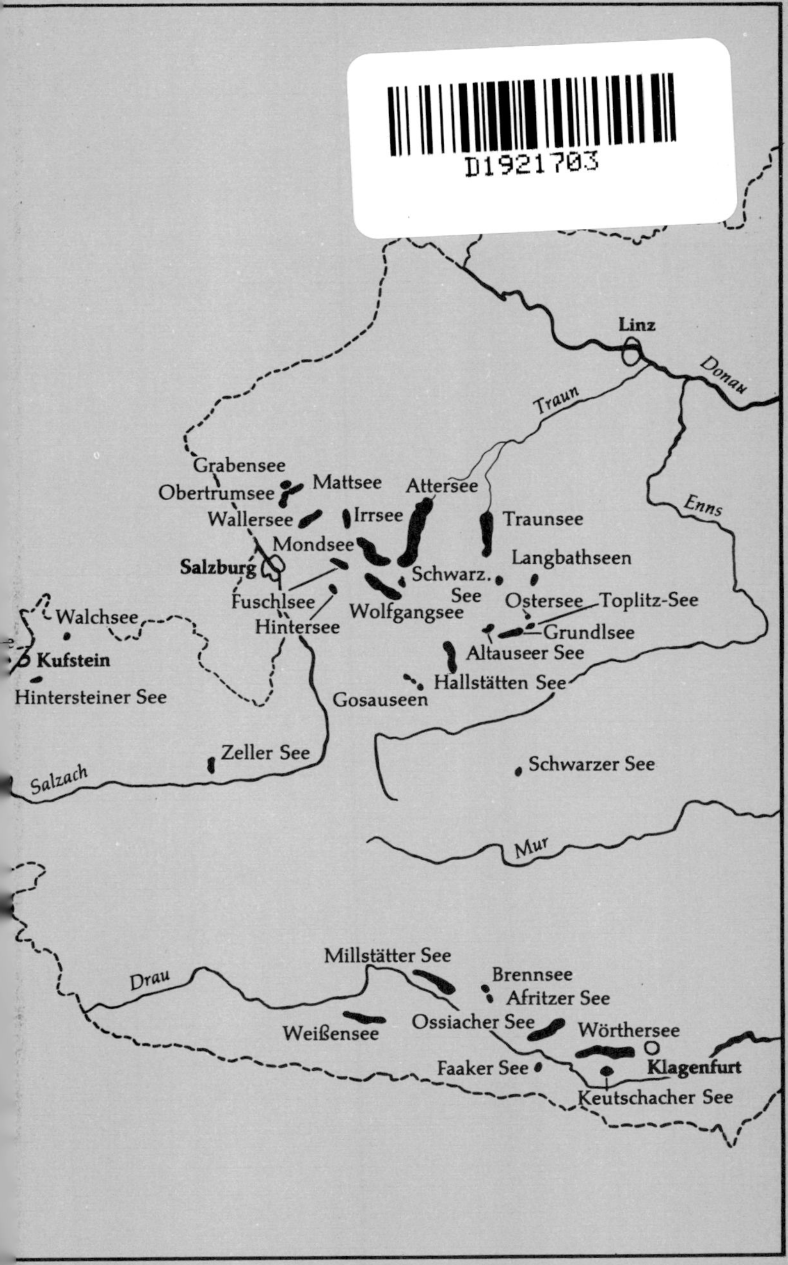
Linz
Donau
Traun
Enns
Grabensee
Obertrumsee
Mattsee
Attersee
Wallersee
Irrsee
Traunsee
Mondsee
Langbathseen
Salzburg
Schwarz.
See
Fuschlsee
Wolfgangsee
Ostersee
Toplitz-See
Grundlsee
Walchsee
Hintersee
Altauseer See
Kufstein
Hallstätten See
Hintersteiner See
Gosauseen
Zeller See
Schwarzer See
Salzach
Mur
Millstätter See
Brennsee
Drau
Afritzer See
Weißensee
Ossiacher See
Wörthersee
Faaker See
Klagenfurt
Keutschacher See

Heinrich Noë

Österreichisches Seenbuch

Herausgegeben

von Heidi C. Ebertshäuser

Hugendubel

Inhalt

Seen im Salzkammergut und der Steiermark

Seen in Kärnten

Seen in Tirol und Vorarlberg

Seen im Salzkammergut und der Steiermark

Salzburg

Die erste Studie, welche der Ankömmling auf dem Bahnhof von Salzburg machen kann, besteht im Anschauen eines handgreiflichen Stückes deutscher Einigkeit. Diese Uhr ist nach der Wiener, jene nach der Münchener Zeit gerichtet. Mitten in Deutschland steht die Schranke: wer nach Osten reist, muß an den argwöhnischen Augen der kaiserlichen, wer nach Westen wandert, an denen der bayerischen Zollwächter vorüber Gasse laufen. Die Herren haben den guten Geschmack, den Unverstand des Bestehenden dadurch abschwächen zu helfen, daß sie niemanden ernstlich belästigen.
In den Gemälden, welche den Wartesaal zieren, gibt uns der Künstler eine Vorrede in Farben zu unserem Buch: wir sehen die Seeflächen und Gletscher des Salzkammergutes. Diese Fresken bieten uns den Genuß der Übersicht und Vorahnung, wie ihn der erste Schritt nicht einer jeden Reise möglich macht.
Der Stadt zugewendet, treten uns der Staufen bei Reichenhall und der Untersberg am meisten entgegen. Zu letzterem locken Höhlen, Wasserfälle, die unvergleichliche Fülle bunter Pflanzen und elf Seen, deren Blau dem Auge auf seiner Höhe entgegendämmert. Mit Verwunderung sieht aber der Fremdling Felswände und Gebirge in der Stadt selbst, an deren Gestein die grünen Alpenwasser hinrauschen – von Wäldern und Lustgärten auf ihrem weithin gedehnten Rücken beschattet. Die Alm, welche Gärten bewässert und Rinnsteine ausspült, zeigt dir die grünen, dem Königssee entronnenen Wellen. Den Wechsel der Bilder, die sich von den Höhen entdecken lassen, vermag nur diese eine und einzige Stadt zu bieten.

Deutschen ›Ausländern‹ wird es, wenn sie kaum ein paar Straßen durchwandert haben, klar, daß sie sich in einer österreichischen Stadt befinden. Von den bunten Uniformen der Soldaten abgesehen, zeigen es ihnen die Gewänder verschiedener und ziemlich zahlreicher Vorüberwandelnder, daß die Bewohner dieser Stadt Landsleute im fernen Osten haben. Abgehärmte Gestalten mit braunen Gesichtern und zerrissenen Mänteln gehen ihren jämmerlichen Geschäften nach, und rasch heften sich an die Fersen des Fremden, der ein öffentliches Lokal betritt, Krämer aus Gottschee mit ihren Körben voll Orangen, Schokoladetafeln und Sardinenbüchsen. Diese Gestalten fallen nur demjenigen Fremden auf, der aus deutschen Ländern kommt, in welchen die ordnungsliebende Polizei im Vordergrund aller Dinge steht.

In Tomasellis Kaffeehaus kann man Offiziere gähnen sehen, in Nellböcks Hotel eine Musterkarte aller möglichen Biere durchtrinken, im Keller des Stifts von St. Peter die Weine Niederösterreichs verzeichnet lesen, Mozarts Geburts- und Wohnhaus in der Getreidegasse und auf dem Hannibalplatz betrachten, allenthalben aber den Kutten geistlicher Orden begegnen. Das Grabmal des Theophrastus Paracelsus und das berühmte ›heilige Kindel‹ von Salzburg in der Lorettokirche vernachlässigen wir gerne über einem Spaziergang auf den Kapuzinerberg. Wer die Landschaft Salzburg als unvertilgbares Gemälde in den Bildersaal seiner Erinnerungen aufnehmen will, der steige auf das Plateau dieser Höhe.

Die Salzburger sind gute Patrioten, denn sie ziehen verschiedenartigen Vorteil aus der Grenze. Während des großen Krieges im Sommer 1866 gab es keine loyaleren Österreicher. Wer am 4. Juli die große Hiobspost erzählte, lief Gefahr, über die Achsel angesehen oder beleidigt zu werden. Bayerische Beamte, die aus Mitleid einige preußische Gefangene mit einem Abendessen bewirteten, wurden als Spione verdächtigt. Diese abweisende Haltung gegen das Ausland erstreckt sich indessen nicht auf seine klingende Münze. Im Gegenteil. Um die Fremdlinge mit besserem Gewissen erleichtern zu können, hat sich Salzburg als ›Saisonstadt‹ und in allerneuester Zeit, einem dringenden Zeitbedürfnis abzuhelfen, auch als ›Badeort‹ proklamiert. Bescheidene Reisende mögen sich in der ›Saison‹ wohl gegen unangenehme Überraschungen vorsehen. Beim Versuche, Saison zu machen und unter dem Vorwande ›Saison‹ die Fremden zu prellen, steht indessen die alte Stadt mitnichten als die einzige da unter den Städten Judas.

Sagen um den Untersberg

Vor einem Jahr ging ich an einem Sommermorgen durch den kühlen Schacht des Neutors. Ich wollte in das Moor hinausgehen, über welches der blaue *Untersberg* heraufragt, von der Farbe des Himmels nur durch kleine Schneeflächen abgehoben, welche noch auf seinem Grat schimmerten.

Ich dachte an die Erzählung Hrodgars im Beowulf und an

> Die dunkeln Geister, in Düsternis
> Bewohnen sie Wolfsschluchten, windige Klippen,
> Das fahrvolle Fennmoor, wo in Felsenströmen
> Unter nächtlichen Klüften niederstürzt die Flut,
> Den Werder unterwühlend.

Indem ich nach ihren Wohnsitzen hinüberschaute, verlor ich nachsinnend den mittäglichen Glanz aus den Augen, der allmählich in der schwülen, wäßrigen Moorluft zitterte, und gab mich in die Zaubersphäre gefangen. Aus den Säulen und Haufen der Sommerwolken, die am dun-

keln Himmel aufstanden, erhob sich in mir das Bild eines Riesenbaumes, Yggdrasil, welcher grünen wird, wenn die guten Götter wiederkommen. Ich schritt hier über einen Boden hin, in welchem künstliche Sagen Juvavum versunken glauben – jene Stadt, deren Namen gelehrter Blödsinn als ›Helfenburg‹ bezeichnet – ein Versinken, welches im Ernste zu widerlegen sich mancher Gelehrte herabwürdigte. Dieser selbe Gelehrte hätte mehr Gewinn von seinem Nachdenken gehabt, wenn er es statt auf die versunkenen Mauern auf die im Berge eingeschlossenen Gestalten gerichtet hätte.

Man weiß, daß die alten Asen untergehen und erst nach langen, dunklen Kämpfen verklärt in eine umgewandelte Welt wieder hervortreten. Man weiß ferner, daß im Bewußtsein des christlich gewordenen Volkes die riesigen Gestalten der alten Götter nach und nach in die sagenhaften Helden einschrumpften. Statt des neuen Himmels und der neuen Erde hatten die Leute später nur mehr die Vorstellung von einer ›besseren Zeit‹, welche kommen wird, wann die ›Helden‹ wieder auferstehen. Yggdrasil, die Weltesche, welche erst mit der neuen Erde wieder grünen wird, wird zum Birnbaum, der Knospen treibt, wenn der Kaiser aus dem Berge tritt.

Aus den Einberiern, Odins Genossen in Walhall, dem Totenheer der wilden Jagd, sind Ritter und Reisige geworden, und aus Surturs Flammen, welche die alte Welt vertilgen, als deren Erneuerung eine glänzendere ersteht, der Türkenzug, der bis an den Rhein geht und zugleich die blutigste Zerstörung wie die herannahende neue Glorie Germaniens bedeutet. Die Raben Hugin und Munin, Gedanken und Erinnerung, welche einst dem Gott auf seinem Throne alles, was auf der Welt geschah, in die Ohren raunten, haben hier dem Kaiser zu berichten, ob die jämmerlichen Gaugrafen und Winkelfürsten sein

Volk noch immer durch ihre Fähnlein machtlos halten. Der ursprünglich allgemeine metaphysische Gedanke verblaßte so vor dem aufsteigenden Gestirn der neuen Religion zu einer verworrenen Sage. Der Gott stieg zum Kaiser, die wiedergeborene Welt zum wiedergeborenen Deutschland, die Helden des Walhall gar zu Hofadeligen herab, der Baum der Zeit zum Birnbaum, dem politischen Wetterzeiger.

Einen Grundgedanken hat die verblaßte noch mit der lebendigen Anschauung gemein. Beide *hoffen*. In der Mythe von der neuen, schönen Welt wie in der Sage vom wiedergeborenen Deutschland steckt ein idealer, optimistischer Zug. Ihr Paradies liegt nicht in der Vergangenheit, wie das mosaisch-christliche, sondern in der Zukunft. Darüber wird sich jeder nach Anlage und Erfahrung von den Dingen der Welt seine eigene Meinung bilden – entzündliche, jugendliche Bildungen sind geneigt, an die neue grüne Erde zu glauben. Ich für meinen Teil denke, daß die Weltesche wohl unzählige Mal Grünen und Welken sehen wird, bis sie der schließliche Tod ereilt und daß, solange diese Kugel belebte Wesen trägt, die Weisheit von Odins Rabenzauber bestehen mag:

Nornen weisen,
Alfen verstehen,
Menschen dulden.

In volkstümlicher Beziehung dagegen möchte wohl niemand geneigt sein, der Sage allen Wert abzusprechen. An ihr hat sich schon manches sehnsüchtige Gemüt aufgerichtet.

Seen im Salzkammergut und der Steiermark

Von Salzburg zum Mondsee

Ich wandere dem Wasser nach und sehe, wie es dürre Blätter talwärts trägt. Zwischen den Erlen am blocküber-sähten Ufer hängen stahlblaue Früchte, der saure Schlehdorn und die giftige Einbeere. Vor einer Unglückstafel – ein Schneider, der auf die ›Stöhre‹ ging, stürzte, das Bügeleisen voran, in die nebenan ausgehöhlte Sandgrube – liegt ein Weib, das Gesicht mit einem roten Tuch verhüllt, und schnarcht den Schlaf des Müden; die Kühe, die, von einem Viehmarkt zurückgetrieben, vorüberkamen, blieben neugierig stehen. Es wird Abend, und die goldenen Farben der Dämmerung verbleichen. Mit den Lichtern dringen uns aus manchem Haus am Weg laut betende Stimmen entgegen – Fledermäuse schwirren in unstetem Fluge hin und her. Von der einen und anderen Alp, auf welcher morgen ›abgetrieben‹ wird, fangen Feuer an herabzuschimmern; aber sie lodern nicht mehr auf den längst verlassenen Spitzen, sondern brennen auf niederen Hängen, wo schon die Felder der hochgelegenen Bauernhäuser an die bald vereinsamten Matten grenzen. Mägde kehren vom Feld heim: sie haben den Tag über nach dem Flachsdreschen das ›Haar‹ auf den Gründen ausgestreut. Andere Dirnen stehen in einem offenen Gemäuer und ›brechen‹ den Flachs. Sie waren in der vergangenen Nacht zu ihrem mühsamen Tagwerk aufgestanden. Wenn sie einen Fremden sehen, ergreifen sie gern das hergebrachte Vorrecht ihrer Arbeit. Sie jubeln ihm zu und streuen ihm von dem wergartigen Gefaser auf den Weg. Die Ehre muß er mit einigen Gläsern Branntwein bezahlen, worauf ihm mit einem kleinen Feldblumenstrauß gedankt wird, den sie ihm unter lautem Geschrei mit einem rasch aus Werg gefertigten Band am rechten Arm befestigen.

Mondsee

Ein wildes Hin- und Herjagen von Nebeln zeigt und versteckt den Mond, unter welchem im See eine breite Fläche von blassem Licht sich hebt und senkt. Die flimmernde Dämmerung hält uns wohl die großen Linien der Landschaft, wie sie sich aus Wasser und Gestein entwikkelt, verborgen, aber bei dem Schein des Gestirns däucht es uns am besten, zuerst den ihm heiligen See zu erblikken. Es gibt kaum irgendwo ein Gewässer in den Bergen, dessen Ufer vom Licht des Mondes in Verbindung mit der Wasserfläche in so auffälliger Weise verklärt und verwandelt erscheinen. Man muß ihn unter diesem Schein gesehen haben, wenn man ihn kennen will.

Der alte Maninsee ist dem ›Herrn Man‹ zugehörend, dem ›Herrn‹, wie die leblose Kugel von den Bewohnern des Salzachlandes noch heute genannt wird. Mani, der göttliche Zwerg, wurde an den waldigen Gestaden verehrt. Weiter im Osten gehört ihm ein Bergwald: der Man-Hart (Mondwald). Hier aber zieht sich sein Gewässer hin, dessen Wellen im Norden an grüne Wiesen und Hügel, dort im Süden an jähe Felswände schlagen.

Es gibt freilich auch solche, die es besser wissen, wie es sich mit dem Namen dieses tiefen Sees verhält. Wenn man eine Landkarte betrachtet und sein Vorstellungsvermögen nach den Angaben und Einflüsterungen eines anderen stark anstrengt, so ist es am Ende nicht undenkbar, daß man eine Ähnlichkeit der Ufernumrisse mit der Mondsichel entdeckt. Wer aber den See vom Ufer aus betrachtet, sieht eine eiförmige Wasserfläche – die obere Einbuchtung gegen Osten verstecken ihm waldige Vorsprünge –, und er denkt gewiß an jeden Gegenstand der sichtbaren Welt eher als an die Mondsichel. Eigentlich sollten alle Seen, deren Gestade Krümmungen darbieten, Mondsee heißen, wenn jene Etymologen recht behalten, welche behaupten, daß Markomanen oder Heruler, oder wer immer von unseren schöngeistig so sehr zurückgebliebenen Ahnenstämmen sich zuerst hier herumtrieb, Wassern und Bergzügen Namen nach idealen Umrissen gegeben haben.

Beim Vicenz zur ›Goldenen Krone‹

Beim Vicenz zur ›Goldenen Krone‹ ist es schon recht herbstlich geworden.
Es ist heute ernstlich einsam in dem gastlichen Hause, in welchem sonst rasch der Ankömmling das Lager des eben Fortgewanderten einnimmt. Die Einladung eines werten Freundes zu einem ›Cithernball‹ können wir deshalb nicht zurückweisen. Beim ›Zeisberger‹ im Vorplatz der ersten Flur, den die genügsame Damenwelt Mondsees ohne Sträuben als Ballsalon gelten läßt, spielen zwei Künstler auf der Lyra der Alpen. Der nachgiebige Boden zittert unter Walzer und Schottisch; er muß aber auch das Stampfen eines ›Steierischen‹ aushalten, dessen unbequeme Arm- und Schenkelbewegungen manchem Zuschauer Rufe der Verwunderung abnötigen. Da stehen ein paar stämmige Bauernburschen, den dicken Nacken militärisch steif emporgerichtet, in der blauen Uniform königlich sächsischer Soldaten, ›Brigade Kronprinz‹, sämtlich verwundete ›Königgrätzer‹, die hier im grünen Alpenland unter der menschenfreundlichen Pflege des Fürsten Wrede, des Schloßbesitzers von Mondsee, ihre Heilung gefunden haben.
Ein sehr kurioser Tanz das! meinen die Krieger des bundestreuesten aller vaterländischen Potentaten.

Freilich ein kurioses und anstrengendes Vergnügen. Mitten in der Bewegung des Tanzes müssen die Männer zeitweilig Schnaderhüpfl singen, mit den Fingern schnalzen und die Fersen auf den Boden schlagen, daß der Zuschauer meint, alle Muskeln und Nerven des ganzen Fußes würden schmerzlich geprellt. Kurioser Tanz!

Im ›Königsbad‹

An der östlichen Uferstraße, die hart am Wasser fortläuft, steht neben Schiffshütten, Villen und Bauernhäusern aus dunkelbraun angewittertem Holz das Königsbad, ein wohleingerichtetes Haus. Wer in einem seiner bequemen Zimmer sitzt, hat ebenso viele gewaltige Bilder im Rahmen vor sich, wie Fenster im Gemach sind. Wälder und Berge schauen auf seine Lagerstätte oder seinen Arbeitstisch über den sonnig funkelnden See herüber, dessen Strand nur einige Ellen von dem Gemäuer des den Bergwundern zugekehrten Hauses in meergrüne Tiefen abstürzt. Ein halb lichter, halb dunkler Streifen bezeichnet den Rand. Ein anderer grüner Streifen aber setzt sich auf dem trockenen Gestade fort – Pappeln, Weiden und Erlen im saftigen Gras, manchmal von winzigen Gärten unterbrochen, in welchen späte Blumen sich ihrer gehegten Pracht freuen.

Ich nehme in dem Hause mit den wunderschönen Bildern meinen Aufenthalt.

Der Wasserfall am Mondsee

Der *Wasserfall,* welcher über einen hohen Absatz der Wände niederweht, muß im Frühling gesehen werden, wenn der schmelzende Schnee ihn anschwillt. An der großen der heiligen Thekla geweihten Fichte vorüber

führt der Pfad auf dem reich entwickelten Moos fort, das, mit Efeu, Alpenrosen, Heidelbeeren, Immergrün und Alpenveilchen in zahllosen Büschen durchwachsen, auf dem dichten schwarzen Waldboden wuchert. An herabgerollten Blöcken haben sich Nadelhölzer angesiedelt. Dazwischen steht an manch lichterer Stelle ein belaubter Baum, an dem die wundersame Mistel hinankriecht.
Durch den Einschnitt in den Felswänden, über welche der Wassersturz weithin vernehmlich herabrauscht, wehen an Lenztagen heiße Winde herein und rütteln an den Fichten, während der See unten von schwerer eisiger Ostluft bewegt wird. Wer in solchen Stunden den Waldpfad hinansteigt, den überkommt eine Empfindung, als ob er sich in einem Bade befände, in welches kaltes und siedendes Wasser zu gleicher Zeit einströmt. Das Wasser, am Felsen jäh hinabgleitend, zittert hin und her, und man sieht, daß wir uns vor einem jener Wasserstürze befinden, welche die hergebrachte Bezeichnungsweise Schleierfälle nennt. Wir betrachten das schaumige Rieseln und Wehen: Fels-Dreiecke überall, rote vom Gischt überwaschene Sandsteinfelsen, ein mit Trümmern übersätes Bett, in welchem die herabgeschmetterten Fluten sich seeabwärts zwängen, und neben der Felskante, an welcher dort oben der Bach sich zum Sturz hinabbeugt, eine Legföhre, welche zittert und schwankt wie unten das zerstiebende Ende der breiten Säule.
Der Drang des neben ihr sich abwärts krümmenden Baches, die erschütterte Luft müssen das Gewächs bewegen, welches wie ein Geiernest an dem mauergeraden Drachenstein hängt. Stümpfe, eingestürzte Vorragungen der unterhöhlten Felsen und geborstene Blöcke, allenthalben im Forst zerstreut, kennzeichnen wohl die wilden Gewalten in Luft und Wasser. Und wenn wir am späten Abend heimkehren, so zeigt sich vielleicht, zwischen

hohe Wipfel eingeklemmt, der gelbe Mond, und die Eule mengt ihr dumpfes Gelächter in das allmählich verwehende Summen des hohen Sturzes.

Sensenschmieds neue Herberge

Unser Wirt ist ein erfinderischer Kopf und begreift die Anforderungen seines Jahrhunderts. Früher einfacher Sensenschmied, ließ er sich den Gedanken beikommen, an dieser Stelle, wo an windgeschütztem Abhang die anziehendste Aussicht über See und Berge einladet, das ärmliche hölzerne Bauernhäuschen, welches da, der Schönheit des Ortes unbewußt, stand, zu einer Herberge für Naturfreunde umzugestalten. Dies ist ihm vorzüglich gelungen – denn er ist ein Tausendkünstler. Er baut ein Haus selbst, er zimmert Schiffe selbst. Die Fremden finden in dem Hause am Seestrand, das sich mit jedem Jahr organisch weiterentwickelt, mehr Bequemlichkeit als in den Gasthäusern des Marktes, in welchen sie vor ihren Fenstern nur Mauern sehen und Lüfte einatmen, welche mit dem feuchten Waldhauch, der über den See herüberzieht, weder ihrer Fühlung noch ihrer chemischen Zusammensetzung nach Ähnlichkeit haben.
Über den Sommerfreuden darf der kluge Hausvater das vaterländische Publikum nicht vergessen. Es geht ihm wie einem österreichischen oder bayerischen Schriftsteller, der, obwohl er seine Freunde und seinen Markt in weiter Ferne hat, dennoch nicht selten sich nach dem Geschmack in seiner nächsten Nähe umschauen muß. Bei dem trefflichen Tafner tritt die Erwägung hinzu, daß der Sommer fünf, der Winter dagegen sieben Monate dauert und daß er während der sieben mageren Monde der Gäste nicht minder bedarf als zur Zeit der fünf fetten. Er trachtet deshalb nach wohlverdienter Popularität: Baum-

J. Weber

klettern, Ballon steigen lassen, Wettfahrten auf dem See ziehen die biederen Bergbewohner in einträglichen Scharen an.

Auch um die Hebung eines patriotischen gesamtstaatlichen Bewußtseins im Volk dieser Berge ist der Besitzer des Königs nicht ohne sichtbare Verdienste. So verkündete ein Künstler eines Tages durch ein Werk von seiner Hand den auf dem Marktplatz stehenden Bauern, daß auf der Seehöhe des Königsbades ›die Schlacht von Lissa‹ dargestellt werden würde. Man sah zerfetzte Piemontesen in purpurrotem Rauch verschwinden, Köpfe, Arme und Beine über brennenden Schiffen herumfliegen. Dies alles würde auch in Wirklichkeit zu sehen sein – so dachten die meisten. Den dichtgedrängten Zuschauern wurde aber kein anderer Anblick zuteil als der eines leidlichen Feuerwerks. Zum Schluß flog von einem Floß aus ein hölzerner Böller in die Luft, und statt menschlicher Gebeine und Köpfe fielen aus dem Rauche die brennenden Späne des Geschosses in den dunklen See.

Bei mir ist das Mitgefühl an den politischen Schicksalen der engeren Vaterländer nicht in dieser idealen Weise entwickelt, und deshalb stehe ich nicht an, zu behaupten, daß ich derjenigen Seite von Tafners Tätigkeit mehr Aufmerksamkeit widme, die sich auf seine Küche erstreckt.

Das Benediktinerstift und die Mariahilf-Kapelle am Mondsee

In der Pfarrkirche des uralten Benediktinerstiftes schauen vom Hochalter fünf teils sitzende, teils liegende Skelette in das Schiff. Man könnte glauben, es werde hier ein Gott verehrt, dem Menschen zum Opfer fallen. Der schöne gotische Bau ist durch die wüste Pracht des Zopfes verunstaltet. Das Benediktinerstift, einst von Utilo, Bojariae duce, gestiftet, ist ein fürstliches Schloß. Ich habe einen dicken Sammelband vor mir, in welchem Chroniken, Dokumente, Predigten, die sich sämtlich auf Mondsee beziehen, in lehrreicher Folge vereinigt sind. Man sieht aus einer dieser Abhandlungen die Absicht des Gründers. Der mehrere Teil Deutschlands, und unter diesem auch das Noricum Ripense, war mit abergläubischen Gebräuchen, so nach dem Heidentum schmeckten, oder wohl gar mit einer großen Anzahl schwarzer Irrgeister angefüllt, denen die unglückseligen Inwohnern als Götter opferten. Die zauberischen Alraunen, welche noch in den Bergklüften verborgen steckten, verursachten größeren Schaden, als die Basilisken, da sie die Seelen nicht minder als die Leiber unserer Voreltern vergifteten. Auch ein lateinisches allegorisches Drama über des Stiftes Geschichte finde ich darin. Ich könnte viel Seltsames aus dem alten Wust zu Tag fördern, aber ich bin ein Spaziergänger in der umgebenden Welt und habe an alten Historien, die schon irgendwo gedruckt stehen, gar keine Freude.

Daneben zieht sich ein Weg in leichtem Ansteig nach der Mariahilf-Kapelle hinauf. Dort steht eine große Linde, die in allen Reisehandbüchern genannt wird, weil man in ihrem Schatten eine anmutige Fernsicht genießt.

Mehr berühmt im Volke ist aber die Kapelle. Hunderte von Votivbildern bezeugen es. Das Gnadenbild steht in einigem Zusammenhang mit dem Baderhaus dort hinter dem Schloßgarten, indem es sich aus unbekannten Gründen schon mehrmals in dessen Brunnen auffinden ließ. Der Zudrang der Landbewohner ist ein großer – die Honorationen des Marktes dagegen besuchen häufiger die unmittelbar daneben stehende gedeckte Kegelbahn.

Neben einem Haus haben die Leute eine kleine Muschel- und Tropfsteingrotte eingerichtet, der sie den Namen ›Mariahilfquelle‹ geben. Jetzt im trockenen Herbst fließt

darin kein Wasser, aber auf die Einbildungskraft eines Kindes oder eines schlichten Bauern wirkt das Grottenhäuschen mit den bunten Figuren sicherlich wie eine recht hübsch ausgestattete Krippe. Es zieht sich um den ganzen Hügel eine Weihe, daß die andächtigen Besucher auch an kindischem Spielwerk ihr Genügen finden.
Herunten am See liegen mächtige Stämme und Bretter. In der Umgehend ist auch die eigentliche Heimat der oberösterreichischen Holzhändler. Die Bretter werden auf dem See weitergeschafft, an seinem Ostende über die schmale Landzunge nach dem Attersee, dann auf dessen Ausfluß, der Ager, in die grüne Traun gebracht, mit welcher sie in die große Donau hinabschwimmen. Ein arges Leidwesen dieser Spekulanten wurzelt in dem Übelstande, daß die kleine Ache, welche den Mond- und Attersee verbindet, kein tieferes Bett hat, so daß sie mit Flößen zu befahren wäre. Dann brauchte man die Hölzer nicht mit schweren Kosten über den tiefausgefahrenen Weg der Landzunge zu schleifen. Der Freund einer schönen Waldnatur seinerseits wird sich über jenes Hemmnis nicht ärgern und ebensowenig der nunmehr beabsichtigten Verbindung durch einen für Dampfschiffe fahrbaren Kanal seine Wünsche zuwenden; denn je leichter der Verkehr zu Wasser, desto rücksichtsloser verwüstet man die Forste.

Aufstieg auf den Schafberg

Der *Schafberg* mit seinem kühn geschwungenen Horn, die auffallendste aller Höhen am Seegestade, ist so recht einer jener Gipfel, bei deren Anblick man sich denken muß: ›Da droben möchte ich stehen und ins weite Land hinausschauen!‹
Der kalte, frostige Morgen eines dieser schon so kurzen Tage bietet freilich keinen gar zu sehr aufmunternden

Anfang eines Marsches, der uns bis in die kühle Höhle von sechstausend Fuß bringen soll. Wir wandern das östliche Ufer entlang dem Berge zu, der noch in undeutlicher Dämmerung über die Flut emporsteigt. Bald erscheint in den Wellen der Glanz des aufgehenden Gestirnes – die niedrigen Strahlen blenden. Der Reif an den Uferweiden fängt an, sich in Tropfen zu lösen, Fische schnalzen im seichten Wasser auf, von der Drachenwand drüben tragen die übereinanderströmenden Luftschichten immer deutlicher das Rauschen ihrer Ache zu uns her.

In der Luft dieser späten Tage liegt eine empfindliche Unterscheidung zwischen Sonnenschein und Schatten. Unter den beschatteten Buchen weht Winter von den bereiften Blättern und aus dem weißen Unterholz, die Raben flattern krächzend über noch nicht entlaubte Wipfel; in den Baumschlag des Südabhanges dagegen fällt schon die Sonne warm und duftig, daß die Kronen ein buntes Wirrsal von goldgelben, roten und grünen Spiegelungen darstellen.

Da kommt etwas Seltsames in den Schatten herab: eine hagere braune Gestalt – ist es ein Mann, ist es ein Weib? Sie trägt einen kunstgerecht verschlungenen weißen Turban, eine hellgrüne Jacke, einen kurzen Weiberrock, der nur wenig über die Knie hinabreicht; die Füße sind dürr und stecken ohne Bekleidung in den Pantoffeln, die klappernd nachgeschleift werden. Sie singt mit schriller Stimme ein Lied, in welchem ich das Wort Jesus unterscheide. Für den Kenner des Landes ist es augenscheinlich, daß hier eine Verkörperung des einheimischen Kretinentums in starker Ausprägung an ihm vorüberwandelt. Sie ist aus der Ischler Gegend und pilgert alle 14 Tage unter frommen Gesängen nach der Mariahilf-Kapelle.

Vor uns in der Tiefe glitzert es – vor dem Kar der Hel

hebt sich ein See aus dem Baumdunkel. Es ist ein sonderbares Gewässer, an dem niemand zum ersten Male vorübergehen wird, ohne sich an die Brüstung zu lehnen, die in seinen feuchten Abgrund niederschaut. Die schwarzgrüne Flut steckt in waldigen Felshängen gefangen – Landzungen mit gewaltigen Buchen unterbrechen ihr Rund. Der See ist einer von jenen Wesen, denen ein tieferes Auge die Zweideutigkeit der Natur am raschesten abforscht. Hier ragen die hohen Wipfel, von dem leisen Zittern der Fläche schwankend, verlangend gegen die tiefe Sonne im Wasserabgrund – von dort betrachtet erscheint dir in den Waldschatten eine tief eingesenkte lichtlose Pfütze.

An dem schmalen Rand, welchen der umgebende Wald gegen die Wellen hin frei läßt, grasen Pferde, aus diesem und jenem Dickicht hallen jubelnde Stimmen. Wo der Rasen breiter wird, steht hier und da eine Hütte im Schatten fruchttragender Bäume. Dort hängt ein Christus am Ufer, dessen Anblick mit Grausen erfüllt. Der weiße Leib ist mit Blut überlaufen, die Rippen stehen wie ein viereckiger Korb hervor. Herbstblumen, frisch gepflückt, hängen um sein Haupt, das sich kläglich gegen den glasigen Abgrund der Wasser neigt. Ihm gegenüber aber schaut ein Luftschloß in den See: eine weitausgedehnte Blumenterrasse trennt seine frisch getünchten Mauern vom dunklen Wald und vom dunkleren See. Dahinter hebt sich der Steig zum Berge, von wohlgepflegtem Wald beschattet. Die Lücken im Dunkel der Bäume gestatten dem Auge wieder ein vergnügtes Abmessen der zuwachsenden Höhe. Schon erblickt es, vom Mondsee durch eine Landenge getrennt, die glatte Fläche des Wolfgangsees. Dieser ist ein wunderbar anziehendes Gewässer. Wie dort am Rande des Himmels die grünen Matten der Berge blau erscheinen, so ist auch dieses Wasser zwischen seinen hohen Bergen von der Farbe der Luftwölbung überflogen. Nur hier und da, nahe an seinen gewaltigen Uferwänden, zeigt sich eine grasgrüne Spiegelung. Von den leicht zugänglichen und *mit einem Gasthaus versehenen Berggipfeln* kann man in den deutschen Alpen wohl nur die Hohe Salve bei Wörgl in Tirol in bezug auf die Schönheit ihrer Rundschau mit dieser Spitze vergleichen. Dennoch ist der Vergleich unzulässig: Das Charakteristische und Prächtige der Fernsicht von jenem Tiroler Berg bleibt die unabsehbare Eiskette der nah gerückten Tauern und der ihn gerade im Kreise umgebenden Felsenrücken. Hier aber sind die großen blauen Seespiegel gar schön, wie deren vom Chiemgau bis zum Traunstein wohl ein Dutzend überschaut werden, und manchen fesselt auch das Gewimmel der Linien und Umrisse im verschwimmenden Hügel- und Flachland. Die Gletscherwelt fällt nicht so sehr ins Auge: ihre glänzendsten Vertreter sind der *Dachstein* in der Steiermark und die *Übergossene Alp* im Pinzgau. Diese gleicht einer großen, blendenden, vom Südwind am Horizont heraufgehobenen Wolke.

Das Gasthaus auf dem Tiroler Berg besteht aus einer grauen Hütte, der es sowohl an soliden Nahrungsvorräten wie an Bequemlichkeit fehlt – hier aber erhebt sich ein großes gemauertes Gebäude, welches ebensogut an einer Heerstraße stehen könnte. Man betrachte zum Beispiel im großen Salon, den dort aufgehängten Speise- und Getränke-Tarif und die stattliche Anzahl gut gearbeiteter Matratzen, die, eben aus den Wohnzimmern herabgeholt, hier zum winterlichen Verschluß aufgestapelt werden. In dieser nicht unwichtigen Beziehung gleichen sich die beiden nur, wie etwa ein Wirtshaus einer Sennhütte gleicht.

Die Ermüdeten, welche hier oben zum Fenster hinausschauen, werden aufhören, sich auf ihre Anstrengungen

allzuviel zugute zu tun, wenn sie zwei der Männer betrachten, welche eben vor dem Hause stehen. Beide sind dazu bestimmt, den Winter über dieses Haus zu hüten gegen Beschädigungen, die aus Mutwillen oder Neid hervorgehen. Da führen sie ein hartes und trübseliges Leben. Erkranken dürfen sie nicht, denn es kann die Unmöglichkeit eintreten, über die Schneewehen und Glatteishänge hinweg Hilfe zu suchen oder zu bringen. So können sie, wenn der Nebel den Berg umlagert, wie verschollen hier hausen und hören keines Menschen Stimme, bis das Brausen der Bergstürme sie erlöst. Es hat sich vor noch nicht langer Zeit der Fall ereignet, daß die Hüter während einer grimmigen Zeit herobenbeinahe verkommen wären. Endlich bemerkten die Leute im ›Batzenhäusl‹, das unten am Krottensee liegt, ihre verzweifelten Bewegungen. In neuester Zeit hat übrigens der wakkere Besitzer des Hospizes die verständige Einrichtung eines optischen Telegraphen getroffen. Eiserne Arme und Hebel, die auf einer Steinsäule nahe beim Hause angebracht sind, können zweiunddreißig Signale geben.
Mit ihnen befiehlt der Herr im Sommer den Seinigen, welche Lebensmittel oder Getränke sie ihm aus dem Tale hinaufbringen sollen. Im Winter bezeichnet jede Veränderung an der Stellung der eisernen Arme einen Hilfeschrei der Hüter.

Eine Nacht auf dem Schafberg

Wenn ein fünfstündiges Herumsteigen im Schnee, nach je einigen Schritten durch Einbrechen, oft bis an die Hüften, unterbrechen, den ganz enthusiastischen Wanderer ermüdet und herabstimmt, so kann dessen Schilderung beim Leser nur das verwandte Gefühl der Langeweile anregen. Ich fliege also über die Fußstapfen und Schneegruben, mit welchen manchmal die ganze Länge unserer Körper Bekanntschaft machte, hinweg und bin schon in jener Nähe des Gasthauses angelangt, welche uns hinlänglich dünkte, um durch Jauchzen die Inwohner herauszulocken.

Noch eine gute Strecke heißt es über die Schneewehen hinklettern. Der Schnee hat alle Unebenheiten, Steine, Legföhren zugedeckt und stellt ein steil abfallendes Dach dar. Die Gestalt der Bergspitze ist eine andere geworden. In den Pausen, welche uns der jähe Grat abnötigt, schauen wir in die weite Welt hinaus. Der Westen lodert wie in einem ungeheueren Brand – aber sein glänzendster Feuerstreifen ist keine Wolke, sondern der große Chiemsee. Von allen Gipfeln schimmert es rosig hinaus. Die erhabenen Eisfelder der Gletscher haben jetzt nichts mehr voraus vor der waldigen Kuppe. Sie liegen alle, alle unter tiefem Schnee. Wenn der Strahl des Gestirnes sich abwendet, stellen sich nur mehr zwei Farben unseren Augen dar: Weiß und Schwarz. Die Wälder sind schwarz, die Täler sind schwarz, die Seen gleichen Tümpeln von Tinte.

Doch wir haben keine Zeit mehr zu ästhetischen Parallelen; es wird dunkel, und der laue Föhn rast. Unser Hund eilt mit freudigem Bellen dem Maierbauern-Hans zu, der uns jetzt endlich grüßend entgegenkommt.

Das Winterleben der beiden Wächter ist ein seltsam einsames, und sie freuen sich der unverhofften Gesellschaft unendlich. Der Maierbauern-Hans insbesondere wird nicht satt zu hören, noch weniger aber selbst zu sprechen.

Die Bücher, welche er auf dem Tisch liegen hat (ein Band von Castellis Werken und Aristophanes in der Übersetzung von Seeger), können ihn morgen wieder trösten, und das harte Holz, aus dem er Stiefelzieher schnitzt,

kann morgen seine Hände wieder beschäftigen – heute erzählt er den Gästen vom Schafberg.
Den eigentlichen Gegenstand des Gespräches bilden, wie man sich leicht vorstellen kann, Wind und Wetter. Daß derjenige, welcher sich hier oben einen Winter lang aufhält, in beiden hartgesotten wird, versteht sich. Wenn er uns dennoch erzählt, daß er neulich in einem Schneewehen auf dem ›Schneidrücken‹ beinahe zu Grunde gegangen, so dürfen wir annehmen, daß uns in besagtem Sturme Hören und Sehen vergangen wäre.
Manchmal verläßt er uns und geht vor das Haus, um aus dem Freien seinen frischen Gesang erschallen zu lassen. Wir folgen ihm. Ferne Berge Kärntens und der Steiermark ragen auf im fahlen Schein – gegen Norden, gegen das Böhmerland hin, lagern sie undurchdringlich. Es ist eben und platt dort draußen.
Plötzlich lodert ein greller Glanz – Hans hat eine schwarze Kugel angezündet, welche bengalisches Licht ausstrahlt. Wir, das Haus und die Schneehügel um uns sind für einige Augenblicke von gelben Blitzen umwoben, dann verlöscht die Glut prasselnd im Wasser, das der laue Südwind von der Schneedecke löst.
Die Kugel, sagte Hans, war eigentlich da, um die Höhle im Berg drinnen zu erleuchten. Ich bin gar viele der Gänge durchgekrochen, Wände auf Wände ab, und sage, die fremden Herren werden große Augen machen, wenn sie erst einmal bequem hinabsteigen können. Da kann man Stunden weit im Berg herumlaufen und weit drinnen gar eine Kammer sehen, in der einmal Bären und andere wilde Tiere gehaust haben. Ich fragte ihn, ob er wohl hier und da von seiner Wohnung aus im Winter Menschen- oder Tierspuren bemerke.
Wildschützen, entgegnete er, sehe ich öfter. Erst neulich sind vier gegen die Burgauer Berg' zu gegangen, die mit-

einander einen weißen Hasen geschossen haben. Es schien mir aber, als ob der gute Hans mehr wüßte. Die geladene Doppelflinte über seinem Bett und das Blinzeln des kaiserlichen Forstgehilfen waren bedeutungsvolle Anzeichen. Er änderte bald das Thema, erzählte von dem altbackenen Brot, das sie wärmen und rösten müßten, wenn sie es genießen wollten, von ihrem ansehnlichen Schmalzvorrat und der angenehmen Hoffnung, an Weihnachten ein frisches ›Geselchtes‹ zu bekommen.

Unter solchen Gesprächen hatten wir, auf dem härteren Schnee dahinschreitend, die Signalstange mit ihren zwei eisernen Armen erreicht. Solange die zwei Arme, sagte Hans, herabhängen, so lang weiß unser Herr in St. Wolfgang, daß uns nichts fehlt. Recken sie sich aber in die Höhe, so bitten sie um Hilfe, denn dann geht's uns schlecht.

Der Wurzgräber

Eines Abends befand ich mich in einer Herberge am Fuße der Drachenwand. Ein ›Wurzgräber‹ saß neben mir und legte mir die Karten, deren Figuren, von Schmutz bedeckt, nur mehr seinen Augen erkenntlich waren.

Nachdem ich die herkömmlichen Prophezeiungen über die Erbschaft, die ›ins Haus steht‹, über die große Reise, die ich demnächst antreten würde, und über den großen Herrn, der mir wohlwill, angehört, auch der Wurzgräber immer mehr und mehr in eine heitere Branntweinlaune geraten war, vertraute er mir flüsternd an, daß er bei dem Schmied von Seeham Unterricht in einer Kunst nehmen wolle, welche viel Geld einträgt – im ›Wenden‹. Das Wenden besteht darin, daß man einen Kranken auf besondere Weise mit den Fingerspitzen berührt und ihn anbläst, worauf er gesundet. Es wird an ein Fluidum geglaubt, welches kräftigend auf den siechen Körper übergeht. Da man dieses Fluidum für eine besondere Kraft hält, so wunderte ich mich, wie mein Gesellschafter glauben mochte, diese durch Erlernen *erwerben* zu können. Er klärte mich dahin auf, daß er sie besitze, daß es aber damit allein nicht getan sei, indem man auch verschiedene Sprüche wissen müsse. Die Kraft oder die Anlage zur Kunst habe er – das bewies sich durch den Umstand, daß er früher das ›Wurmtöten‹ ausüben konnte. Den ›Wurm‹ nennt man eine Beinhautentzündung am Nagel, und dieser Wurm starb von seiner Berührung. Ich lachte ihn aus und hielt ihm eine Geschichte vor, welche ich aus guter Quelle wußte.

Eine Bäuerin hatte sich aufgemacht, um bei demselben Mann, nach dessen Weisheit der Wurzgräber dürstete, ihr Heil zu suchen. Der Weg war weit, und die Nacht brach herein, ehe das Weib sein Dorf erreichte. Sie fürchtete sich und beschloß endlich, in einem Bauernhaus, welches am Wege lag, um Beherbergung über die Nacht zu bitten. Man nahm sie freundlich auf. Während des Abends wandte sich die Rede auf den Zweck ihrer Reise, den sie unverhohlen angab. Der Bauer bemerkte ihr, es sei gar nicht notwendig, daß sie ihren Weg fortsetze, denn auch er verstehe das Wenden. Die Bäuerin war's zufrieden, und dieser versuchte an ihr dasselbe Blasen und Murmeln, wovon er schon viele hundert Male hatte sprechen hören und wovon er überzeugt war, daß es eitel Torheit sei. Aber er hatte Mitleid mit der Frau und wollte ihr den unnützen Weg ersparen. Nach einigen Wochen kam ein Brief, in welchem sie sich auf das wärmste für ihre gänzliche Wiederherstellung bedankte.

Diese Geschichte erzählte ich meinem Mann, um ihm zu beweisen, daß es nicht notwendig sei, Unterricht in diesem Zauber zu nehmen, daß ihn vielmehr jeder nach Gutdünken auszuüben vermöge. Aber er wollte sich

nicht überführen lassen und wurde sogar ein wenig unwirsch.
Nach einer Weile kam das Gespräch auf andere Dinge, besonders auf die Schlechtigkeit der Menschen, über welche der Mann mit dem zerrissenen Kittel sich bitter ausließ. Er selbst war durch den Undank seiner Kinder genötigt, in alten Tagen mühsam saures Brot zu erwerben. Das ist eine alltägliche Geschichte, welche zu häufig vorkommt, als daß sie die Aufmerksamkeit derjenigen zu erregen verdiente, welche diese meine Mitteilungen lesen. Doch einen ganz eigentümlichen Zug schnöder Gesinnung, den er mir beschrieb, will ich der Seltenheit halber angeben.
In der Entfernung von einigen Meilen steht ein Schloß, von dessen Herrn und Frau es in der ganzen Gegend bekannt ist, daß sie in ehelichem Unfrieden lebten. Auf demselben Schloß verbringt ein Greis von achtzig Jahren seine Tage, ein alter Jäger, welchem die Besitzer für seine lange Dienstzeit das Gnadenbrot gewähren. Der Jäger, sagte mein Wurzgräber, ist der schlechteste Kerl, auf den die Sonne scheint.
Ich fragte verwundert nach dem Grund eines so übermäßig harten Urteils.
Der Bescheid, welchen ich erhielt, war in wenigen Worten folgender: Besagter Jäger ist der einzige Mensch, welcher zwei ›Kräuteln‹ kennt, die einem Ehepaar ungestörte Eintracht und häusliches Glück verschaffen, wenn sie von ihm gemeinschaftlich verspeist werden. Er kennt die Kräuter, sagt sie aber niemandem. Die Dankbarkeit hätte den Menschen verpflichten sollen, zu der Frau hinzugehen und ihr Kenntnis von den Kräutern zu geben, was der boshafte Schuft aber nicht tat.
Ich konnte nicht umhin, ihm recht zu geben.
Wir sprachen noch manches miteinander.

Der Wurzgräber war auch in allerlei seltsamen Meinungen und Geschichten bewandert, die auf dem Boden des merkwürdigen Landes wuchern.
Es ist bekannt, daß an religiösen Bewegungen und Neigungen zum Sektieren im Salzkammergut nie ein Mangel war. In der Mondseer Gegend spukten vor einigen Jahren die sonderbaren Heiligen der ›Adamiten‹; ja im verborgenen halten sie wohl jetzt noch stellenweise ihre nächtlichen Zusammenkünfte. Ich fragte meinen Mann über die Frauenzimmer aus, welche sich bei den andächtigen Orgien beteiligen. Er meinte, etwas Rechtes und Hübsches tue nicht mit, dagegen huldigten verblühte Jungfrauen und häßliche Weiber den bequemen Satzungen. Die gläubigen Männer würden oft absonderlich hantieren. So nahmen sie einmal im Markt Mondsee einem durchreisenden Panoramenbesitzer den Hintergrund, sein Bild, weg und hingen einen lebendig gekreuzigten Hund dafür hin, welcher den Messias vorstellen sollte, für welches Passionsspiel die Unternehmer viele Monate Kerker als Remuneration hinnehmen mußten.
Hingegen zeigten manche der Häupter einen auffallenden Mangel an Fanatismus. Der ›Maurerjackl‹, welcher das Ansehen eines Propheten genoß, erklärte sich dem Pfarrer gegenüber, der ihn aufforderte, wieder ein guter Christ zu werden und in die Kirche zu gehen, gerne dazu bereit, wenn man ihm ›eine Klafter Holz und 'was z'essen‹ gebe. Man sieht, der Maurerjackl war nicht aus dem Holz geschnitzt, aus welchem man Märtyrer formt.

Der Tatzelwurm

Bei meinen Nachforschungen über die Merkwürdigkeiten dieser Berge habe ich nicht verfehlt, mich auch nach dem ›Tatzelwurm‹ zu erkundigen, dessen schreckliche Erscheinung den Stoff zu manchem Gespräch lieferte, das ich in anderen Bergländern bei der gastlichen Flamme mit anhörte. Aber es gelang mir nicht, von den unheimlichen Sauriern der Schluchten etwas zu erfahren. Dagegen wurde ich durch die Kunde überrascht, daß vor wenigen Jahren öfter ein Krokodil seinen Kopf aus dem seichteren Gewässer der Ufer gehoben habe. Die Jäger rannten, auch Nichtjäger erschienen bewaffnet am Strande, um nach dem Tier zu spähen, aber es zeigte sich am wenigsten, wenn die meisten Neugierigen ihm nachstellten. Ich habe meine guten Gründe, das Ungeheuer der Bergwälder und das der grünen Wellen in eine und dieselbe Spezies zu verweisen. Der Fischotter, welcher in der Ache fischt, begnügt sich nicht mit dem Wasser, das an diesem Abhang zu Tal rinnt. Er überschreitet Wasserscheiden und Jochhöhen, um unberührte Nahrungsquellen aufzuspüren. Auf einer solchen Wanderung über Geröll und Felsen erscheint er dem Begegnenden freilich als ein überraschendes Tier. Dasselbe Tier lauerte hier am Ufer den Fischen auf, welche in Scharen gegen einfließendes Wasser sich drängen. Er tauchte unter – er tauchte wieder auf. Das ist die Geschichte vom Krokodil des Mondsees.

Wirkliche Ungetüme aber sind in dem an unterseeischen Quellen reichen Gewässer die Lachsforellen, von denen einzelne das Gewicht eines halben Zentners erreichen. Doch würde sich der Gourmet enttäuscht finden, welcher etwa in der Hoffnung hierher käme, die eben der Tiefe entrissenen Leckerbissen frisch vom Netz weg zu kosten. Er findet sie wohl auf dem Wiener Fischmarkt, aber nicht hier auf dem für die Sommerfrischgäste gedeckten Tisch.

So gebe ich mich gern der Hoffnung hin, daß ich, wenn mein Weg im tiefen Winter mich wieder an diesen Ufern vorüberführt, keine einförmig zugeschneite Fläche finden werde. Die Bauern verkünden freilich strenge Fröste und prophezeien eine sibirische Kälte, denn die abgehauenen Stümpfe in den Wäldern waren in diesem Spätherbst von ungewöhnlich zahlreichen weißen Schwämmen bedeckt. Aber ich glaube ihnen und ihren Zeichen nicht, ich will nicht daran glauben, denn ich kann die sibirische Kälte nicht brauchen, wenn ich in den Bergen herumwandere und ihr Bild, das, aus schönen sommerlichen Erinnerungen zusammengesetzt, in scharfen Umrissen im Repositorium des Gedächtnisses bewahrt ist, durch winterliche Beobachtungen zu vervollständigen suche.

Menschen am Mondsee

Wir wollen nicht von Mondsee scheiden, ohne noch eine kleine trockene Nachlese über Menschen und Dinge zu halten.

Wenn ich im frühen Dunkel des Herbstabends auf meiner Stube sitze und aus dem kerzenerleuchteten Zimmer in den Himmel und das Wasser hinaussehe, so erscheint mir das hohe Gewölbe dunkel und drohend, der Mond wie eine feurige Kugel und die Wellen schwarz, von einem goldgrünen Kegel durchbrochen, der aus den Nebeln unter dem Mond herabfällt. Da sehnt man sich nach Lichtern und Menschen.

Wir gehen in irgendeine der Bierstuben des Marktes, um mit unseren Bekannten zu plaudern. Das Bier ist hier wieder, wie in Bayern, gesellschaftliches Bindemittel. Während man in Tirol viele Wirtshäuser antrifft, in denen kein Bier verabreicht wird, sieht man hier verhältnismäßig selten ein Seidel Wein trinken. Der Grund dazu mag darin liegen, daß dieses Getränk hier um die Hälfte teurer zu stehen kommt als dort. Doch trinken das hier gebraute Fabrikat beinahe nur die Bauern – den halbstäd-

tischen Kulturmenschen des Marktes ist es oft zu schlecht.
Um die dicke steinerne Säule gruppiert sich eine heitere Gesellschaft. In ihr bemerken wir mit Vergnügen den wackeren Bildschnitzer Wenger, dessen seltene Begabung uns von seiner bescheidenen Werkstätte her bekannt ist. Ohne je zeichnen, bossieren oder modellieren gelernt zu haben, bildet er aus Holz Figuren, insbesondere Tiergestalten, die dem Beschauer das Bedauern aufdrängen, daß sich der Künstler in diesem verborgenen und für ihn unfruchtbaren Winkel versteckt hält.
Nun wollen wir vom herrlichen Mondsee Abschied nehmen. Gern wünsche ich den Bewohnern die Erfüllung ihrer Wünsche, hier eine modische Touristen-Sommerfrische entstehen zu sehen. Der große See und die schönen Berge geben dem Markt mehr Anrecht darauf als dem begünstigten Ischl. Dazu ist aber mehr Rührigkeit der Bewohner notwendig, mehr Sinn für feine Sitte und weniger spießbürgerliche Selbstzufriedenheit. Der strebsamste Mann des ganzen Ortes, ein Fremder, der in dieser gemeinnützigen Richtung tätig ist, wird noch immer lieber angefeindet als nachgeahmt.

Vom Mondsee zum Attersee

Wer vom Mondsee nach dem Attersee hinübergehen will, der wähle den Weg am östlichen Ufer.
Heute in frühester Morgenstunde, liegt im Nordwesten die ungeheure Mondkugel auf dem Boden: rötliche Nebelwände wallen vor ihr auf und ab. Bald aber ist ihr äußerster Rand hinabgesunken, und Sonnenstrahlen und Wolkenbänke ziehen um den Drachenstein. Von seinem Fuße steigen die Rauchsäulen der Köhler auf, der See rollt gegen den Strand und die Mauern schöner Landhäu-

ser heran, die gelben, dürren Binsen und das tiefe Blau des Wassers bilden einen Gegensatz, der in der schwanken Bewegung des Windes und der Wellen das Auge fesselt. Das Röhricht senkt sich gegen das Wasser, dieses hebt sich an dem Entgegenkommenden hinan.

Ich weiß eine Zeit, in welcher mich ein solches Treiben der umgebenden Natur gar nicht zum Betrachten bewogen hätte. Das war vor ungefähr zwanzig Jahren, als ich noch ein Schulknabe war. Unter dem Einfluß verständiger Schulmeister wurde dem kindlichen Verstand, der sich so sehr der idealen Anschauung zuneigt, alles in kalte Begriffsverkettungen zerlegt, und die belebende Phantasie auf deren Tätigkeit ein großer Teil menschlichen Glücks beruht, siechte in der Stubenluft während der täglichen sechs, acht Dressierstunden dahin. Die Farben der Welt verblaßten vor der blödsinnigen Gescheidtigkeit der Schablonenmenschen, welche examinierten und züchtigten. In späteren Jahren der Freiheit erst erwacht wieder jene genußbringende Fähigkeit des ›Sich-Wunderns‹, wie sie von Aristoteles treffend genannt wird, und mit ihr schwindet die Blasiertheit, die nur zu häufig aus der überspannten Erziehung unserer Tage resultiert. Das ›nil admirari‹ ist sicherlich die am meisten langweilende und das Leben verbitternde Idee, die jemals einem trockenen Schädel entsprang.

Die östliche Ausbuchtung des Mondsees – von Scharfling gegen den Attersee zu – bildet einen See für sich, welcher durch die überraschende und veränderte Kegelgestalt des Drachensteins abgegrenzt wird. Es ist ein wahres Hochgebirgsgewässer, dem niemand ansieht, daß es jenseits der Wand sich in ein Hügelland ausbreitet.

Je näher es mit dem Mondsee gegen Osten zu Ende geht, desto mehr gleicht er einem Strom zwischen Felsen und Wäldern. Der Wind, welcher seine Wellen uns entgegen-

treibt, begünstigt die Täuschung. Nun ragen aber schon im Aufgang der kahlen Wände des Höllengebirges, auch die Abhänge des Schafbergs fallen steiler und kahler in den See. Am tiefen Ende liegt er noch finster da – er verrinnt nicht in einen Sumpf, wie andere Wasserbecken der Alpen. Dieses Ende wie das andere stellt schon am Ufer eine bodenlose grüne Gumpe dar.
Bei dieser Gelegenheit will ich ein für allemal einer Randbemerkung begegnen, deren ich vielleicht manchmal von dem einen oder anderen allzu bedächtigen Leser gewärtig sein darf. Dieser wird es auffallend und widersprechend finden, daß ich von einem und demselben See jetzt sage, er sei blau, und gleich darauf sein Gewässer grün nenne. Die Wahrheit ist die, daß er dem Auge je nach den Launen des Himmels, den Umrissen der umgebenden Ufer, der Beschaffenheit des Grundes und aus irgendeiner anderen noch nicht enträtselten Ursache bald so, bald anders gefärbt erscheint.
Wer von Osten – der entgegengesetzten Richtung her – dieses Ende des Mondsees erreicht, macht sich ein Bild von ihm, das von dem in unserer Erinnerung aufbewahrten sehr verschieden sein muß. Ein finsterer Bergkessel, ein dunkles Gewässer, keine Wiesen und Alleen. Und dazu steht hart am Rande der Tiefe eine Unglückstafel, aus welcher dem Wanderer gleich ein Stück Leben von diesem Erdwinkel vernehmlich genug erklärt wird.
Nebenan erhebt sich das Gasthaus ›See‹. In dieser löblichen Herberge verspürt der Reisende, der von Westen kommt, vielleicht zum erstenmal etwas von dem, was ich sogleich definieren werde.
Die ganze Reihe der Nordalpen, von der Ens bis zum Lech, liegt innerhalb der Ausstrahlungsperipherie zweier Städte, Münchens und Wiens. Der kleineren fällt die westliche, der größeren die östliche Hälfte zu. Für das

bayerische Gebirge und die Grenzgebiete von Tirol ist München ›die Stadt‹, für die Länder jenseits der Salzach ist es Wien. Die bescheidenen Verhältnisse der ersten, die anspruchsvolleren der zweiten machen sich rasch im Aussehen der Touristen und in der Höhe der Rechnungen deutlich, welche der ›Städter‹ auf dem Lande zu bezahlen hat. Hier nun sind wir entschieden in die Massenanziehung, die durch die Nähe seines Trabanten, des glänzenden Ischl, noch um ein erhebliches verstärkt wird. Das bemerkenswerteste auf dem kurzen Stück Land, welches die beiden Seen trennt, ist die grüne *Seeache,* die vom einen zum anderen fließt. Bald weit und seicht, bald vor Mühlen eng zusammengestaut, seine Wasser gegen den *Attersee,* hinabdrängend, steht das bewegliche feuchte Grün in schönem Einklang zu den zahllosen Wipfeln. Endlich erreicht sie kurz vor dem Strand, nochmals durch Sägemühlen aufgehalten, den tiefen See, der mit seinem Anprall ihre Welle dämpft. Aber schon ist ihr Bett durch die Niederschläge, welche die Berührung mit der klaren stetigen Seeflut bewirkte, verästelt und in jene Unterbrechung durch angeschwemmte Grasflächen ausgeweitet, welche man bei größeren Gewässern Delta nennt. Auf diesem stehen Weiden und Ahorne, soweit das Land nicht mit Stämmen und Brettern bedeckt ist, welche später auf großen Schiffen seeabwärts gebracht werden.

Attersee

So haben wir denn mit der Ache diesen großen See erreicht, an dessen Ufer Unterach liegt.
Vor ungefähr fünfzig Jahren war dieses Dorf mit Wagen und Pferden kaum zu erreichen. Deshalb und wegen seiner vielen Nachen erhielt es seltsamerweise den Namen: ›Klein-Venedig‹. Es ist ein sonderbarer See. Seine Färbung ist wirklich nicht vom Himmel abhängig – denn je dunkler es wird und je mehr der Tag in die Dämmerung hinübergeht, desto selbständiger und kraftvoller wird der metallische blaugrüne Wasserspiegel.

Der Burggraben

Die Felsgebirge, welche, sich gegen Norden allmählich abflachend, das östliche Ufer des *Attersees* einnehmen, sind, wie man bei näherem Hinschauen bemerkt, durch enge Täler, ›Gräben‹, zerklüftet und stellen so verschiedene, getrennte Berge dar. Diese Täler sind meist durch Wasserdurchbrüche gebildet, von denen jetzt noch kleine Achen, im Herbst Wasserfäden, in ungeheuren Felsblockbetten als Überbleibsel zu sehen sind.
Einer der sehenswürdigsten dieser Gräben ist der Burggraben, der sich von unserem Ende des Sees südöstlich um die Ausläufer des Schafbergs in bewaldete Felsen hineinzieht. Die Klüfte, welche auf große Seespiegel ausmünden, sind meist nicht ohne Anziehungskraft für den Freund dieser großen Gestaltungen des Kalks.
Während unsere Füße den Kies treten, den die Flutungen von Jahrtausenden weiß und fein gerieben haben, erblik-

ken die Augen den hohen Graten, dessen stämmige Tannen jetzt durch dünne Wolken ihrem Schauen begegnen. Unter solchen Eindrücken also wird die Mündung des Burggrabens erreicht. Jähe Felsen bilden seine unteren Wände, zwischen denen der Bach rauscht, – deshalb muß sich, über diese hinweg, der schmale Steig nach der Höhe ziehen. Es ist ein Triftwasser; darum entdeckt der Blick in der Tiefe einen mächtigen Rechen, an dem die Scheiter aufgefangen werden.

An dieser Mündung der Schlucht sehen wir gewaltige Wände links und rechts, zwischen denen in verfinstertem Schlund die Ache heraus rauscht – Wolken und Fichten oben an den abgerissenen Rändern. Es ist eine Klamm, an deren einer Wand wir nun fortklettern sollen. Was da möglich ist, zeigen gleich am Eingang verschiedene Marterln.

Jetzt heißt es an der Wand oben hinkriechen und vor sich den Pfad betrachten, der sich immer höher und höher über den Abgrund hinanwindet. Das ist nicht jedermanns Sache, und ich stehe nicht an zu behaupten, daß ich ohne die Begleitung eines sicheren Führers auf halbem Wege wieder umgekehrt wäre. Bei einer Brücke, die in geringer Höhe die beiden Bergseiten verbindet, endigt dieser Teil des Pfades, und beginnt ein bequemeres Steigen durch Busch und Wald. Jetzt kann man mit Behaglichkeit in die lasurnen Tümpel schauen, welche hier und da die Ache bildet, in das Wirrsal der Steinblöcke und Fichten und die mächtigen Wände hinan. Bald reicht eine abschüssige Holzrutschbahn, eine ›Riß‹, vom bewaldeten Kofel gegen die Ache her. Die Scheiter, in welchen noch der Schwung des Herabrutschens treibt, fliegen polternd in die Wellen hinab. So windet sich der Weg im Schatten jungen Waldes nach einer Hochebene. An deren Rand angelangt, sehen wir in der Tiefe die Seebucht.

Attersee

Am Schwarzen See

Die Flut ist dunkel, die Wälder stehen finster um ihn herum, zackige Felsen hängen drohend darüber. Das ist ein See, an den sich die Dichter machen sollten. Doch was tue ich? Ich vergesse ja, daß es ihnen nie einfällt, das sehen zu wollen, was sie reimen, und daß sie es vorziehen, Waldnacht und dunkle Seespiegel zu verherrlichen, wenn sie aus dem Wein, Bier- und Kaffehaus sich auf ihr Kanapee begeben. Die Dinge im kleinen anzusehen und in die Hand zu nehmen, ehe man sie beschreibt, ist verderblicher Realismus. Wozu denn auch alles betrachten, wenn das poetische Material in Reminiszenzen schon haufenweis zur Hand liegt? Waldnacht, Seeauge, Nixe, träumerisch, Wehmut, Stille, Flüstern und so weiter.
Mehr braucht es nicht – besonders die Wehmut und das in den verschwiegenen Abgrund versunkene Liebesglück, die finden sich sogar von selbst. Was aber die Nixen betrifft, vor denen möchte ich die wenigen warnen, welche ein Quentchen örtlicher Färbung nicht für ganz und gar überflüssig halten. Es gibt hier keine Nixen, sondern nur ›Buchenmanndln‹, ein Übelstand, der für den Reim bedenklich erscheint, obwohl sich auch nicht leicht ein anständiger auf Nixe oder Nixen auftreiben läßt.
Die ›Buchenmanndln‹ sind die nächsten Verwandten vieler anderer Manndln, die sich in den Bergen sehen lassen. Doch unterscheiden sich jene durch einen Fehler und einen Vorzug vor allen übrigen, den Wichteln, Venedigern und Untersbergern. Als Gebrechen müssen wir es ansehen, wenn wir vernehmen, daß man von ihnen nie mehr sieht als den Arm mit der Hand. Ein Vorzug dagegen ist es gewiß, daß sie über das Wasser gehen können. Sie halten sich sogar mit Vorliebe am und über dem Wasser auf. Ein Fischer erzählte mir, er habe einmal bei der

Nacht eine Hand über den Schwarzen See schweben sehen, welche ein brennendes Licht trug. Das war ein wie gewöhnlich unsichtbares Buchenmanndl. Die ›Buchenmanndln‹ sollen ihren Namen davon haben, daß sie am liebsten in Buchenwäldern und am Rande von Gewässern in solchen Wäldern leben. Da haben sie nun hier einen Ort gefunden, der ihrem Geschmack zusagen wird. Rings um den See am schmalen Rande hoher Felshänge werfen ununterbrochen dichtgedrängte Buchen ihre Schatten über die Wellen am Ufer – eine schönere Einsamkeit voll Schatten und kühlen Wassern hat noch keinen beglückt. Von diesen Gestaden aus ist der genußreichste Gang, wenn man zu einem Wasserfall hinsteigt, den in der Entfernung von nicht einer halben Meile das Bächlein bildet, welches aus dem Schwarzen See hinabfließt. Die Richtung nimmt es gegen den Wolfgangsee.

Fernes Rauschen verkündet den Fall – so heißt es in jeder Wasserfallbeschreibung, und ich kann für diesen Fall nur hinzufügen, daß man nicht mehr weit zu gehen braucht, um das Wasser stürzen zu sehen, wenn man es einmal durch das Rauschen des Waldes hindurch stürzen hört. Milchweißer Schaum fällt, in zwei Ströme gespalten, über eine braunschwarze Wand in ein rundes Becken. Dieses Becken, Gumpe, Tümpel, wie man es immer nennen will, hat dieselbe Farbe wie alle Wasserlöcher in der Ache und ist grün wie ein Tannenzweig. Aus ihr aber fließt ein zweiter Sturz über den Rand zur Tiefe, und unten, dem Auge halb versteckt, sammelt ihn ein zweites Becken, grün und tief wie das erste. Dann erst läuft das Wasser, nachdem es das Hindernis der beiden Felsenschalen überrannt hat, gemächlicher dem weiten Seespiegel entgegen. Ich habe nirgends von der schäumenden Kaskade des Schwarzen Sees etwas gelesen. Vielleicht aber bringe ich ihr den einen oder anderen stillen Freund zu.

Attersee

Im Gasthaus zu Unterach

Wir nehmen an einem gastlichen Tisch in *Unterach* Platz, an welchem Bauern und Jäger behaglich bei der Kerze plaudern. Am andern Tisch sitzt ein Junge von ungefähr vierzehn Jahren, welcher weint. Das ›Kaibl, das er heut hat treiben müss'n, hat ihn so 'zerrt‹. Aus Verdruß darüber und aus Scham vor denjenigen, die seine ungeschickte Schwäche mit angesehen haben, vergießt er helle Tränen. Es gibt doch recht viele sonderbare Schmerzen auf dieser Welt. »O, das Kaibl, das Kaibl«, schluchzt er fortwährend. Ein anderer zeigt seinem Nachbarn edle Kastanien, die auf seinen eigenen Bäumen gewachsen sind. In diesem geborgenen Winkel gedeiht die süße Frucht. Von den Bauern erzählt einer, der Augenzeuge gewesen sein will, eine Geschichte, die unsereinen wohl seltsam anmutet, die aber in seinem Zuhörerkreis nicht die mindeste Überraschung hervorruft.

In einem der größeren Orte am See erhängte sich ein armer Gewerbetreibender. Nachdem die Leiche aufgefunden und seziert worden war, handelte es sich darum, sie zu beerdigen. Der Geistliche wies das Ansinnen zurück, dies auf dem Kirchhof, ja selbst in der Nähe geschehen zu lassen. Indessen zögerte die Verwesung nicht, und bald waren es neben Pietät und Sitte noch andere Beweggründe, welche zur schleunigen Beerdigung des Leichnams drängten. Vorstellung bei den geistlichen Würdenträgern führten zu keinem Ergebnis. Die Angelegenheit wurde dringend, und so blieb dem Gemeindevorsteher nichts übrig, als sich an den Amtmann seines Bezirks um Hilfe zu wenden – denn auch von den Bauern wollte die Leiche keiner auf seinem Grunde verscharrt wissen. Der Amtmann bedauerte den Vorfall sehr, ersah aber aus den gesetzlichen Bestimmungen des Konkordats, daß er hier kein Recht zu gewaltsamem Einschreiten habe. Nun blieb nichts anderes übrig, als den Toten ins Wasser zu werfen. Die Fischer aber erhoben in Masse Einsprache und behaupteten, kein Mensch würde ihnen mehr Fische abkaufen, wenn es ruchbar beworden sei, daß man ein so großes Aas hineingeworfen habe. So wanderte also die Leiche wieder vom Seegestade heimwärts. Jetzt – nachdem der Geruch der Verwesung stark zu belästigen anfing, befahl der Vorsteher seinen zwei Knechten, ihn in seinem eigenen, ihm, dem Vorsteher, gehörigen Walde einzugraben. Die Knechte taten es, und die Leiche ruhte im Boden. Nach wenigen Tagen aber sah ein nachts durch den Wald Gehender den Toten als Gespenst zwischen den Bäumen herumwandeln. Das erregte allgemeinen Aufruhr, obwohl es nicht auffallen konnte, denn schon vor diesem letzten Auskunftsmittel war ein Vorschlag des Vorstehers, den Toten auf dem ehemaligen ›Heren-Richtplatze‹ zu beerdigen, von den Bauern mit dem Bemerken zurückgewiesen worden, ›das könne nicht sein, dort müsse er umgehen!‹ Jetzt aber bemächtigte sich der Gemüter allgemeine Erbitterung über das Gespenst – eine Predigt goß Öl ins Feuer. So kam man überein, an den Bezirksamtmann eine Deputation abzusenden, welche fordern sollte, daß der Leichnam aus dem Gehölz wieder ausgegraben werde, weil das Gespenst die Vorübergehenden in Schrecken setze. Der geistliche Würdenträger führte das Wort. Dem Herrn Bezirksamtmann aber riß der Geduldsfaden, und er wies der Abordnung die Tür. Die Protestanten der Umgegend, meint einer, trügen seit der Schlacht von Königgrätz den Kopf gar zu hoch. Sein Nachbar lobt die Tiroler, weil sie von jeher solchen die Festsetzung in ihrem Lande verwehrt. Jetzt könne man sehen, fuhr er fort, wie gescheit die Tiroler gewesen seien – denn wären Protestanten im Lande gewesen, sie hätten während des Krieges sämtlich für die Preußen spioniert. Daß die Tiroler gescheite und vorsichtige Leute sind, kann ich dem Redner aus eigener Erfahrung nur bestätigen – wurde ich doch selbst im verhängnisvollen Sommer in einem versteckten Tal, in welches nicht einmal eine Fahrstraße führt, schon deshalb dort verhaftet, weil ich unter dem Panzer der offenen Weste ein rotes Hemd trug und nach der Behauptung meines eigenen Wirts ›schon so lutherisch dreinschaute‹.

Ein Knecht ereifert sich drüben im Gespräch und schimpft über das viele Beten und Plappern, während die Dirnen dabei an Dinge dächten, die er unverblümt in kerniger Schilderung auf den Tisch des Hauses niederlegte, ich aber dem Ahnungsvermögen des Lesers überlassen muß. Seine freigeistige Anschauung findet indessen keinen Anklang. Im Gegenteil, ein biederer Bergbewohner sagt: »Weißt, was bist?«, und antwortet nach kurzer Pause: »A Haderlump bist, dös sag' der i!«

Über Ischl zum Hallstätter See

Der Weg vom Hallstätter zum Traunsee, in dessen Mitte das vielberühmte Ischl liegt, wird durch den Lauf der Traun bezeichnet. Hier stehen wir schon vor ihr, auf der stattlichen Reichsstraße, und schauen mit Wohlgefallen in das wirklich wunderbare Grün ihrer Wellen. So schauen Flüsse aus, die geläutert weiterrauschen, wenn ihre Niederschläge auf den Felsengrund tiefer Seen gefallen sind. Aber die Farbe dieses unvergleichlich klaren Wassers wäre in diesem Augenblick nicht das einzige, wonach die mit der hohen Natur Befreundeten schauen würden. Aus dieser Landschaft schneidet ein Maler Kabinettsstücke, über deren Inhalt die städtischen Beschauer ungläubig die Köpfe schütteln.

Über den Wolken scheinen mit dem Ostwind schimmernde Felshörner daherzufliegen. Durch dünnere Dünste des Morgenhimmels schimmern welke Buchen – eine rote Flamme durch ihr Milchglas. Unten ragen Tannenspitzen, über ihnen ziehen blendende Wolken, über den Wolken schauen Berge in den ungetrübteren Himmel.
Doch solchen Träumen weiß uns jetzt die Wirklichkeit mit gehässiger Eile zu entrücken!
Ein widerwärtiger Anblick ereilt uns sofort in der Gestalt zweier dicker Damen – wie es scheint, vom Hofe –, welche sich von Trägern aus Sesseln in der Sonne herumtragen lassen.
Wie lange noch wird es zur Mode gehören, daß sich brutale Faulheit in einer Lage zur Schau bringt, welche das mitleidige Auge nur dem Kranken oder Verstümmelten gönnt? Die Duldung solcher Sitten scheint mir ein Anachronismus des ›humanitären‹ Zeitalters. Nicht wenig habe ich mich gewundert, als ich im ersten Bande der Mitteilungen des Österreichischen Alpenvereins von den Tragsesseln las, welche Touristen auf den Dachsteingletscher, ja selbst bis zur Dachsteinwand tragen sollen. Wer mag wohl an solchem Drücken des Geldbeutels auf die Muskelkraft anderer Gefallen finden, wenn er der Menschen-Kavalkade hoch oben in den ›freien‹ Lüften begegnet?
Für jetzt lassen wir die Gassen von Ischl liegen und besuchen nur den freien Platz auf dem Hügel vor dem prachtvollen ›Actienhotel‹. Hier genießt man durch das ›entreouvert‹ einer Berglücke ein Stückchen Gletscherwelt.
Auf dem Wege schauen wir, uns umdrehend, wieder auf den südlichen Abhang des Schafberges, welcher der Berg der Seen heißen sollte, denn ihrer drei hält die knorrige Verästelung seiner weit ragenden Felsenwurzeln auseinander, oder auf die grünen Matten des Traunlandes. Am

alten wüsten Markt Lauffen gehen wir rasch vorüber, auch im sagenberühmten Goisern sind es nicht die Geschichten vom heiligen Petrus, dem König Goiseram und dem Lindwurm, die uns aufhalten, sondern der einzig seltsame Kirchhof im Bergwald. Dort rasten wir einen Augenblick, schauen auf die Gräber unter den Tannen und nach dem glühenden Abendrot auf dem Gipfel der steierischen Berge, die über den Sattel der Pötschen hereinragen.

Es ist wieder Abend; Rauchwolken steigen in die schwarz-blaue Luft vor den Bergwänden, und der Fleißigste von denjenigen, welche die Äste ihrer Obstbäume an der Straße beschnitten haben, kehrt heim.

Es ist bekannt, daß der Eindruck von Natursehenden in Reisebandbüchern nicht selten übertrieben wird. Der Reisende, welcher sie vorher gelesen hat, erntet dann statt Genuß Enttäuschung. So verhält es sich vielleicht mit zwei im übrigen sehr verschiedenen Erscheinungen, die wir mit einem Blick überschauen, wenn wir am nächsten Morgen vor die Türschwelle der Gosau-Mühle treten. Da liegt der Hallstätter See vor uns, den man mit dem Berchtesgadener Königssee vergleicht. Diejenigen, welche das tun, haben einen Sinn für die Auffindung von Ähnlichkeitsmomenten in der Landschaft, der mir versagt ist. Ich sehe wohl hier wie dort Felswände nahe an der dunklen Flut, aber auf jenen sozusagen tragischen Eindruck, der dort den Beschauer überkommt, wenn er, um den Falkenstein biegend, in das titanische Werk der Berggeister aus Wasser und Gestein eintritt – auf diesen warte ich hier vergeblich. Die meiste Täuschung entsteht wohl aus der vorhergängigen irrigen Meinung, der See liege innerhalb der Dachsteinmassen. Der Dachstein und seine Gletscher, die man erst von einer ziemlichen Höhe an gewissen Stellen der Bergufer sehen kann, haben aber mit der Physiognomie dieses Gewässers gar nichts zu tun. Die Gestade bestehen aus bewaldeten Höhen, welche sich im allgemeinen bis zu viertausend Fuß über den Seespiegel erheben. Der Kenner des Königssees, des schmalen Beckens, aber hat die schneeigen Höhen des Watzmann, der Schönfeldspitze und des Funtensee-Tauern im Gedächtnis. So viel über diese Parallele, mit welcher Bemerkung an der gewaltigen Schönheit dieses Alpensees jedoch gewiß nicht genörgelt werden soll.

Die zweite, schon schneller einleuchtende Enttäuschung erfährt man, wenn man sich den gerühmten ›Gosauzwang‹ betrachtet. Es ist dies ein Viadukt über die Ausmündung des Tales der Gosau in den See, welcher notwendig war, um die hoch an den Felsen von dem Hallstätter Salzwerk nach Ischl führende Leitung von Salzwasser nicht zu unterbrechen. Seine Länge beträgt siebzig, seine Höhe einundzwanzig Klaster. Das imponiert uns Menschen aus der Zeit der Eisenbahnhochbauten nicht mehr. Schwindlige, die in Büchern gewarnt werden, darüberzugehen, werden wohl zwischen den Geländern hinüberkommen, wie sie über andere Brücken kommen.

Etwas anderes aber ist es, in das Gosautal hinein- oder vielmehr hinaufzugehen. Noch weht am See warmfeuchte, wassergashaltige Luft, aber schon wenige Schritte hinter dem Eingang in die Schlünde, aus denen der Bach hervorkommt, fühlen wir die Straße hart gefroren, die Ache dampft, und der Reif liegt unangefochten den ganzen Tag über auf Bäumen, welche ihr Laub noch nicht verloren haben.

Am Wege weist manche Unglückstafel auf die gefahrvollen Arbeiten des Landes hin, aber es sind nicht mehr die ›Marterln‹ der bisher durchwanderten Täler mit ihren Heiligen, Madonnen und nackt im Höllenfeuer Gebratenen, sondern einfache Inschriften mit dem Namen des

Verunglückten und der kurzen Beschreibung seines Endes – von Bildwerk ist daran nichts zu sehen als das Kreuz, welches oben schwebt und in welchem die Christen sich eine Liebe verkörpert denken, welche auch der mühseligen Menschen im Alpental nicht vergißt. Gosau wird von Protestanten bewohnt: es sind ›protestantische‹ Marterln, die wir da vor uns haben.

Gosauseen

Schon erscheinen im offenen Tale die ersten Wiesen. Aus den Wäldern hinter ihnen steigt Rauch auf, dort arbeiten die Holzknechte. Andere stehen im breiten Geröllbett des jetzt winzigen Gosaubaches, hämmern, zimmern, wälzen Steine und Balken. Sie nützen die geringe Stärke des Bergwassers aus, um seinen Lauf einzuschränken und für das Hinabtragen von Scheiten mehr geschickt zu machen. Bald macht der Wald einer freien Aussicht nach dem noch weit entfernten Kern des Dorfes Platz, wo zwei Kirchtürme, unter welchen sich Verschiedengläubige versammeln, in nachbarlicher Eintracht nebeneinander stehen.

Gosau – Schmiede

Wir sitzen in der Zechstube unter wetterharten Burschen und freuen uns bald ihrer Gespräche über die Jagd auf den Felsenwüsten droben, bald der ungewohnten engen Holzwände im niedrigen Kämmerlein – es schickt sich alles so trefflich zueinander. Freilich klagt dort ein Steinbrecher über den kärglichen Verdienst und jammert, daß er in seinem Leben nie so viel Geld aufbringen wird, um drüben in Amerika eine bessere Heimat finden zu können; die Steinbrecher, sagt er, die hinübergegangen sind, bekommen viel mehr Geld. Doch unser Schmied verscheucht den Mißton. Er weiß viel zu erzählen: ist es doch bekannt, daß er in den Büchern überall als ein erfahrener Führer gerühmt wird. Er berichtet von seinen Bergersteigungen mit unserem unvergeßlichen Schaubach wie mit dem gewissenhaften Bädecker. Er hat in der

Gesellschaft so gelehrter Männer allerlei gelernt – so sich im Zeichnen versucht und getrachtet, sich die Umrisse von Versteinerungen einzuprägen. Er besitzt Reisehandbücher und Werke über das Salzburgerland; er hält sich eine Zeitung – erfreulich und überraschend in der hölzernen Hütte. Es scheint in der Tat, als ob die geistige Rührigkeit eines Volkes auf *einem* Gebiet einen vollständigen Mangel an Strebsamkeit auf anderen, besonders verwandten, ausschlöße. Bekanntlich herrscht im Volk von Salzburg und einzelnen anstoßenden Gebieten ein überwiegendes metaphysisches Bedürfnis, das sich in allerlei seiner Bewegungen gezeigt hat, in der Sucht zum Sektiererwesen, Pietismus, Protestantismus. Der Vorurteilsfreie wird sich freilich um das Ziel solcher Bestrebungen nicht viel kümmern, aber er kann sich nicht verhehlen, daß schon etwas gewonnen ist, wenn überhaupt nur einmal die geistige Tätigkeit sich wirklich rührt. Selbstverständlich können die Leute keine Weltweisen sein – daß sie aber überhaupt vergleichen, eigene Urteile in Dingen zu fällen wagen, in welchen es eine Autorität gibt, welche noch mehr als geistliche Waffen zur Verfügung hat, daß sie Bücher haben und lesen, daß sich Selbstbewußtsein und Nüchternheit steigern, das sind Vorteile, über die ich nicht hinwegsehen will.

Zu den *Gosau-Seen* führt ein leicht zu findender Weg. Zuerst gehen wir durch Nadelwald, wo ihn eine fortlaufende Prügelbahn bezeichnet. Der Reif, welcher draußen das Tal bedeckt, ist über den dichten Stämmen zerflossen. Die Donnerkogel erscheinen hier über den Bäumen in einer riesigen, unheimlichen Bildung. Wir sind es bald müde, sie zu betrachten. Endlich eine tiefgrüne Wasserfläche und im nämlichen Augenblicke der ernste Gletscher in der ruhigen Luft und umgestürzt im ruhigen See. Dessen Klarheit ist so groß, daß es schwerfällt zu erkennen, wo sich die Grenzlinie des auf- und abwärtsragenden Bildes befindet. Ja, es ist ein großer, herrlicher Anblick. Hier wohnt leidenschaftslose Ruhe. Keine Schwingung bewegt den starren Stoff. Eine selten geahnte Kraft ist es, die den oft bekümmerten Sinn plötzlich in sonnigere Höhen trägt. Es ist, als ob jene Gewalt, welche die Schlammschichten des Urmeers in die reinen Lüfte emportürmte, vergeistigt in uns nachwirkte. Niemand wird zu sagen vermögen, was er sich denkt, während sein Auge in das unbewegliche Eis starrt, aber später wird er Rechenschaft darüber geben können, was er sich nicht gedacht hat. Solche Augenblicke sind unfruchtbar an bestimmt umschriebenen und mittelbaren Ideen, unfruchtbar wie jene Scheitel über dem Firn an lebendigen Gebilden; aber sie sind, gleich jenen, in ein anderes Licht getaucht, als das Schaffen in der Niederung, wir sind von etwas erlöst, was uns sonst anhängt. Tönen allein ist es gegeben, gleich wunderbar auf uns zu wirken.

Vorderer Gosausee

Der vordere Gosausee mit dem Eisfeld, aus welchem Dachstein, Torfstein herausragen, wäre vielleicht diejenige Erscheinung in den Alpen unseres Vaterlandes, wohin ich den nordischen Freund am ersten hinversetzen würde, wenn er, auf meine Zaubermacht pochend, von mir verlangen würde: ›Trage mich schnell vor das Schönste in jenen Bergen hin, daß ich es bewundern kann.‹
Heute ist seine Oberfläche tief herabgesunken. Zwischen dem Rand des Fichtenwaldes am linken Ufer und ihr zieht sich ein viele Fuß breiter schwarzer Streifen hinab. Es sind schwarze Felsen, in welche die steigende und fallende Flut unzählige Linien tief eingefurcht hat. Am anderen Ufer, welches sanfter abfällt, liegt ungeheueres

dunkles Geröll umher, über welchem zu anderen Zeiten immerwährend Wasser steht. Ist es doch seit vielen Jahren nicht geschehen, daß die Seen, vom trockenen Herbst geschädigt, so unansehnlich geworden sind.
Die Felsen der Donnerkogel dünken uns schon viel niedriger; vielleicht sind es die Zacken über dem Gletscher dort, gegen deren Höhe sie sich dem Auge gegenüber anders verhalten als da, wo es zur Vergleichung nur die Höhe der Fichtenstämme hatte, die sich an ihrem Fuße hinziehen. Wir sind vom Tal nur sechshundert Fuß aufwärts gekommen, aber die Abnahme überrascht uns höchlich. Geröllager, Strömen oder Gletschern ähnlich, drängen sich von den Kogeln gegen den See. Die Felswände, von denen sie herabgebröckelt sind, werfen nach ihren Nachbarn über dem See jeden Schall, der an sie schlägt. Von jenen schwillt die Schallwelle wieder herüber, bricht sich wieder und so fort, bis sie nach wiederholten Wanderungen zerrinnt. Der Widerhall an diesen Ufern gehört nicht zu dem Geringsten, was von ihnen erzählt werden muß. Wer sich am rechten Ufer, ungefähr in der Mitte der Seelänge aufstellt, kann ein sechssilbiges laut geschrieenes Wort so deutlich von den Wänden widerhallen hören, als ob ihm ein nachahmender Mensch antworte.

Mittlerer und Oberer Gosausee

Der kleine mittlere See ist ausgetrocknet. Sein Becken stellt jetzt eine Mulde dar, in welchem zahllose Felsentrümmer im Schlamm unter dem freien Himmel liegen. Über die Wipfel des Forstes hinweg schaut dagegen das tiefe Wasserbecken herauf, dessen Strand wir eben verlassen haben. Diesem vermag die Dürre viel weniger anzuhaben.

Der zweite, obere, See, den wir nun erreichen, verhält sich zum ersten wie der wilde Traum zum klaren Gedanken. Der weite Blick in die hohe Welt ist gehemmt. Wir sehen die Größe der Eisbucht, die sich zwischen die Giebel eindrängt, wir sehen den höchsten dieser selbst, den Dachstein, nicht mehr. Erhebungen und Senkungen vom winterlichen Berg bis zum See stellen hier ein ungeheueres Gewirr dar. Es mag sich ein Streit erheben über die Schönheit beider Seen. Dieser wird natürlich nach der Anlage des Betrachtenden entschieden sein, Byron die höhere Mulde, Goethe die tiefere als ein preiswürdigeres Werk der Kräfte erklären.

Die erstere zeigt so recht die Kennzeichen hochgelegener Bergseen. Ein runder wirklicher Kessel, dessen Ufer sich nach oben fortsetzen, bis das Eis auf ihnen lagert – ein Streifen, von diesem nahe herablangend, ein Bach, ihm entgegenstürzend, der nach kurzem Jagen den Spiegel erreicht, ein kaltes Wehen über nackte Felsränder, des Trichters Gestade. Auch hier läuft der Eisstreifen von der starren Wasserflut trügerisch in unendliche Tiefen fortgesetzt so auf dem Berge wie im Seespiegel, auch hier liegt dieser weit unter den Rändern seines Sommerstandes. Auch hier hallt es wider; aber es ist mehr ein vielstimmiges Klagen und Lispeln als der kräftige Schall von dort.

Wenn wir von dem gewöhnlichen Uferrand bis dahin hinabsteigen, wo jetzt das grasgrüne Wasser anhebt, so empfinden wir Kälte, je weiter wir in den Kessel hineingeraten. Wir gehen über Schlamm und an Blöcken vorbei, die, sonst im Getriebe der Uferwellen liegend, von diesen durchbohrt und zernagt sind.

Der Nachmittag sinkt – der Gletscher rüstet sich, die Höhen rüsten sich zur wundersamsten Beleuchtung, während es um uns herum trauriger und dunkler wird. Wir schauen getröstet hinauf.

Gosauseen

Das Leben der Holzknechte in der Gosau

Mein Federl auf'n Huat
Dös tuat si schön neig'n
Und wer koan Holzknecht nit kennt,
Dem will i oan jetzt zeig'n.

Altes Lied

Das Holzknechtsleben stellt eine kleine Welt eigener Sitten dar. Das Gebiet ist noch nicht für das lesende Publikum erschlossen: Die Reiseschriftsteller kommen, bei diesem Punkte angelangt, nie über allgemeine Redensarten hinaus. Im nachfolgenden habe ich mich bemüht, eine genaue Darstellung der Einzelheiten aus dem Treiben dieser Männer zu geben. Ich werde zeigen, wie sie arbeiten, essen, sich erholen.

Die Holzstube, auf dem Gebirge gelegen, ist für den Holzknecht dasselbe, was dem Soldaten die Kaserne. Dort eben wohnt er Monate lang, um sich den weiten Weg nach dem Tale zu ersparen, welchen er täglich zurücklegen müßte, wenn er von seinem Nachtlager nach dem ›Schlag‹ gehen wollte. Solches geschieht nur einmal wöchentlich: am Montag in aller Frühe, wo er von den Erholungen des Sonntags unten wieder in seine Berge zurückkehrt. An diesem Tage kann man dem Holzknecht begegnen, wie er in der Dämmerung den Bergpfad ansteigt, mit seinem ledernen ›Wochensack‹ beladen, in dem er das mitnimmt, was er die Woche über braucht, Mehl, Brot, Schmalz und wohl auch manchmal ein Stückchen ›Geselchtes‹.

Mitten in der geräumigen ›Stube‹, an deren Wänden Bretter hinlaufen, die Schlafstätten der Knechte, erhebt sich ein langer Herd, auf welchem gewaltige Feuer prasseln, über denen Häfen mit siedendem Wasser stehen. Soviel Knechte in der Hütte wohnen (die Genossenschaft heißt ein ›Paß‹), soviel Häfen sieden da. Das alles hat der ›Gäumel‹ getan, entweder ein ganz junger Bursche oder ein alter, ausgedienter Knecht, welcher der ›Paß‹ ihr Hauswesen führt, Holz spaltet, Feuer macht und ihnen das Wasser siedet.

Wenn der Knecht in die Holzstube tritt, nimmt er seinen Sitzhut ab, er würde mit ihm überall an die Decke stoßen, und bedeckt sein Haupt mit der landesüblichen Zipfelhaube. Der Anführer des ›Paß‹, der Meisterknecht oder Rottmeister, betet vor, und nun geht es an den flammenden Herd zum Bereiten der ›Nocken‹.

Jeder hat, wie sein eigenes Geschirr, so seinen eigenen Platz am Herd. Zu diesem verfügt er sich und schüttet in eine tief ausgehöhlte hölzerne Schüssel, meist aus Zirbenholz, welche man mit dem Segment einer größeren Kanonenkugel vergleichen kann, eine gewisse Menge Mehl. Nun ergreift er den Hafen, in welchem das Wasser siedet, und gießt in die hölzerne Schüssel. Die Kunstfertigkeit beruht darin, daß mit einem einzigen Guß nicht mehr und nicht weniger heißes Wasser in die Schüssel stürzen darf, als notwendig ist, um aus dem darin befindlichen Mehl einen soliden Teig anzumachen, welcher zur Bildung von ungefähr acht Klößen, Nocken, hinreicht. Wer öfter als einmal Wasser in die Schüssel gießt, wird ausgelacht.

Jetzt ballt der Knecht mit seinem ›Muaßa‹, einem langen Holzstiel, dessen eines Ende zu einem tief ausgehöhlten Kochlöffel verarbeitet ist, während das andere Ende flach und breit ausgeht, aus dem Teig von Wasser, Salz und Mehl Kugeln und wirft sie in das heiße Wasser, daß sie bald zitternd in die Höhe tanzen. Es sind ihrer meist acht.

Das andere Ende des ›Muaßa‹ würde er benützen, wenn er einen ›Schmarrn‹ umzurühren hätte.
Mittlerweile siedet in einer eisernen Pfanne Schmalz. Der Knecht gibt nun zum Bräunen die verhärteten Nocken in die Pfanne.
Es gewährt einen seltsamen Anblick, die Männer in langer Reihe so vor den Feuern stehen zu sehen. Jeder hält den langen Pfannenstiel an seinem äußersten Ende. Weil er wegen der Hitze nicht näher hingehen kann, schlägt er das Stielende oft an seinen rechten Schenkel, damit sich die Nocken in der Pfanne rühren und nicht an ihren Wänden anbrennen.
Sind die Nocken fertig geröstet, so werden die Pfannen vor die Hütte gestellt. Dort verkühlen sie. Hat der lange Bereitungsprozeß endlich durch Verspeisen seinen Abschluß gefunden, so wird noch das Wasser in dem Hafen benützt, in welchem die Nocken hart gesotten wurden. Sie schneiden Brot in die Brühe, in welcher Teigüberreste schwimmen, oder gießen vom übrigen Schmalz daran.
Dann wird zur Arbeit aufgebrochen.
Bei warmem Wetter gehen Sie hemdsärmelig hinaus, eine Weste ohne Ärmel, Lederhosen, grobe wollene Strümpfe und dicke, schwer genagelte Schuhe bilden dann ihre Bekleidung. Bei kühlem und stürmischem Wetter kommt eine kurze Wolljacke und ein Wettermantel dazu. Diesen, aus schwerem Wollstoff gefertigt, werfen sie in die Lohe, damit er ›lodern‹ wird, braun, lohfarbig, wasserdicht.
Zur gewöhnlichen Ausrüstung gehört das Griesbeil, ein schmales Beil mit rechtwinkelig daraufstehender eiserner Spitze und eine Krummsäge, Waldersagn, welche an einer über die Brust laufenden Schnur getragen wird. Eine krumme Holzleiste, in der Mitte so eingekerbt, daß die Zähne hineinpassen, dient ihr als Scheide. Die Arbeit wird fast stets paarweise in Angriff genommen.

Beim Fällen der Bäume im ›Schlag‹ hauen die beiden zuerst eine tiefe Kerbe (Spahn) in den Stamm. Dann setzen sie auf der anderen Seite ihre Säge an und sägen, bis der Baum abgeschnitten umstürzt.
Auf Vorsprüngen von Felswänden ist das eine schwere Anstrengung. Da müssen sie sich nicht selten schwere Steigeisen anlegen, damit sie am steilen Abhang nicht stürzen, und sich wohl vorsehen, daß der umfallende Baum keinen von ihnen in die Tiefe hinabschlägt.
Nachdem die Äste abgeschnitten sind, handelt es sich um die Verwendung des Stammes. Ist dieser zu Bauholz bestimmt, so bleibt er in seiner ganzen Länge liegen oder wird höchstens noch zugehackt, daß die viereckige Balkenform notdürftig hervortritt. Zur Zeit des Bedarfes schleift man den Stamm durch die Kraft von Menschen oder Zugtieren, bindet ihn auf einen Karren, der nur vorne Räder hat, oder zerrt ihn mit Seilen weiter oder läßt ihn auf einem Schlitten hinabgleiten, je nach Bodenbeschaffenheit und Jahreszeit.
Stämme, welche sich zum Bretterschneiden eignen, sind die gesuchtesten, weil aus ihnen am meisten Geld gelöst wird. Unsere Knechte nennen sie Blochholz. Sie schneiden die Stämme in drei Klafter lange Blöcke. Diese nun werden zunächst der Rinde entkleidet, damit sich während ihres Lagerns der Borkenkäfer nicht einniste. Dann bleiben sie liegen und warten auf den Winter, die glatte Schneebahn, auf welcher sie meist von Zugtieren ihrer Bestimmung entgegengeschleift werden.
Für das *Brennholz* werden zunächst aus den Stämmen Abschnitte von sechs Fuß Länge gesägt und gespalten. Ist die Lage zum Hinabbringen günstig, spaltet (kliebt) man es wohl noch kleiner an den ›Klubplätzen‹.
Sind die Arbeitsplätze weit von den Holzstuben entfernt, hoch oben im Gebirge, so schlagen die Knechte gleich

auf dem unwirtlichen Gestein ihre Wohnung auf, so gut es eben geht. Da werden zwei Balken (Schragen) in die Erde gerannt, Querhölzer darübergelegt und mit Rinden ein Dach gedeckt. Auch an den Seiten werden Rinden angebracht und das Ganze so behaglich eingerichtet, als es die Art und Weise der Leute nur immer anstreben kann. Solche Hütten, die man als Kolonialansiedelungen aus Holzstuben betrachten kann, nennen sie Sölden.
Ist die Luft draußen mild, so wird unter dem ›Schepfen‹, einem Vordach, zu Abend gespeist. Dort rauscht der Brunnen und stehen behagliche Bänke. Das Getränk bei dieser Unterhaltung ist meist lauteres Quellwasser. Indessen gibt auch der eine oder andere manchmal seinen Branntwein herum, und dann wird ja ›tabakelt‹ (in Gesellschaft geraucht).
Ist die Stimmung recht heiter geworden, so ertönt wohl auch die anspruchslose Musik des ›Fotzrippler‹ oder ›Fotzhobel‹ (Fotz heißt Mund, daher Mundharmonika) und dazu Almenlieder und Jauchzer. Während aber die Älteren bereits gähnen und schon ihr Stroh aufbetten und den Wettermantel herablangen, der ihnen als Zudecke dienen soll, sinnen die jüngeren Knechte auf Abenteuer. Jeder weiß seine Almhütte, deren Bewohnerin längst auf Besuch wartet. Da schnitzt er Spähne zum Feueranmachen, zackt sie am Rande schön aus und nimmt einen ganzen ›Buschen‹ oder ›Burden‹ davon mit, um ihn seiner Angebeteten als Geschenk zu Füßen zu legen. Die Almerinnen schauen stolz auf ihren Spähnereichtum, weil, je größer der Spahnhaufen, desto größer die Anzahl ihrer Verehrer ist. Aus Erkenntlichkeit wird für den Besuch ein Schmarrn gekocht. Unter scherzhaftem Reden und Singen vergeht die halbe Nacht, und oft steht die lichte Sonne schon wieder auf dem östlichen Gebirg, wenn sie sich trennen, um an ihre Arbeiten zu gehen.

So verrinnt die Woche, und es kommt der Samstag heran, an welchem jeder sich der Rückkehr ins Tal und zu den Seinen freut. Gleich nach dem Essen wird der Rucksack gepackt, und dann geht's hinab, der Ruhe und dem – Wirtshaus zu. Was einer findet – Beeren, schöne Schwämme, seltene Alpenblumen – nimmt er aus der Höhe mit hinab, und fast alle tragen einen ›Buschen‹ Holzspähne bei sich, die sie unten verschenken.
So ist einleuchtend, daß Menschen, welche fast das ganze Jahr über in solcher Luft, bei solcher Arbeit, unter solchen Gefahren leben, gesund und mutig werden müssen. Und es ist in der Tat ein derbes, wackeres Geschlecht. Ich bin oft Stunden lang mit einer der braunen Gestalten durch die Bergwälder gegangen und in die steilen Schläge hinaufgeklettert und habe stets gefunden, daß der Schweiß ihres mühseligen Daseins am echten Menschen nichts verkümmert hat. Ihre Unerschrockenheit und Tapferkeit sind unbeschreiblich. Beim ›Tabakeln‹ kommen gesprochene Epopöen zum Vorschein, welchen nur der kombinierende Dichter fehlt. Sie sind die wahren ›travailleurs des Alpes‹ und aus ihrem Treiben möchte ein Roman zusammengeschmiedet werden, von dessen Wirksamkeit sich um so mehr erwarten ließe, je mehr der Poet den Gegenstand – eine im einzelnen fast ungeahnte Welt voll Herrlichkeit und Kraft – bloß abschriebe.

Hallstätter See

Wir kehren zum Hallstätter See zurück.
Es ist nichts Absonderliches, über das Eisfeld hinweg bis an die sogenannte ›Wand‹ des Dachsteins zu kommen; der Übergang von dieser auf den Gipfel hin geht über eingeschlagene Eisenpfosten und wird nur mehr durch einen am Abgrund hin befestigten Strick gehalten. Dieser letzte Absatz ist es, welcher seine Ersteigung zu einer genau ebenso mühseligen Unternehmung macht wie die des Glockner oder des Ortles, obwohl ihn beide Spitzen um fast dreitausend Fuß Höhe überragen. Der Dachstein war bis zum Jahre 1843 unzugänglich. Die eisernen Zapfen, welche es seither ermöglichen, den Gipfel zu erreichen, scheinen indessen noch vielen ein unzureichender Ersatz für den Felsboden; da ist nämlich gleich nebenan, aus dem Eismeer hervorragend, der große Gjaidstein, auf den man ohne eine Spur von Gefahr hinaufkommt – warum sollten wir diesen nicht vorziehen? Für den hartgesottenen Kletterer aber hat die Gjaidspitze nebenan den gewaltigen Makel, daß sie um ein paar hundert Fuß niedriger ist als der Dachsteinkegel und dieser ihr einige Berge in der Umgegend von Berchtesgaden zudeckt. Man hat sogar versucht, auch einzelne der niedrigeren Zacken zu ersteigen, um welche der Gletscher starrt. Auf ihnen und an ihnen sind die Gefahren des Dachstein ins Augenfällige vervielfältigt; das Erklimmen mancher Hänge erscheint bare Unmöglichkeit, die Abstürze sind unüberschreitbar, und dennoch ist es der Tollkühnheit geglückt, den Gipfel des Torstein wie den des Hochkreuz zu betreten. Die Aussicht muß geringer sein als die vom Dach-

stein. Die Möglichkeiten, sich den Hals zu brechen, verhalten sich von hüben zu drüben wie zehn zu eins, und man steigt dennoch.
Hier hört der Tourist auf und beginnt der Sportsmann.

Schiffahrt auf dem Hallstätter See

Dieser See, obwohl in steile Felsen eingeschlossen, wird doch von vielen Schiffen befahren; der Reichtum an Salz, Holz und Steinen würde es, für sich betrachtet, noch nicht tun, wenn nicht durch die Traun die schönste Gelegenheit gegeben wäre, solche Ware an den Schienenweg und in die weite Welt zu bringen. Da sehen wir die langen schweren Salzschiffe vorüberziehen, an denen sechs Ruderer sich abarbeiten, bis sie die Last (jedes Schiff ist mit dreihundert Zentnern beladen) mit den Rudern bis zur Seeklause hinabschieben. Der See ist geschwellt; die Holzwand der Klause hemmt einen Teil des Abflusses. Die Traun ist zu seicht, als daß ein solches Schiff auf ihrem Wasser den Gmundner See zu erreichen vermöchte – deshalb wird vier Stunden, bevor die angesagten Schiffe hinabfahren wollen, die Klause geöffnet, damit sich das Bett des Flusses seinem ganzen Lauf entlang hinlänglich mit dem nachdrängenden Wasser fülle. Sollte ein Fährmann sich beikommen lassen, vor dem Ablauf der vier Stunden den Fluß hinabzufahren, so könnte es ihm leicht begegnen, daß er dem aus der Klause abgelassenen Wasser zuvorkommt, plötzlich auf den seichten Grund gerät und sein Schiff zerschellen sieht. Man sollte es freilich vom ersten Hörensagen nicht glauben, daß es möglich sei, die Eile des Wassers zu überflügeln, auf dem man sich, ohne zu rudern, treiben läßt. Wenn man aber bedenkt, daß die Wassermassen, welche aus der geöffneten Klause hervorbrechen, nicht nur der Länge, sondern auch der Breite nach sich ausdehnen, so wird das Verhältnis begreiflicher. Jeder Alpenfluß hat so viele Verästelungen, Sackgassen, Buchten, Tümpel, Altwasser an seinem unregelmäßigen Ufer, daß das Fortströmen eines zufließenden Wassers talabwärts durch die seitlichen Ausbeugungen des Spiegels bedeutend verzögert wird. So ist es allerdings möglich, mit dem Schiff das Wasser zu überholen. Ein solches Schauspiel gibt ein gutes Bild für manche Vorgänge im Leben.

Im Frühjahr, bei höherem Wasserstand, wird die südliche Bucht des Traunsees in zwei und einer halben Stunde erreicht, mit dem spärlichen Wasserkapital des Herbstes in drei bis vier Stunden. Außerdem können aber auch die Schiffe im Frühjahr, von der größeren Wassermenge abgesehen, schwerer befrachtet werden. Denn es fließen die Bäche der Berge in die Traun, die Bäche der Schneeschmelze und der Regengüsse, welche Kalk- und Schlammteilchen derselben Flut zuwälzen, welche sonst, durch das tiefe Becken des Hallstätter Sees geläutert, klar wie flüssiger Edelstein über die heraufschimmernden Blöcke des Bettes hinrauscht. Im trüben Wasser sinkt das Schiff nicht so tief wie im reinen.

Im übrigen hat sich durch die ständige Anschwellung des Wassers am Nordende des Sees dessen Bett in geschichtlicher Zeit sicherlich etwas erhöht. Wo in der ersten Hälfte des sechzehnten Jahrhunderts, als der berühmte Schleusenbauer Seeauer noch nicht wirkte, Bäume am Ufer standen, da schlägt jetzt die Welle fußhoch über Stümpfe und Wurzelwerk hin. Auch wissen die Bauern von einem Steg zu erzählen, der vor Zeiten von einem Punkt unterhalb der Gosaumühle, dem ›Durchlaß‹, an das östliche Gestade hinübergeführt haben soll. Bei niedrigem Wasserstand sieht man noch Hölzer aus dem Wasser heraufscheinen – wieder eine Notiz für Pfahlbautengelehrte.

Ein Bild von hervorragender Schönheit stellt der See dar, wenn die auf ihm hin- und herringenden Nebel endlich die sonnigen Wände durchschimmern lassen und die beschneite Spitze irgendeines Kegels langsam über sie herauftaucht.
Man sagt, gesund werden sei ein höheres Glück als gesund sein. So ist es ein mehr reizender Anblick, den sich aufhellenden als den aufgehellten Himmel und die aufgehellte Erde zu betrachten.
Jetzt sieht es freilich nicht so aus, als ob das ein See wäre, der gewaltige Wellen werfen kann. Das tut er unter dem Druck heftiger Winde, die ihn um so mehr aufregen, je mehr sie sich an den Wänden stauen und von verschiedener Richtung in die Wasserfläche eingreifen. Dann kommt es vor, daß eines der langen Schiffe mit Spitze und Ende, auf dem Kamm zweier Wellenberge stehend, vom Sturm ohne weiteres aufgehoben und in die Flut geworfen wird. Große Stürme aber, sagen die Leute, werden vom ›Grundwind‹ vorher verkündet. Man bemerkt nämlich manchmal bei vollkommener Stille der Luft starke Wellen im See – von vielen auch tote Wellen genannt –, welche sie einem Wind zuschreiben, der in den Wasserabgründen die Flut aufregen soll. Auf solche pflegen Sturmwinde oben zu folgen.

Hallstatt

Hallstatt besteht aus einer Anzahl alter, meist massiver Häuser, die an einem steilen Berg übereinanderstehen und an deren unterste der See schlägt, der hart am Ufer in gewaltige Tiefen von zwanzig, dreißig Fuß abfällt. In nicht wenigen Häusern steigt man die Treppen hinauf statt herab, wenn man ausgehen will, und mancher muß durch seinen Speicher, wenn er den höher gelegenen

Nachbarn besucht. Da keine Fahrstraße hierher führt, sieht man kein Pferd, und es macht einen eigentümlichen Eindruck, wenn man hört, daß die Wagenremise des Wirtes eine Stunde vom Hause entfernt liegt. Im übrigen herrscht viel bittere Armut außen und innen. Der Wasserfall, welcher mitten durch die Häuserterrassen herabstürzt, ist vielleicht das Merkwürdigste, was dem Besucher bei der Bergwanderung über die Treppen (Gasse gibt es nur eine) der Stadt in die Augen fällt. Diese Armut hat aber die Oberhirten der Salzburger Erzdiözese nicht abgehalten, von Zeit zu Zeit die Häuser der Leute bis zum Grund niederzubrennen; war ja doch Hallstatt durch seine Salzerzeugung ein Schaden Halleins, dessen Reichtum in ihre Hirtentasche floß. Gewisse Säcke aber haben keinen Boden. Freilich gab es schon damals die bequeme Erfindung, daß es nicht der Erzbischof, sondern der ›weltliche Fürst‹ war, der die Leute in Hunger und Elend brachte.

Schon die ältesten Völker kannten den lichtarmen, entlegenen Erdwinkel. Münzen, Waffen und Schmuck, die im Boden der Berge gefunden wurden, deuten auf die ziemlich entwickelten Geschlechter der Kelten hin, welche das alles wohl zu fertigen verstanden und auch im Bergbau nicht unerfahren waren. Die ganze Gegend um den jetzt so einsamen See wimmelt von Sagen über ehemalige große Städte und gewaltige Verschanzungen. Jenseits des Wassers auf dem Felsen der Burgau will man Trümmer einer ausgedehnten alten Burg gefunden haben. Mahnungen und Stimmen vergangener Tage reichen in das heutige Leben herüber. Noch hört man in der großen Höhle ober Goisern, welche unzählige Schätze bergen soll, eine Uhr ticken – es fallen regelmäßige Wassertropfen in einem finsteren Teile des Kalkgewölbes nieder. Noch sieht man von Zeit zu Zeit ein wunderschönes

Weib am Seegestade waschen; aber sie zieht sich scheu vor jeder Annäherung der Menschen zurück.

Auch die Zwerge vom Untersberg sollen manchmal in finsteren Nächten unter Trommelschlag am Gestade herziehen. Vielleicht besuchen sie die anderen seltsamen und verschollenen Gestalten, die im alten Berg der Kelten schlummern. Besonders deutlich wollte einmal sie und ihren Trommelschlag ein Bürger von Hallstatt während einer stürmischen Nacht vorübergehen gehört haben. Am nächsten Morgen neckte ihn der Anblick eines Schäffels, welches mit dem Boden nach oben am Brunnen vor dem Hause stand und worauf der Strahl in dumpfem, trommelschlagähnlichem Dröhnen herabfiel. Von nun an glaubte er nicht mehr an den lärmenden Zug der Untersberger und ihrer Genossen.

Es ist freilich eine Umgebung, welche die Neigung des Menschen, an übersinnliche Wunder zu glauben, herausfordert. Den gesicherten menschlichen Wohnstätten ist wenig Raum übriggelassen. Die oft gefährliche Oberfläche des stürmischen Sees und die der Felsen bietet Schwierigkeiten, wie sie in solchem Nebeneinander nicht zu häufig angetroffen werden. Hallstatt ist wohl der einzige Marktflecken im weiten Reiche, welcher durch einen Bergsteig mit der Welt zusammenhängt. Und dazu ist der Pfad in mancher Jahreszeit nur mit Gefahr zu begehen. Wenn es dann noch auf dem See stürmt, daß sich kein Schiff hinauswagt, oder der See so zugefroren ist, daß man ihn nicht mehr befahren, aber auch noch nicht auf ihm gehen kann, so kommt es vor, daß die arme Hallstatt einige Tage lang von draußen nichts mehr zu sehen und zu hören bekommt. Man konnte nun wohl sagen, daß in dieser wilden Abgeschlossenheit des Städtchens ein besonderer Reiz liege: die Hallstätter aber zögen insgesamt eine tüchtige Straße vor.

Ich für meinen Teil bin sehr zufrieden, daß diese nützliche Absicht vereitelt wurde; denn sie hätte uns um schöne Schaustücke gebracht. Es ist nicht überall möglich, auf einem Friedhof zu stehen, der über die Dächer emporragt, die Kähne unter den Dächern über die stahlblaue Flut gleiten, die Raubvögel an den Felswänden fliegen, die Sonne zwischen riesigen Zacken wandeln zu sehen und das feierliche Geläute des Mittags von See und Fels widerhallen zu hören.

Fuschlsee

Wer die große Straße von Salzburg gegen Ischl hin wandert, muß allmählich eine Höhe von über achthundert Fuß ansteigen. Durch waldige Schluchten am Gaisberg und dem nördlich von ihr auslaufenden Felszinken hin hebt sich der Weg nach und nach auf die Hochfläche von Hof, von wo wir ziemlich weit in das Rund der Ferne zu schauen vermögen.

Der Buchberg am Trumsee und die Kuppen an den Nordostufern des Mondsees fallen gleichermaßen in den Gesichtskreis.

In der Entfernung weniger Schritte eröffnet sich die Mulde des Fuschlsees, mit der grünen Flut und den Bergen des Hintergrundes ein unverhofftes Alpenbild. Durch eine günstige Gruppierung der Bergrücken und über das frei hingegossene Gewässer hin kann ein weitreichender Blick in das Innere und den Zusammenhang mehrerer uns schon wohlbekannter Gebirge geworfen werden. Den Schober, das Höllkar, den Drachenstein, welche mit ihren Felsen an den einzigen Mondsee heranreichen, überschauen wir da von Süden her.

Von allen Seiten umringen Berge und Felsen den Fuschlsee. Rechts von uns erhebt sich der Fibling mit einer ›Oetz‹, einem abgetriebenen Wald, auf seinem Abhang. Jenseits dieser liegt der kleine Fibling-See in einer Mulde des Giebels. Die freie, nur mit Stümpfen bedeckte, abschüssige Fläche wird noch von dem darauf zusammengewehten Schnee überlagert, wenn in den Wäldern nebenan schon Frühling und Sommer eingezogen sind.

Wolken, Lichtsäulen, Schatten und Bergspiegelungen bringen in diesem Gewässer keine mehr überraschenden Wirkungen hervor als die Abstufungen des Wassergrüns, die von dem ungleichen Grunde erzeugt werden. Die Tiefe wechselt in wenigen Seen an so zahlreichen Stellen und in so auffallender Weise. Von der lichten Farbe, mit welcher sich die Buchenknospen in der Aprilsonne öffnen, bis zum sibirischen Malachit sind alle erdenkbaren Erscheinungsformen dieser Farbe zu sehen. Vom Dorfe Fuschl aus besehen, scheint der See in ein Hügelland zu verrinnen.

Die Öde dieser Ufer erscheint wieder in der Ärmlichkeit, welcher wir hier allenthalben begegnen. Nur sehr bescheidene und unverwöhnte Reisende mögen es sich beikommen lassen, in dem Orte zu verweilen, dessen Seeluft und Waldschatten ein unvergleichliches Standquartier für die Mitte des Sommers bieten würden.

Einsame Gemüter, welche kühle Hundstage erleben wollen und im Besitze eines energischen Magens sind, der Dinge überwältigt, welche den meisten ungenießbar erscheinen, mögen es immerhin mit dem Fuschlsee versuchen.

Dort oben gegen die Felsen des Schober hinauf steht neben einem kümmerlichen Haus jener immergrüne glänzende Baum, welchen eine sonderbare Laune des Lebens in unserem winterkahlen, naßkalten Lande wohl gedeihen läßt. Die Leute nennen ihn ›Schradl‹. Es ist die Stechpalme (Ilex aquifolium) mit stacheligen Blättern und dunkelroten Beeren, deren sommerliche Herrlichkeit dich wundersam anleuchtet, wenn du im kothigen Schnee, von Flocken umstürmt, an sie heranwatest. Arme Menschen stehen um dich herum, betrachten dich neugierig und wollen dir den Baum verkaufen der ›schon dasteht, solange sie denken‹, und eine Zierde ihrer Hütten bildet, mit seinem grünen Leben, das in keinem Winter erstarrt. Auf der Nordseite des Sees hält sich ein Fußpfad hart am Wasser, dessen Unterlage bald die sumpfige Uferwiese, bald, ansteigend, der Fels bildet, welcher sich in steilen Wänden in den See neigt. Aber die Flut rollt nicht, wie in so vielen Seen, über einen Abgrund, sondern die Felswand stößt, wie das Rasenufer, an eine seichte Kiesfläche, über welche das helle Wasser knirschend hin und zurück geschlagen wird. Blühendes Heidekraut umzieht die Stümpfe, die von einem Wald Kunde geben, den die Bauern vernichtet haben.

Dort scheint Schnee am Gestade zu liegen – es sind nur die großen Kelche der Nießwurz. Das Wasser ist dort so grün wie die Honiggefäße ihrer Blüten. Ein anderer weißer Glanz zieht sich tief in den See hinab – es ist der Widerschein des spitzigen mit Blech beschlagenen Kirchturms. Er steht gerade der Sonne des Unterganges gegenüber. Wenn an purpurroten Sommerabenden ihr Schein sein Kreuz mit den letzten Strahlen anzündet, so lichtet im See von ihm sich eine unabsehbare Lohe hinab, welche die bewundernden Augen blendet.

Den Alpenbach entlang zum Eibsee

Am Saume hoher Fichten rinnt im dichten Moos ein Wasser, dessen Klarheit sich nicht beschreiben läßt. Seine Wellen stürzen vom hochgelegenen Eibsee herab, den wir besuchen wollen.

Über unseren Waldbach und die Linie des Waldes hin gleiten die Streifen des Lichtes der Frühsonne. Vögel pfeifen, schon flattert ein voreiliger Schmetterling an den harzduftenden Zweigen. Hier liegen abgeschälte Stämme im Moos, deren Rinden, zu einem Haufen angesammelt, tannige Wohlgerüche verbreiten, dort ergötzt uns der An-

blick einer grauen Hütte, deren Dach Steinblöcke drükken. Der Bach, welchem zum Herabfallen aus einer Höhe von ungefähr zweitausend Fuß kaum mehr als eine Wegstunde gegeben ist, muß an vielen Stellen klafterhoch über moosige Felsen stürzen. Da bilden die schweigsamen Nadelhölzer zur Aufregung der Gewässer, die an ihren Wurzeln hinjagen, einen schönen Gegensatz.
Hier überbrückt ein Steg den grasgrünen Alpenbach; zur Linken hat er ein mächtiges seinem Lauf entgegengeschobenes Lager von Felsschichten durchnagt und fällt in Schaum zerschlagen über die Zacken der noch nicht völlig ausgewaschenen Kanten in den Steinplatten.
Endlich erreichen wir die Alpen im Wildmoos, die gerade südlich hinter der Drachenwand liegen.
Auf dem Boden sind unendliche Schneemengen zusammengeweht. Wir gehen auf ihrer von der Sonne verkrusteten Oberfläche weiter, ohne einzusinken, und können die Tiefe des Lagers, über welches wir hinschreiten, nur nach einigen Höhlungen berechnen, durch welche hindurch wir auf den schwarzgrünen Boden sehen können. Dieser – auf dem in wenigen Monaten die bunte Pracht von Krokus-, Orchis- und Lysimachia-Blüten die Herrlichkeit des Lenzes verbreiten werden – ist jetzt ein mit Schneewasser durchtränkter Sumpf. An mancher Stelle ragt ein verkohlter Baumstamm – bei den Feuern der Sommerhirten ist er verbrannt worden – aus dem Schnee empor, der in den Sumpf seine losgelösten Wasser hinabträufelt. An anderen bemerkt man das unten hoch angestaute Wasser an der dunkleren, angefeuchteten Farbe der Schneeschicht.
Noch ein Bühel (Hügel) und vor uns liegt der Eibsee in seinem von Waldbergen umragten, tief eingesenkten Bekken, eine graue, unbewegliche, starre Fläche.
Der Hochgebirgssee zeigt sich durch den Kessel, in des-

sen Grund er liegt. Ich habe nie einen See gesehen, den ein Berggipfel trägt, an dessen Ufer man nicht einige Klafter tief, wie in einen Trichter, hinabsteigen müßte. Mögen die umgebenden Ufer nackte Felswände sein, daß das Wasser drinnen liegt wie auf dem Grunde einer glatten Steinschale. Die kesselförmige Mulde erscheint im wesentlichen unverändert beim Tümpel der Gletscherwasser wie beim anmutigeren See auf der Alpentrift.

Auf dem Boden des Kessels, am Rande des Sees, sind wir am besten vor rauhen Lüften geschützt. Dieselbe Sonne, deren Strahlen die Wand des Kessels im Sommer zu unerträglicher Hitze steigern, erfreut uns jetzt mit sanfter Wärme. Etwa eine Klafter vor der Stelle, an welcher der Bach den Bergsee verläßt, hat sich dessen Eis in der unmerklichen, aber steten Strömung und Bewegung gelöst. Jener sickert träge unter der bröckeligen Schicht hervor und zwängt sich unter einem morschen Holzgerüste durch, einer verwitterten Schleuse. Große konzentrische Halbringe von schwarzgrauem und diamantblinkendem Aussehen ziehen sich abwechselnd über die ganze Breite des Eisspiegels. Andere Stellen haben eine damaszierte Moiré gewässerte Farbe. Es sind diejenigen, an welchen die Schwingungen der Luft das kristallisierte Wasser am meisten angenagt und verwittert haben. Wir können uns davon überzeugen, indem wir gewichtigere Steine prüfend hineinschleudern. Dort, zwischen den verschieden gefärbten Ringen, bleiben sie aufprellend liegen; hier durchlöchern sie das Gefüge und sinken zu Boden.

Von den Bewegungen der Fische würden wir auch ohne diese Eisdecke nicht viel mehr gewahren als durch sie hindurch. Es sind deren nur sehr wenige im See. Vielfache Versuche, ihn mit den Insassen anderer Gewässer zu bevölkern, sind fehlgeschlagen, denn die hungrigen Rudel des Bergsees fallen über die Eindringlinge her, die sich, wie es verpflanzte Fische zu tun pflegen, in dem neuen Gewässer scheu, unbeholfen, wie gelähmt bewegen, und fressen sie als gute Beute auf. Ich habe an einer Stelle meines ›Bayerischen Seebuches‹ die Behauptung aufgestellt, daß der Hecht lieber einem Karpfen nachstellt, der aus einem fremden Wasser in das seinige versetzt worden ist, als einem einheimischen. Ich bin seither durch übereinstimmende Aussagen von Fischern belehrt worden, daß der Grund davon keineswegs im Reiz der Neuheit liegt, sondern in der Unbeholfenheit des Tieres in der ihm unbekannten Umgebung und der verringerten Gewandtheit, dem Verfolger zu entfliehen.

Froh, über die verschlungenen Pfade des Bergwaldes herabgekommen zu sein – unbehelligt von jenem vielgestaltigen Error, der in den Alpen ›passim palantes certo de tramite pellit‹, gewinnen wir wieder die Ufer des vielfarbigen Fuschlsees. Unaufhörliche Schüsse rollen an den Wänden hin – gewiß wird irgendwo auf das spärliche Rotwild der Höhen gejagt. Nein. Die Schüsse sind Freudentöne, die krachenden Gewehre begleiten eine ›Güterfuhr‹. Die Einrichtung, die Aussteuer einer Braut wird eben nach dem ehelichen Herde gebracht. Vor der Schmiede belustigen sich Männer mit einem Spiel, in welchem Hufeisen nach einem Ziele geworfen werden. Dieses Spiel, am nächsten mit dem beliebten, aber jetzt glücklicherweise von warmen Winden für dieses Jahr eingestellten Eisschießen verwandt, wird von den Bauern Plattenschießen genannt und überall in diesen Tälern eifrig betrieben.

Wir sehnen uns nicht nach der Küche unserer Herberge und schlendern am See.

Da rollen schaumspritzende Wellen vor dem Weststurm einher und überschütten den Strand. Aber neben diesen regelmäßig anschlagenden Wellen zucken noch andere

Bewegungen auf der Wasserfläche. Pfeilschnell, wie Sturmvögel, ziehen sich Kräuselungen, Wolkenschatten ähnlich, von verschiedenen Richtungen mit den und quer durch die Wellen daher. Es sind die Wirkungen der an manchen Wänden aufgestauten und zurückprallenden Winde. Dann stäubt auch, wie auf einer Heerstraße, manchmal eine hohe weiße Säule auf, die der Wirbel der Luft in die Höhe reißt. So macht die blöde wütende Gewalt Rauch aus dem Glanze, wie unser Poet, vom rauschenden Aufidus geboren, über andere Tätigkeiten sich ausdrückt. Weit draußen schimmert eine breite Fläche wie weißglühendes Eisen. Dort müssen aus den jagenden Wolken flüchtige Lichter in das Toben herabfallen. Wie wir die Werkzeuge des Atmens erweitern möchten, um uns den Genuß dieses Hauches auf den Wassern zu verdoppeln, so wünschte ich mir Augen von gesteigerter und höherer Kraft, um fernen Lesern noch recht viel von dem geheimnisvollen Weben und Wallen, bis in dessen unmerklichstes Regen hinein, erzählen zu können, von jener großen Bewegung, die wir hier, im Tosen des Sturmes am Strand hinwandelnd, bei all unserer Hingebung doch nur ahnend und formlos fassen.

Dämmerung am Hintersee

Von Hof zweigt sich die von Salzburg herankommende Straße gegen den Hintersee ab, der im Norden vor den höchsten Rücken des Berglandes liegt, welches sich zwischen der Salzach im Westen und dem Wolfgangsee im Osten hinzieht. Es war ein Tag, Winter der geringen Wärme, Frühling der hoch am Himmel hängenden Sonne nach. Schnee überlagerte aufs neue die voreilig entfalteten Blüten, und winzige Flocken schwebten wie Staubkörner in der grell-klaren, von eisigem trockenem Ost be-

wegten Luft. Krähen lärmten über die weiten Schneefelder hin im Abendglanz, und die Glocken des im tiefen Tal versteckten Dorfes Ebenau schallten.
Das weite Rund der Gipfel, vom Gais- bis zum Faistenauer Schafberg und anderen mehr im verdunkelten Osten gelegenen Rücken war ein veilchenblauroter Gürtel. Von einem Giebel, hinter welchem die Sonne versank, züngelte ein ungeheurer Streifen orangenfarbenen Lichts gegen den Scheitelpunkt des unbarmherzigen Himmels. Über manchem der östlicheren Berge türmte sich, während sein Giebel dunkler wurde, wie zum Spiel ein Wolkenberg auf, an Gestalt ihm wundersam ähnlich. Gelbe Lichter verbleichen auf den Schindeldächern der Hütten. Die Alm, ein rascher Bach, welcher aus dem See nach der Salzach fließt, schien mit jeder Krümmung im beschneiten Walde in rubinfarbenen Kellern voll unsäglicher Pracht zu verschwinden und in den Schoß der ewigen Abendröte zurückzukehren.
Als wir in der Abenddämmerung den See erreichten, wallte die Flut in niedrigen, breiten Wogen. Diese zerrten das Bild des gegenüberliegenden, aus dem See aufragenden Berges in lange Stücke auseinander.
Weit draußen leuchtete eine silberne Kugel auf dem Wasser schwimmend; es war ein Ballen Eis, der von der Unruhe der schlagenden Flut sich um ein vereinzeltes Rohr angelegt hatte. Im morschen Ufereis verzweigten sich grüne Risse, den Armen eines Polypen oder Seesternes vergleichbar. Wo die freie Flut, grün wie der Fichtenstrand, in diesen überzugehen schien, da flogen schnatternd Wildenten in die Höhe – die gefiederten Jäger des Fischgesindels. Hunderte zappelnder, silbern schillernder Leiber werden von ihnen aus dem Wellenschlag des Strandes herausgeschnellt.
Das Fischen! Es geht mit der Erbeutung dieser Tiere am

Hintersee nicht einträglicher als an anderen Gewässern der Salzburger Alpen. Der Saiblinge und Forellen, seiner einzigen Bewohner, sind wenige – die, welche ihnen nachstellen, kennen keine Zeit der Schonung.
Vom Königs- und Obersee wurden Saiblinge in die stillen Wasser des Hintersees versetzt. Sie zeichnen sich noch jetzt durch ihre Absonderung von den alten Insassen als fremde Aristokraten aus. Die alten Insassen müssen an Wertschätzung ihnen weichen, weniger wegen der ästhetisch nicht so wirksamen Farbe als des einleuchtenderen Grundes halber, daß ihrer bis zu sechs auf ein Viertelpfund gehen. Sie werden wegen ihrer Farbe ›rostig‹ genannt und so gering geschätzt, als es spekulativen Fischern gegenüber einem im Preise so hoch gehaltenen Leckerbissen möglich ist.
Die Menschen sind indessen nicht die einzigen Feinde der kaltblütigen Salmonen. In Bächen und am seichten Ufer lauert ihnen ihr grimmigster Widersacher, der Fischotter, auf. Wäre es Tag, so würden wir den Strand entlang kleine, runde, moorige Inselchen, Grasbüscheln ähnlich, aus dem Wasser hervorragen sehen. Dort pflegen sie ihre Siesta zu halten, wenn ihre Geschicklichkeit ihnen den Magen bis zum Überdruß angefüllt hat.

Schneewittchen am Hintersee

Im vergangenen Winter veranstaltete Rudolph Hinterhuber zu Mondsee, welcher die Blüten und die Berggipfel des Salzburger Landes so gut kennt wie irgendein jetzt Lebender, in dem kleinen Ort eine Darstellung des Märchens vom schönen Schneewittchen. Sie wurde von Kindern aufgeführt und gereichte allen denjenigen Zuschauern zum Vergnügen, in welchen die beste Eigenschaft kindlichen Wesens, die Fähigkeit des Anschauens und

Genießens ohne bewußte Beziehung auf das Wissen und Wünschen des anschauenden Subjektes, noch nicht erstorben war. Es werden unter einer großen Anzahl Erwachsener deren stets wenige sein, welche in diesem Sinne Kinder genannt werden können. Die Bestrebungen, welche den Kampf des einzelnen mit der Notwendigkeit, sich Nahrung und Vermögen zu sammeln, begleiten, dörren und versengen das heitere Behagen am Zwecklosen und Ewigen. Die auserlesene Natur kennzeichnet sich der ungeheueren Mehrzahl von Individuen gegenüber durch ein kindisches Vermengen oder Gleichstellen von Erscheinungen, von welchen die einen, nach der allgemeinen Meinung, sehr wichtig, die anderen von lächerlicher Unbedeutendheit sind. Den Ellenstab, mit welchem die letztere mißt, kennen jene wenigen nicht; Schranken und Zweckbedürftigkeiten däuchen ihnen im Wachen so unwesentlich als jenen anderen im Traume. Das Mehl, welches aus dem Gescheitigkeitsräderwerk ihres klappernden Alltagsverstandes zum Vorschein kommt, unterscheidet sich für die anderen nicht von tauber Kleie.

Ich kenne einen armen Menschen, dessen Erziehung und Unterricht nach landläufigen Begriffen vernachlässigt worden sind. Aber er gehört zu jenen Sonntagskindern, für die an jedem Gesichtskreis ein Regenbogen funkelt, unter welchem sie eine goldene Schüssel finden. Ihre Augen besitzen die Kraft, nach welcher die Scheidekünstler des Mittelalters vergeblich forschten: das große Elixier oder die Kunst, das unzerstörbare Metall aus seiner Verkleidung in Staub und Fäulnis zu befreien. Ihr inneres Auge gleicht den Irrtum des äußeren aus, welches durch seinen Bau an die Wertschätzung der Perspektive und an den Glauben gewiesen ist, daß es große und kleine Dinge gebe. Sie wissen, daß sich in der unendlichen und ewigen

Welt ein Planet oder eine Sonne an Größe nicht über eine Kristallnadel, einen Wassertropfen oder Strahl erhaben dünken können. Nun, eben dieser Mensch war gestern in der Gesellschaft einiger Bauern, welche von der großen Prüfung sprachen, die ihnen Gott durch die wohlfeilen Holzpreise auferlegt habe. Er schien ihnen zuzuhören, aber wenn man ihn genauer betrachtete, konnte man bemerken, daß er an andere, wahrscheinlich wichtigere, Dinge dachte. Endlich drängten sich die angewachsenen Gedanken auf die Zunge, und er schilderte mir, wie der Mond, während er vorhin ganz durchnäßt auf der Straße dahergegangen sei, sich in seinen feuchten, angeregneten Schuhen gespiegelt habe. Das verursachte dem Mann, der keinen Gulden in der Tasche hatte, eine wohlfeile Freude, deren die anderen kaum in solchem Maße teilhaftig geworden wären, wenn die Stadtbewohner ihnen plötzlich das Holz um das Doppelte des hergebrachten Preises bezahlten. Man sieht daraus, wieviel es auf sich hat, wenn humanisierende Moralisten die Weckung eines ›verständigen Egoismus‹ als einen der vorzüglichsten Hebel zur Hervorbringung menschlichen Glückes anpreisen. Jenem Armen lag ein bequemeres Mittel an der Hand: er unterhielt sich mit und freute sich an allem, was er draußen sah. Nur in möglichster Lostrennung von Gedanken und Bestrebungen, welche sich auf das gröbere Selbst beziehen, können die Augenblicke der Befriedigung gedacht werden, welche uns überhaupt die Welt gewährt.

Wolfgangsee

Es war um die Zeit, in welcher die Blumenbeete städtischer Gärtner sich mit Tulpen schmücken. Die Sträucher in dem Haine, welcher den Baumgarten an Zellers Landhaus bildet, und an den Felsen hin, gegen welche dort der tiefe See schlägt, zeigten die ersten wassergrünen Blattspitzen, und schon wurde gestritten, ob Schwalben in den letzten Tagen gesehen worden seien oder nicht. Auch der Efeu, der wie eine alte Sage diese Felsen umzieht, sproßte in lichterem Grün.

Von der Felswand ruft uns der Widerhall unserer Stimmen nach. In unserer Erinnerung erwachen die Bilder der Einsiedler, welche sie bewohnt haben, von dem ersten, welcher mit der Axt die Wälder lichtete, bis zum letzten, vor wenig Jahrzehnten selig Verstorbenen, der von den Gaben frommer Wallfahrer in St. Gilgen lustige Tage verlebte. Die schwarzen kreischenden Vögel fliegen noch dort oben wie in den Tagen, als man die Au dort hinter dem Sperber-Gebirge nach ihnen hieß und dieses Gewässer noch nicht an den heiligen Wolfgang erinnerte, sondern der ›See des Starken‹ war.

Während wir dem Leuchtturm von St. Wolfgang zuschreiten, schauen wir hinüber auf die Aue des Zinkenbachs. Dieses Gewässer kommt von Süden, vom Zinkenberg, in den Wolfgangsee, auch ›Abersee‹ genannt, hereingeflossen und hat durch die Steine, welche es in sein Bett gerollt, eine breite Halbinsel gebildet, welche in nicht sehr ferner Zeit aus einem zwei Seen gemacht haben wird.

An einem der schmalen Uferpfade, die sich zwischen

dem Grün des Sees und dem der Hecken hinziehen, oder auf jenen Quadern, die an vielen Stellen die Wucht aufschlagender Wellen vom Rasen abhalten, ergehen wir uns nicht nur an der schönsten Stelle dieses Sees, sondern vielleicht am herrlichsten Strande, der irgendeines dieser Bergwasser begrenzt.

Wohl einer der erfreulichsten Spaziergänge dieses Ufers ist der formelreichen Andächtigkeit zu verdanken, welche hier über allem menschlichen Sinnen zu schweben scheint. Ich meine den Kalvarienberg mit seinen grausamen Darstellungen. Mir insbesondere wurde der weihevolle Genuß dieses weitschauenden Hügels durch den Gegensatz eines Mastenzuges gesteigert, den ich wenige Stunden vorher zu Mondsee gesehen hatte.

Dort wurden Strebmänner, Tanzbären und wandelnde Zuckerhüte von den Hunden des Marktes angebellt. Auf einem Wagen rauchte der Schlot eines hölzernen Dampfschiffes, welches die beabsichtigte Verbindung des Mond- und Attersees parodieren wollte, und Nestroys liederliches Kleeblatt umarmte die Dirnen, welche gaffend auf der Straße standen.

Hier schien der Schnee des Schafberges sonnenbeglänzt über grüne Fichten herab. Um die Blöcke, welche auf dem warmen Abhang liegen, wand sich glänzender Efeu; daneben blühte die Anemone, und der dunkelrote Seidelbast, von dem Dache einer der Marterkapellen träufelten die letzten Reste geschmolzenen Schnees herab. Ein glänzender Cereyon flog von einer Staude zur anderen, ein Asphodius betastete mit seinem Rüssel das graue Holz der Kapelle. Aus dem Fenster der Kapelle wehte ein eisiger, gruftähnlicher Hauch – hier war der Tod, dort das Leben.

Wolfgangsee

Fischer am Wolfgangsee

Am Strande unten richtet der Fischer seinen Bären (das Hauptnetz) und die Seitennetze in seinem Einbaum her. Er ist einer der am meisten unterrichteten Fischfänger in diesen Bergen. Dort, wo sich das Seetal gegen Ischl hinabsenkt, besitzt er Teiche, in welchen er seine Leckerbissen zu mehren versteht. Es quillt ein Wasserschwall mitten aus der Wiese, der die Teiche speist, in welchen die junge Brut zappelt. Vor Jahren hat seine Kunst den Mondsee entvölkert. Jetzt lehrt ihn die vorgeschrittene Erkenntnis und die Unterweisung, die er sich bei Kundigen gesammelt, diese Gewässer mit selbstgepflegtem Nachwuchs zu füllen. Tausende von jungen Lachsforellen, die dort aus dem Ei gekrochen, vertraut er dem großen Wolfgangsee an. Nach drei Jahren sind sie an den Tafeln von Ischl hoffähig. Aber seltsam, solange sie sich im See befinden, scheinen sie sich ihres gemeinsamen Ursprungs zu erinnern, halten sich in großen Rudeln zusammen und treiben sich in den Wallungen umher, welche der einfließende Zinkenbach im See hervorbringt. Vor dieser gewaltsamen Ansiedelung beherbergte das Gewässer nur hungrige Hechte und jene wässerigen, geschmacklosen Fische, welche in ganz Deutschland Braxen genannt werden.

Dieses Handwerk, welches in den Augen empfindsamer Touristen einen poetischen Anstrich haben mag, ist in Wirklichkeit eines der schwersten und anstrengendsten. Die stürmischen Herbstnächte auf dem See, die Eissplitter um die Maschen des Netzes an Wintertagen, die schwere Mühe des Heraufwindens nagen an dem Aussehen der Männer, daß sie frühzeitig altern. Ihre Hände sind mit den Narben von Frostbeulen bedeckt, als ob es Überreste ebenso vieler Brandwunden wären, und die

Haut daran zeigt jene kupferrote Farbe, wie die regendrohenden Abendwolken um die Gebirge jenseits des ›Abersees‹. Seine Zöglinge in den Teichen auf der Wiese draußen nährt unser Fischer während des Sommers durch eine sinnreiche Einrichtung. Er gräbt nebenan flache Tümpel, befeuchtet sie ein wenig und wartet, bis sich im Schlamm zahllose Insekten mit ihren Larven, Kröten und Frösche eingenistet haben. Dazu hilft ihm das faule, stets erwärmte seichte Wasser vortrefflich. Eines Tages aber nimmt das Schlaraffenleben des Ungeziefers ein jähes Ende. Es wird Wasser eingelassen, und die Tümpel schwellen an. Die eingeschlagenen Zapfen werden ausgestoßen, und heraus strömt die trübe Flut und reißt ihre kriechenden und hüpfenden Insassen in die Fischteiche hinüber, wo sie von Tausenden hungriger Rachen empfangen werden. Da sieht man ein seltsames Wirbeln, Haschen und Schnalzen unter den Lachsen, die miteinander um die fette Beute ringen.

Die Einsiedelei des heiligen Wolfgang

Ein von Merkwürdigkeiten gesäumter Weg führt uns nach den Einsiedeleien des heiligen Wolfgang.
Der warme Schirokko, Lauberwind genannt, weil seine Gewalt zu anderen Zeiten das Laub von den Bäumen streift, ist unser Begleiter. Wir überschreiten den Dillbach, der über moosbewachsene Blöcke schäumt. Weiden und träumerische Fichten umstehen das glucksende Wasser, das sich seeabwärts durchkämpft.

Wildverwachsene dunkle Fichten,
Leise klagt die Quelle fort:
›Herz, das ist der rechte Ort
Für dein schmerzliches Verzichten!‹

Stumm zieht sich ihre lange Reihe am Wasser hin. Sie brüten nachdenklich im grüngrauen leichten Nebelschimmer des Frühlingsmittags. Der See ist ein großer Saphir, durch den Schnee der Berggipfel brechen im Tauwind mit jeder Viertelstunde neue schwarze Linien. Wald und Berge träufeln wollüstig wehmütige Zähren herab. Es kommt der Lenz – aber auch er ist ein Fortschritt zur Erstarrung des nächsten Winters.

Im einsamen Wald steht eine Tafel. Auf ihr ist der Heilige dargestellt, wie er auf einem Felsblock sitzt. Die Inschrift ›Und da auf diesem Stein hat St. Wolfgang gerastet‹ lehrt uns, daß es der glatte Stein am Fuße der Tafel war. In der Nische liegt ein mit Papier überklebtes Holz, auf welchem sich, mit Tinte geschrieben, ein heilkräftiges Gebet findet.

Auf schneidigem Geröll und beben, durch Prügel abgegrenzten Stufen hinan schreiten wir weiter hinauf zu den fabelhaften Erinnerungsstätten der Selbstabtötung; ein Bergbach unterbricht sie noch einmal mit seinen aufschäumenden Stürzen. Ein Pfad, steil wie die Askese der Weltüberwinder, führt endlich zur ersten Hütte.

Von hier, erzählt die unlautere Mythe, welche ein wenig an germanische Überlieferungen erinnert, warf der Einsiedler, des Lebens in seiner Schlucht überdrüssig, ein Beil in die blaue Ferne:

> Gelobt sei Gott! Von diesem Felsenzacken,
> So sprach Sankt Wolfgang, werf' ich eine Hacken,
> Und wo ich wieder diese werde schauen
> Will ich eigenhändig eine Kirche bauen.

Eine schwere Steinsäule steht vor dem Bilde mit dieser Inschrift, welche die Pilger mit großer Mühe zur Buße umzudrehen sich bemühen. Es mag eine harte Arbeit sein, diesen Block zu wälzen. Ein Teil davon liegt abgebrochen auf dem Boden, eine Folge solcher Kraftanstrengungen.

Wieder lichten sich die Nadelhölzer, und es erscheint eines jener Waldtäler, auf der einen Seite von lotrechten Felswänden abgesperrt. In ihm erhebt sich wieder eine Hütte, welche uns in ungefähr acht bis zehn Bildern die wunderbare Geschichte Wolfgangs vor Augen führt. Jedes Tableau ist von erklärenden Versen begleitet, wie:

Sankt Wolfgang flieht Regensburg das Stadtgetümmel
Und sucht in strenger Einsamkeit den Himmel.

Unweit davon erweitert sich der Bergweg zu einer zweiten waldigen Mulde. Hier sprudelte unter dem Schlage seines Stabes auf das befehlende Wort des Einsiedlers eine Quelle aus dem Felsen. Draußen rieselt ein Bach oder eine Wasserader aus moosumfeuchteten Röhren. In den dumpfen Mauern aber, die über dem Felsen aufgebaut sind, liegt das Wasser in einem moderigen Becken. Notiztafeln bezeugen, daß es Blinde sehend macht.

Als das merkwürdigste Gebäude auf dieser Etappenstraße von Denkmälern der Büßer erscheint uns aber die große Kapelle, von der nur eine Wand gemauert ist, während die übrigen von den Felsen dargestellt werden. Die späteren Einsiedler, bis auf unser Jahrhundert herab, wohnten in einer Hütte wenige Schritte vor ihm. An ihrer Stelle haben die Nachkommen einen Heustadel errichtet.

In der Felsenkapelle selbst, deren Inneres auf hölzernen Stufen erstiegen wird, bedecken unzählige Namen die Wände. Hier geben sich die Wallfahrer von Böhmen, Bayern und Kärnten Stelldichein. Diese Kapelle ist eines der Hauptziele bäuerischer Sommerreisen.

Wir unterlassen es nicht, nach altem Brauche am Glokkenstrange zu ziehen. Lange hallt es fort in der Einöde. Dann betrachten wir uns den engen Felsspalt, durch welchen niemand durchkriechen kann, der mit schweren

Sünden beladen ist. Sein Eingang führt zu einer Vertiefung in der Höhle, in welcher der Heilige schlief. Die Pilgrime schleppen vom Tale schwere Steine zur Buße den Berg herauf und schichten sie dort in Haufen übereinander, wie die Hadschis vor Mekka. Der Zugang zum Heiligtum wäre längst von ihnen verrammelt, wenn nicht der Wirt vom Viehberg manchmal seine Knechte heraufschickte, sie abzuholen. Es sind viele Steine dabei, die sich zum Kalkbrennen eignen, und er erspart sich die Mühe, sie selbst einzusammeln.

Dreierlei Glaube

Der Schafberg birgt ein wenig Eisen. Es mag darin teilweise der Grund liegen, warum die Blitze es lieben, an seinen langen Wänden hinabzuzüngeln.

Indessen ist es möglich, daß wir uns Eisen nicht als das einzige Metall zu denken haben, von dem sich Spuren in diesem Gestein nachweisen lassen. Der Volksglaube vermutet edlere Stoffe im Berg und hat zweien Quellen den Namen die ›Goldbrünnl‹ gegeben. Vor ihnen sieht man nicht selten Strümpfe hingehängt, welche als Filtrierwerkzeug für das einfließende metallhaltige Wasser dienen sollen. Das wird aber alles mit großer Heimlichkeit betrieben.

Ich erinnere mich, in Tirol die unzweifelhaften Spuren eines ›Venediger Mannls‹ angetroffen zu haben. Als solche wurden mir von einem Bauern die Überreste eines Schmelztiegels aus sogenannter ›Passauer Erde‹ bezeichnet, welche vor einem Gemäuer lagen. In dieses Gemäuer kehrte, wie der Mann erzählte, seit Jahren in jedem Sommer ein fremder Mann auf einige Wochen ein. Seit einiger Zeit war er verschwunden. Was immer der Kern dieser wahrscheinlich etwas ausgeschmückten Geschichte sein möge, er ähnelt gewiß dem von den Venedigern des Schafberges. Bei den ›sieben Rinnen‹ haben italienische Arbeiter, die sich mehrere Sommer hintereinander sehen ließen, unbefugt einen Stollen angelegt. Niemand weiß, was sie darin trieben.

Nicht minder vergeblich als die phantasievollen Bestrebungen der Metallsucher blieben die Nachforschungen nach den seltsamen Überresten aus der Zeit der Pfahlbaumänner. Es ist Tatsache, daß man in der Nähe eines Bauernhauses Stücke bearbeiteter Bronze fand, welche nach den Aussagen Sachverständiger einige Ähnlichkeit mit Lanzenspitzen zeigen. In einiger Entfernung von St. Wolfgang ostwärts erblickt man im Wasser graues Mauerwerk, über welches die Flut in der Höhe einiger Klafter dahinwallt. Diese ›Überreste einer titanischen Vergangenheit‹ wurden zu Wien in einer jener Vorlesungen, welche die Ergebnisse der Wissenschaft in populärer Form mitteilen, von dem Entdecker ausführlich geschildert. Der Vorleser hat nur vergessen beizufügen, daß es die Natur war, welche besagte Wände baute. Wer über ihnen hart an den Weiden des Strandes hingeht, sieht die obere Terrasse desselben Felsabhanges, welche unten im See mit dem ›Mauerwerk‹ endigt, sich von der Straße herabsenken.

Eine ebenso merkwürdige Entdeckung von der Tätigkeit jener Wilden, welche der Mythos voreiliger Behauptungen umgibt, knüpft sich an den ›Schratzenstein‹, einen Berg oder, wenn man will, eine Insel, über welche der See aber noch klaftertief dahingeht. Auf den nahe an die Oberfläche herreichenden Bergrücken haben die Fischer seit langer Zeit ihre Pfähle und Stangen eingeschlagen. Viele der alten Pfähle sind von grauem Kalkschlamm und von grünen Wasserpflanzen zugedeckt. Wenn man bedenkt, daß nach unzweifelhaften Spuren der Seespiegel früher weit an die Vorberge hinanreichte, so müssen die Pfähle auf dem Schratzenstein, wenn sie von Pfahlbaumännern herrühren, die Überreste von Balken sein, welche hundert Fuß und darüber hoch waren. Man muß gestehen, daß jene Pfahlbauern vor den schwierigsten Problemen der Wasserbaukunst nicht die geringste Scheu empfanden . . .

Nicht vergeblich besuchen die Tausende von Wallfahrern, welche aus entlegenen Gegenden hierherpilgern, alljährlich den stillen Seestrand. Zum großen Mißvergnügen der Gastwirte hat sich ihre Anzahl verringert, denn das ›Einläuten‹, das Vorzeigen des Stabes, welchen der heilige Wolfgang trug, und der Altarbilder kostet mehr als in früheren Jahren. Die Neuerung hat nicht nur dem Ansehen des Heiligen nach außen, sondern auch der Popularität der Priester bei den Herbergsbesitzern, Metzgern und Schiffern des Ortes erheblichen Eintrag getan. Sonst nahmen die Kleriker ein großes Sieb zur Hand, mit welchem sie die von den Wallfahrern geopferten Münzen sonderten; die großen wurden nach Mondsee in das Mutterkloster abgeführt, die kleineren, welche durch die Löcher des Siebes fielen, durften sie für sich selbst behalten. Man kann nicht annehmen, daß sie dabei zu ihrem eigenen Nachteil verfuhren. Die gewaltige Glocke, welche wir so oft von dem Dom über den Mondsee schallen hörten, hing einst in diesem Turm. Der Mondseer Abt aber gönnte dem untergebenen Kloster die Zierde nicht, sondern ließ das metallene Ungetüm in seine eigene Abtei hinüberschleppen.

Die Wallfahrer erlangen Ablaß und staunen den Marmor an, welcher in rosaroten, blauen, braun und weiß gesprenkelten Flächen die Kirche schmückt. Uns dagegen dienen die Ausschnitte des Gewölbes, welches an ihr über das Ufer ragt, als ebenso viele Rahmen, welche uns

Bilder abgrenzen. Wir sehen pfeilschnelle Kähne über den grünen Abgrund huschen, drüben die beschneiten Berge im träumerischen Glanze, und in der Tiefe des Wassers ein Dreieck, welches den Schimmer zwischen einer Lücke in den Bergen widerstrahlt. In der Kirche singen helle Stimmen ein ›Miserere‹, und die dumpfe Orgel dröhnt. Der Einbildungskraft uns überlassend, könnten wir uns rasch in jene Tage zurückversetzen, in welchen hier am Felsufer welke Gestalten beteten, mit dem seligen Lächeln der Weltüberwindung um die Lippen, Gestalten,

Deren höchste Lebenssorge,
Deren Wachen letztes Ziel
Die Verachtung dieses Lebens.

Wir ziehen es vor, den Bäumen, der Sonne, dem tiefgrünen Wasser zuzuschauen, welche in unergründlichen Blicken Reden tauschen, deren Mystik sich uns in dem glänzenden Dreieck der Tiefe versinnbildlicht.

Von Jägern und Gemsen am Zinkenbach

Von diesem Strande schauen wir über den See hinüber, südwärts in die Einsattelung der Täler, welche zum Königsberg und Genner hinführen. An jenem Berg ist ein schöner Wassersturz, an diesem ein Schneehaufen zu sehen, aus welchem das durchströmende Wasser von Zeit zu Zeit eine ›Eiskapelle‹ bildet. Der Genuß dieser Erscheinungen muß durch ermüdende Märsche erkauft werden. Nur dem Jäger versprechen die öden Pfade Lohn. Dort erspäht er oft hoch oben den Gamsbock, den Leiter des Rudels. Er ›hofft‹ – so nennen es die Jäger in diesen Bergen, wenn der ›Hauptbock‹ für die grasenden Gefährten wacht. Diese verlassen sich auf seine Fürsorge und schauen nur ihn an. Wittert die Schildwache den Feind, so pfeift und stampft sie. Dann ergreift die Herde, der alte Bock voran, eine geordnete Flucht. Hinter ihm rennen die jüngeren männlichen Tiere, die Gaisen mit ihren Kitzlein, den Schluß machen die ›galten‹ (älteren) Böcke. Diese Ordnung wird von ihnen nie unterbrochen, ausgenommen, wenn sie in einen förmlichen Kreis von Jägern geraten. Dann sucht jedes der überraschten und verwirrten Tiere sein Heil nach eigener Wahl und Einsicht. Es ist dann ein seltsamer Anblick, sie zwischen den Blöcken windschnell einherstürmen zu sehen, schwarzen, zottigen Decken vergleichbar. Vom Kopf, den sie tief zwischen die Vorderläufe gesenkt halten, sieht man niemals etwas.

Zu solcher Flucht wird die Gemse schon durch einen Stein veranlaßt, welcher aus dem Geröll herabrieselt. Sie übertrifft in dieser Hinsicht an Wachsamkeit weit das Reh. Auch ist es möglich, dieses auf eine Weise zu überlisten, welche bei der Gemse unerhört wäre. Der Jäger wartet die Stunde ab, in welcher der Mond sich über die Wipfel des Bergwaldes erhebt. Der Rehbock verläßt das Dickicht, um zu grasen. Sein Feind wirft eine rauhe Decke über sich und kauert sich auf den steinigen Boden, indem er den Ruf einer Gais nachahmt. Der Bock ist ihm verfallen. Es ist dies eine Stellung, in welcher man erfrieren könnte, wenn man eine Gemse erlauern wollte.

Das Geröll (Bschütt), dessen herabstürzende Teile den Argwohn der Gemsen erregen und ihnen ermöglichen, ihr Heil in der Flucht zu finden, wird den Menschen nicht selten verhängnisvoll. Ein solcher Stein, dessen sprungweises Niederstürzen dem Darunterstehenden wegen überhängender Legföhren (Legstauden) verborgen blieb, zerschmetterte im November 1866 dem Forstwart Moser an einer Felswand des Attersees den Kopf.

Aber nicht bloß das über, sondern auch das unter den Füßen des Kletternden befindliche Geröll kann ihm verderblich werden. Es ist möglich, daß die lose aufliegenden Steine unter den Tritten weichen und den Menschen, welcher keinen Halt mehr fassen kann, nachziehen, bis er den Rand eines Absturzes erreicht, über welchen er hinausfällt. Dann bereitet ihm entweder diese Wand den Tod, oder die Steine, welche die unter seinem Tritt entstandene Lücke auszufüllen streben, erreichen mit ihren Sprüngen zuletzt den Schädel des rasch Sinkenden. Auf diese Weise fand Ende der fünfziger Jahre ein Norddeutscher, Moritz Keil, seinen Tod, indem er versuchte, den harmlosen Schafberg an einer seiner steilsten Stellen zu ersteigen. Diejenigen, welche auf ein solches Geröll geraten, werden, so gefährlich das ihnen scheinen mag, fast immer am besten tun, wenn sie eilig hüpfend über den lockeren Schotter hinüberzukommen trachten. Denn ehe das nach unten weichende Gestein dem Fuß seinen Halt versagen und ihn um ein beträchtliches hinabzerren kann, steht dieser für einen Augenblick schon wieder an einer anderen, dann wieder an einer anderen Stelle und so fort, bis der tückische Kalktrümmerstrom hinter ihm liegt.

Dreikönigstag am Wolfgangsee

Als ich das letzte Mal am Südufer dort drüben in einem Bauernhaus ›in der Laugn‹ saß, umgaben mich freilich andere Gedankenkreise. Es war am Vorabend des Dreikönigstages. Ich schaute manchmal vom Licht weg an die Fensterscheiben, vor welchen eine undurchdringliche Nacht lag. Plötzlich fuhr ich erschreckt zusammen. Es ertönten die Stimmen von Kindern vor dem Fenster, deren Tritte ich nicht herankommen gehört hatte. Sie sangen das Lied vom ›Stern‹, der in der Nacht geschienen hat, und warteten demütig auf die ›Krapfen‹, die man ihnen

zur Türe hinausreichte. Ich redete mit ihnen, und sie erzählten mir, daß sie heute die ganze Nacht so fortsängen und von einem Hause zum andern zögen.
Man muß hier und da solche Begegnungen machen, um sich seinen Mut wieder aufzufrischen, wenn man eine Fußreise in den winterlichen Bergen unternimmt. Diese armen frierenden Kinder in ihren Lumpen gehen unbekümmert in die Winternacht hinein, und wir anderen – wir entsetzen uns manchmal, wenn wir der Behaglichkeit eines wohleingerichteten Stadtzimmers gedenken, vor der Rauheit der Winterlandschaft, die wir auch als solche anschauen müssen, wenn wir die Natur dieses Landes kennenlernen wollen.
Soweit heute der Zaun die Straße beschattete, war ein breiter Streifen von ihr gefroren; an sonnigeren Stellen hüpften manchmal Wiesel durch die Büsche mit den braunen Blättern. Auch dieser Tierchen hörte ich damals einige Abende vorher sich das Wintermärchen bemächtigen: ein alter Mann erzählte, sie bissen die Leute an und ›bliesen sie auf‹, daß sie davon sterben müßten. Jüngere lachten darüber, aber der Greis wies sie zurecht. Die Burschen, sagte er, glaubten auch nicht an die ›Muidwürm‹, und doch sei der Ochsenwieser Sepp darüber harthörig geworden. Ich fragte neugierig, wie das zugegangen sei, und wurde beschieden, daß derjenige, welcher einen ›Muidwurm‹ (Salamander) so lange ›tratzt‹, bis er schreit, das Gehör verliert. Ich lobte mir den Wahn, weil er ein barmherziger und tierfreundlicher ist, und horchte immerfort den Geschichten zu, welche sich die Versammelten erzählten, die eben damit beschäftigt waren, an Flachs und Werg zu hantieren, und so das Gespinst vorbereiteten, aus welchem sie später ihre Netze flechten sollten. Auch die Männer saßen am Rocken und spannen.
An solchen Abenden befindet sich der Wanderer freilich

unter dem Zauber einer anheimelnden Fremde. Wenn dann aber wieder der graue Morgen kommt, und er muß auf seinem Wege jedem Zugochsen, der einen Stamm daherschleift, ausweichen und in fußhohen Schnee treten, die Eisnadeln treiben ihm, vom Sturm gejagt, ins Gesicht, und die Herbergen, welche um diese Zeit des Jahres keine Gäste erwarten, setzen ihm nichts oder fast Ungenießbares zur Erfrischung vor, dann bedarf es der gesammelten Stärke des Rückerinnerungsvermögens an freundliche und lehrreiche Abende und aller Zuvorkommenheit der Einbildungskraft, welche ihm das Wiedererscheinen gastlicher Kreise auf die graue Nebelwand malt, welche für jetzt den Augen Himmel und Erde versperrt.

Der Spuk auf der Kasperl-Alm

Die Kasperl-Alm, welche zwischen dem Schwarzen See und den Schafbergwänden nahe am einsamen Minichsee liegt, ist eine der bekanntesten Sennhütten weit und breit im Salzkammergut. Nicht weit entfernt von ihr genießt man eine Rundschau über die Berge und Seen, welche der vom Schafberggipfel nichts nachgibt.
Es war aber nicht die preiswürdige Fernsicht, welche an dem schönen Apriltag eines längst vergangenen Jahres zwei Männer veranlaßte, sich auf jener Alm abends um zehn Uhr ein Stelldichein zu geben, sondern sie wollten vor der ersten Dämmerung auf die Auerhahnjagd gehen. Die beiden, der Loidl und der Häusl-Toni, waren an den Ufern der Seen nicht nur als mutige Jäger bekannt:
Loidls Fischbehälter in der Burgau wird wegen seines stets reichlichen Vorrates an großen Lachsforellen, Hechten, Rutten und anderen Flossenträgern für eine Sehenswürdigkeit gehalten, an welcher man nicht vorübergehen darf.

Das Auge des Häusl-Toni war auf der Jagd mehr wert als die Nasen aller Spürhunde von Österreich und Steiermark, und was das Wissen in Kräutern und im Schatzfinden anbelangt, konnte sich niemand mit ihm messen.
Loidl war der erste, welcher ankam. Er machte Feuer und kochte einige Erdäpfel und Grieß in einer Pfanne. Mit der Zubereitung und Verspeisung dieses Vorrates brachte er über eine Stunde zu. Er fing an zu gähnen und den Toni zu verwünschen, welcher ihn in der langweiligen Hütte allein ließ.
In Städten, wo die Leute sich später zu Bett legen, erstreckt sich die Urlaubszeit, in welcher es den Geistern Abgeschiedener vergönnt ist, die Lebendigen zu erschrecken, auf die Stunde zwischen zwölf und ein Uhr. Im Gebirge dagegen pflegen die Geister ihrer Berufstätigkeit um eine Stunde früher nachzukommen, ohne Zweifel, weil ein Bauer von ihnen um elf Uhr mindestens ebenso in der Mitte seines Schlafes aufgeschreckt wird, als ein Städter um zwölf Uhr.
Genug – in dem Augenblick, in welchem die Zeiger des faustdicken Zeitmessers elf Uhr andeuteten, fuhr die Tür, welche nach dem Stall führte, mit solcher Gewalt zurück, daß sie an die Holzwand anschlug. Loidl rief Tonis Namen, aber statt einer menschlichen Stimme antwortete ihm nur ein sonderbares Grölen und ein Rascheln in den wenigen Halmen, welche im Stall zerstreut lagen. Er trat etwas eingeschüchtert unter die Tür. Es ist wahr, daß er ein furchtloser Mann war und sowenig an Gespenster als an manche Lehren glaubte, welche der Pfarrer in der Kirche verkündete, aber die Furcht vor übernatürlichen Dingen hat in den innersten Falten des menschlichen Herzens ein kleines, aber unantastbares Bollwerk.
Loidl fürchtete sich. Er kehrte zu seinem Feuer zurück und horchte. Als er mehrere Minuten lang kein neues

Geräusch vernahm, fing er an, sich seiner Befangenheit zu schämen. Auch die Schnapsflasche, welcher er nach immer kürzeren Unterbrechungen zusetzte, trug dazu bei, ihm den verlorenen Mut wieder zu ersetzen. Er ging rasch nach der noch immer geöffneten Tür. Als er eben die Hand nach ihr ausstrecken wollte, flog sie zu. Wieder vernahm er dasselbe Grölen, dem dumpfe Schläge folgten. Nachträglich hörte er, vor der Schwelle wie festgewurzelt, auch noch ein Traben, welches von der einen Tür zur andern ging. Es war, als ob eine Herde großer Tiere eilig den Stall verließe. Eben schien das letzte hinauszugehen, denn Loidl, welcher regungslos lauschte, hörte nichts mehr. Da fiel sein Auge auf die Uhr; es war zwölf Uhr vorüber.

Binnen zwei Tagen hatte sich die Kunde von dem Spuk auf der Kasperl-Alm in der ganzen Umgegend verbreitet. Ein Jäger, welcher nicht an Geister glauben wollte, hörte davon und beschloß, das unheimliche Treiben zu ergründen. Mit einbrechender Dämmerung ging er durch den Burggraben und wandte sich, da der Schnee überall gut trug, geraden Weges gegen die Scharte, hinter welcher die Kasperl-Alm liegt.

Angekommen, ging er hinein und machte ein Feuer an. Bei seinem Scheine sah er, daß es elf Uhr vorüber war.

Eben als er sein Geschirr ans Feuer setzte, vernahm er ein Geräusch von der Decke herab, über welcher sich der Heuboden befand. Es waren ganz deutlich Schritte eines Menschen, welcher in Strümpfen geht.

Der erste Gedanke des Jägers war der, daß ein Wildschütz vom Wolfgangsee die allbekannte Kasperl-Alm als Nachtstation gewählt haben möchte. Da es ihm eben nicht sonderlich um eine gefährliche Balgerei zu tun war, so rief er in munterem Ton hinauf: Geb ra, Bua, fürcht di net, es geschieht dir gwiß nix!

Auf diese Einladung wurde es oben still. Der Jäger wiederholte sie mehrmals, bekam aber keine Antwort und konnte das Geräusch der Tritte erst immer wieder vernehmen, nachdem er eine Weile geschwiegen hatte. Auf Zapfen, welche in gewissen Zwischenräumen in die Wand eingeschlagen sind, konnte man zum Heuboden hinaufsteigen. Der Jäger lud den abgeschossenen Lauf seines Zwillings, zog seine Stiefel aus und kletterte vorsichtig hinauf. Auf dem Heuboden konnte er einen großen dunklen Körper erkennen, der auf dem Heu ausgestreckt lag. Der Jäger legte sein Gewehr auf dem Boden auf, spannte den Hahn und rief: Schütz paß auf oder ich schieß! Statt der Antwort erfolgte ein Röcheln oder Murmeln, zwischen welchem der Angreifer Fluchwörter zu vernehmen glaubte. Zugleich flimmerte ein sonderbares Licht auf wie der Phosphor eines Zündhölzchens im Dunkeln und knisterte es in den Halmen. Der Jäger glaubte nicht anders, als der Wilddieb wolle auf ihn anlegen. Die beiden Läufe seines Gewehres krachten – ein dumpfes Gurgeln dann, nachdem sich der Rauch verzogen, kein Laut mehr. Der Jäger stieg hinein und faßte die Leiche. Es war allerdings ein Wilddieb, aber keiner von jenen, welche das Jagdgesetz verfolgt. Seine einzige Beute bestand in Feldmäusen, und seine Körperoberfläche deutete unverkennbar auf eines jener Wesen hin, welches die Zoologie der Laien schwarze Kater nennt. Daß Katzen auf Alpenhütten überwintern, gehört nicht unter die ungewöhnlichen Tatsachen. Es geht ihnen im Winter viel besser als ihren ernsten Brüdern im Tale. Denn kaum sind die Fröste eingetreten, so flüchten sich die Bergmäuse in großen Scharen nach den schneefreien Räumen der Sennhütten.

Das ist die Geschichte vom Geist der Kasperl-Alm, und solcher schwarzen Wintergespenster mag es noch viele geben in den weiten Alpen.

Seen im Salzkammergut und der Steiermark

Über die Führer im Salzkammergut

Der Sommertourist, welcher mit Führern in unseren Bergländern herumklettert, sieht auch hier meist mehr die künstliche als die wesentliche Seite der Verhältnisse. Es bietet sich ihm wenig Gelegenheit, die peinliche Betriebsamkeit, selbst das nackte Elend kennenzulernen, welches die Muskeln des Menschen in Bewegung setzt, der neben ihm in die freien Lüfte hinaufpilgert. Ich spreche von Örtlichkeiten, an welchen der rüstige Teil der Bevölkerung das ›Führen‹ als Sommergeschäft betreibt.

Es gibt viele Führer, die sich bei entsprechender Witterung in einer Woche zwanzig Gulden verdienen. Mit dieser Einnahme aber ergeht es diesen fast durchgängig wie allen, welche eine sichere, ehrliche Arbeit aufgeben, um verlockendem Gewinn nachzulaufen. Bliebe der Mann bei jener, die ihm freilich in einem Tage nur ungefähr drei fünftel Gulden einbringt, so hätte er weniger Freiheit, aber keine Sorge, und das tägliche Brot würde ihm auch im harten Winter und im Frühjahr nicht mangeln. Auch würde er in seinen späteren Jahren eine anständigere Figur darstellen als der Führer aus Profession.

Wie wenig die Gesundheit in Frage kommt, wenn die Leute an einen ›leichten und schnellen‹ Verdienst denken, das sieht man am deutlichsten an jenen Orten, an welchen auch Sänften für die Bergpartieen schwächlicher Reisender gehalten werden. Hier ist es das Ideal jedes Führers, Sänftenträger zu werden, weil die Mühe einiger Stunden mit schwerem Gelde bezahlt werden muß.

Wer dieses Handwerk noch nicht in der Nähe beobachtet hat, macht sich schwerlich einen zureichenden Begriff von der Entwürdigung, welche es den Beteiligten auferlegt. Maultieren, welche den Reisenden, die nicht steigen wollen, für die Bergpfade zu Diensten stehen, über diese

Tiere nicht genug wachen. Denn die Führer, welchen es gelungen ist, Sänften schleppen zu dürfen, verfolgen die armen Tiere als ›Brotdiebe‹ und würden dieselben allerorten um ihre geraden Glieder bringen.

In größeren Orten drängen sich nicht nur Knechte und Taglöhner, sondern auch Handwerker zum Dienste eines Führers. In entlegeneren Gegenden sind es nicht selten Holzknechte. Unter diesen findet man starke und treuherzige Menschen, denen der kleine Zuwachs zu ihrem kärglichen Verdienst wohl zu gönnen ist. Ihnen obliegt meist der Abtrieb eines Waldes im ›Geding‹ (Akkord), der ihnen für die stärkste Anstrengung notdürftig das Brot bietet. Daneben begegnet man auch anderen gelegentlichen Führern, welche im übrigen eine Art von Vagabundenindustrie treiben, beispielsweise ›Wurzgräbern‹. Diese sammeln Wurzeln verschiedener Alpenkräuter ein, aus welchen Branntwein gebraut wird.

Meine Bemerkungen haben nicht die Ausnahme, sondern die Regel im Auge und werden für das große Publikum der Sommervergnüglinge niedergeschrieben. Sie gelten nicht für die Führer auf jene gewaltigen Höhen, welche, wie beispielsweise der Großglockner, niemandem gestattet, andere ungefährdet hinaufzugeleiten, wenn er nicht selbst ein wackerer Mann voll Herz und Mut ist. Die Führer zu jenen Gipfeln verhalten sich zu ihren Genossen auf den Saumpfaden der Hotellerien wie der auserlesene Kreis dieser Bergfreunde zu jenen Reisenden, denen die Mode ihre Routen aufzwängt.

Altausseer See

Diejenigen Häuser von Altaussee, welche unmittelbar an dem rundlichen Gewässer liegen, werden mit dem Namen Fischerndorf bezeichnet. Der See füllt mit seiner grünen Flut den Abgrund aus, der sich zwischen ihnen und der steilen Trisselwand in den Kalkboden hineinsenkt. Schon wenn man von der Pötschen herabkommend den Hügel erreicht, dessen Name das Andenken des unglücklichen Lenau auch in diesem abgelegenen Tal hüten soll, drängt uns die voreilige Phantasie den Wunsch auf, es möge sich dort an dem Fuß der kühn abfallenden Wand ein stiller Alpensee hinziehen. Die Natur ist seit vielen Jahrtausenden einem solchen Wunsche zuvorgekommen.

Betrachten wir uns den See, indem wir an seinem Nordrande hingehen. Eine kleine Strecke weit stellen noch abschüssige Wiesen das Ufer dar; dann klemmt sich ein schmaler Fichtenwald zwischen den Fels und den Wasserabgrund ein, dann berührt dieser mit seinen schwarzgrünen Wellen die Wand selbst, welche mehr als dreihundert Klafter über ihn hinaufragt.

Im Walde, dessen Unterholz von Schnee befreit ist, erfreut uns das Klingeln von Glöckchen am Halse weidender Ziegen. Sonnenbeglänzter Nebel verhüllt uns die Berge und läßt den gefrorenen schillernden See als ein arktisches Märchen erscheinen. An einzelnen Stellen scheint das Gestirn, Meister des Nebeldunstes geworden, tief aus dem klaren Eis herauf. Von diesem heben sich am erhellten Strande Dampfwölkchen nach der Frühlingssonne. Wir erraten ihr Dasein an den Kreisen von sie-

benfarbigem Glanz, die mit uns vor dem leichten Westwind langsam das Gestade hinabwallen. Derselbe Glanz begegnet uns von den Zweigen der Bäume herab. An diesen sind die Regentropfen der Nacht zu Eiskügelchen geworden.
Dort wo ein vom Schneewasser geschwellter Bergbach, dessen Wellen eine graue Hütte, einen Fischbehälter, durchrauschen, in den See stürzt, hat sich das Eis weithin in den wärmeren Fluten gelöst. Weit draußen erst schwimmt die silberstrahlende Fläche des Eises, wie ein fernes Land jenseits des Meeres, von Wundern und Geistern bewohnt. Über ihm hat sich der Nebel zu langgestreckten Wolken verdichtet, schimmernde Phantome, welche über dem seligen Lande schweben und es hüten wollen. Dazwischen aber wallt die endlich erlöste tiefgrüne Flut hin, von manchem verstreuten Sonnenstrahl belebt. Aus ihr schnellen große Fische auf, die aus dem noch vom Eis verdunkelten See gekommen sind, um sich hier am Lichte zu erfreuen. Endlich sind die Dünste zerronnen, der Dachstein ragt als Kristall in die unermeßliche Bläue. Er scheint jetzt eine Höhe aus dem Zauberlande zu sein, welches wir vorhin in träumerischem Glanze auf den Wassern schwebend glaubten.
Und in noch weiteren Fernen der Bläue steht der tote Mond, die schönste aller Leichen.
Stellen wir uns denselben Schauplatz in anderer Beleuchtung vor. Ein feuchter Südwind senkt sich vom trüben Himmel in diese Schluchten. Das Eis ist glanzlos und schwarzgrau geworden, weil die dunkle Flut schon durch die dünnere Decke heraufzuschauen vermag. Ein schwarzer Streifen zieht sich in unendlichen Krümmungen, einer Schlange ähnlich, über dieselbe hin. Er bezeichnet die Spaltung der Decke, welche der Bewegung der Lust und den von ihr unter dem Eise beunruhigten Gewässern ge-

glückt ist. Bald erscheint der Streifen als breiter Fluß. In wenigen Augenblicken zieht sich ein ebenso gestalteter Fluß am Ufer hin. Die Wellenbewegung erreicht die Oberfläche; der See ist aufgegangen. Die Dünste, welche aus einsamen Becken der Bergseen sich erheben und an den Felswänden hinziehend im Verein mit anderen Wolkenballen, welche ihnen begegnen, unvermerkt Gewitter veranlassen, haben sich in den Köpfen der Menschen zu seltsamen Meinungen verdichtet. Sie glauben, es seien unholde Geister, welche aus den ›Wetterseen‹ heraus denjenigen mit rachsüchtiger Wut nachjagen, welche einen Stein in die Tiefe geworfen haben. Es ist nicht schwer, sich eine Vorstellung von dem Aussehen der Flut und ihrer Felswände zu machen, worin die Gewalten argwöhnisch brüten, welche dem Menschen, der sie in ihrer Abgeschiedenheit schon durch seine Gegenwart neckt, abhold sind. Das schwarze Wasser, welches sich heute befreit hat, läßt uns den Aussee für einen solchen tückischen Wasserabgrund anschauen.
Wir nehmen die Ruder zur Hand und fahren hinaus bis dahin, wo eine schwimmende Eisevelade noch hartnäckig die Mitte des Sees behauptet. Die umgebenden Bäume und Felsblöcke erscheinen aus dem See heraus in einer Färbung und Bestimmtheit, welche sie durchaus mit keinem anderen Bilde vergleichen lassen als mit den Widerspiegelungen in den schwarzen Gläsern der Landschaftsmaler. Das Wasser, welches aus dem Lärchendickicht gegen den ›kalten Brunnen‹ am Fischbehälter herabstürzt, tritt oben im Gewänd zum ersten Mal unter Umgebungen an den Tag, welche in diesen Kalkgebirgen nicht ungewöhnlich sind. Schaut man in einiger Entfernung südlich von Altaussee nach dem Gipfel der Loser, so erblickt man zwischen diesem und dem Adlerkogel eine mächtige Wassersäule, welche jäh aus einer Höhlung herausbricht,

in ununterbrochenem Sturz an der Wand hinabfällt und in einer anderen Höhlung spurlos verschwindet, bis wir sie hier als Bach wieder um die Blöcke schäumen sehen. Merkwürdig ist das Leben der Wasseradern an den umgebenden Wänden der Seewiese. Wenn gegen Ende des Aprilmonates das Eis im kleinen Augstsee, welcher dort oben in einer Mulde des grauen Gipfels liegt, zerrinnt und wenn der Schnee von den Bräuning-Alpen wegtaut, dann rauscht durch die unbekannten Klüftungen des Berginnern ein Fluß. Wir sehen hoch an der Kogelstellerwand die dunklen Mündungen dreier Röhren. Aus diesen bricht der kurzlebige Strom, den Sonne und Südwind erzeugt haben, zutage. Der Donner der Lawinen, welche jetzt ununterbrochen in den tiefen Falten der Trisselwand hinabrollen, verhält sich zum Geräusch der Kaskaden wie ein sanftes Summen. Die Seewiese erscheint in jenen Tagen als ein Teil des Sees selbst, und nur die höchsten Blöcke ragen daraus hervor, lärchenbewachsene Felsinseln, zwischen welchen hindurch der Kahn bis zu der Felswand mit den Wasserstürzen vorzudringen vermag.

Ostersee

Eine kleine tiefe Gumpe, welche weiter zur Rechten vor der Trisselwand liegt, beißt der Ostersee. Unter seinem halb aufgetauten Eis schlummern noch die Frösche, derentwegen die Bauern das winzige Rund seiner Ufer besuchen. Der dreifache Widerhall auf dem See, von dem die Schiffer wie von einem Wunder sprechen, veranlaßt uns in dieser Hinsicht blasierte Wanderer zu keinerlei anregender Bemerkung. Wissen wir doch, daß es Gestaltungen von Felswänden gibt, welche fünfzig Silben wiederholen. Wir ziehen es vor, unsern Blick in die Tiefe zu versenken, aus welcher noch immer in grünlicher Dämme-

rung der dichtbewachsene Grund heraufschaut. Noch vor wenigen Tagen war das Eis am Ufer so klar, daß man die Frostdecke über dem Wasser nicht eher bemerkte, bevor man einen Stein hineinwarf. Dann knirschte es unter der zerschmetternden Last; eine hohe Garbe grünlich-weißen Gischtes schäumte herauf, wie die Bläschen in einem Kelchglas, welches mit einem kohlensäurehaltigen Getränk angefüllt ist. Jetzt ist es ein anderes Schauspiel in der klaren Flut, welches uns anzieht.
Vor einiger Zeit machte mich ein Wiener Kunsthändler auf die photographische Abbildung einer Landschaft aufmerksam. Es war ein schneebedeckter Berg. Da unter ihm, nur durch einen feinen Strich getrennt, genau dasselbe Bild in derselben Energie der Farbe und der Schatten angebracht war, so fragte ich ihn erstaunt, seit welcher Zeit man auf den Einfall geraten sei, die zu stereoskopischer Wirkung bestimmten zwei Bilder desselben Gegenstandes einander entgegengesetzt, das eine unter dem andern, anzubringen. Sein Lächeln und mein längeres Hinschauen auf das Bild erst belehrten mich, daß der umgestürzte Berg aus dem Spiegel eines Gewässers schaute, der Zugspitzferner bei Partenkirchen aus dem Eiswasser der ›Blauen Gumpe‹. Eine Darstellung mit dem Lichtapparat, von dem Punkte aus aufgenommen, über welchen eben unser Nachen hingleitet, würde mit seinen verdoppelten Wäldern, Schneestreifen und Dachsteingiebeln dieselbe Täuschung hervorbringen.

Die Altausseer Saiblinge

Die Fischer freuen sich, daß sie wieder den Forellen und Saiblingen des Sees nachstellen können. Hier haben sie weder einen Hecht noch irgendeinen anderen Raubfisch zum Nebenbuhler. Sie treiben mit den Leckerbissen einen Handel, der ihnen nicht so viel einträgt, als es scheint. Überall werden die Saiblinge, welche man im Sommer den Reisenden vorsetzen will, während des Winters vornehmlich mit zerschnittenen wertlosen Fischen gefüttert. Seltsamerweise sollen die in den Fischbehältern des Aussees gefangenen Saiblinge davon eine Ausnahme machen. Sie verschmähen nach Aussage der Fischer in dieser Gefangenschaft jegliche in dieser Weise gereichte Nahrung und begnügen sich mit dem kalten Seewasser. Nichtsdestoweniger findet ihr gelbes Fleisch in weiter Ferne Beifall. Man bratet sie auf einem Rost, unter welchem Buchenkohlen ein gelindes Feuer unterhalten. Sodann werden ihrer sechs in eine dicke Schachtel von Fichtenholz gelegt; die Zwischenräume füllen Zitronenschalen und Lorbeerblätter aus. So gelangen sie in die Hände ihrer Liebhaber in weiter Ferne, in Böhmen und am Adriatischen Meer.

Grundlsee

Ein leichter Schneefall während der Nacht bereitete einen klaren Frühlingstag vor. Die Eisstücke, welche noch inmitten des Sees schwammen, stellten nun durch die darauf gestreuten Flecken einen grellen Gegensatz zur schwarzen Flut dar. Wolken so groß als die überall von der Sonne angegriffenen und abgegrenzten Schneehaufen der Berghalden zogen langsam über den glanzvollen Himmel. Arbeiter waren an der Befestigung der Ränder des Flußbettes beschäftigt, in welchem bald die losgelösten Schneewasser mit verderblichem Mutwillen hinabrasen sollten. Mitten im Schnee brannten ihre Feuer.

Der Markt Aussee steht in einem milderen Tal als das Dorf am gleichnamigen Gewässer. Die Traun, welche vom Grundlsee kommend gegen ihn herfließt, rauscht an Ufern vorüber, deren eine dem Mittag zugekehrte Seite überall von Blüten bedeckt war.

Es gibt nichts Behaglicheres, als sich an einem sonnigen Tage des Vorfrühlings an einen solchen Abhang in die milde Luft hinzusetzen und zuzusehen, wie alles neben uns keimt und sprießt, während von der anderen Seite überall der einförmige Schnee herüberschaut. Die Empfindung, welcher man sich am warmen Ofen während eines Wintersturmes so gern hingibt, erscheint hier gesteigert.

Unser Weg geht der herabkommenden Traun entlang. Manchmal meinen wir, sie fließe durch ein Hügelland, bis der eine oder andere gewaltige Zacken, welcher hier und da über die niedrigen Waldkuppen hoch hervorschaut, uns bekräftigt, daß wir wirklich in einer Einsenkung des steierischen Hochgebirges gehen. Nach einer Stunde haben wir den Rand des Sees erreicht.

Das längliche Becken des *Grundlsees* hat hohe Felsenufer, ein echtes wahres Bergwasser. Jenseits der Felswände, welche ihn im Osten abschließen, beginnt ein Vergleichungsmoment mit dem Königssee. Denn über einer Landzunge liegt dort im Grunde eines Beckens von wilderen und gewaltigeren Bergen der Toplitzsee und wieder über eine Landzunge hinüber hinter diesem der unheimlich öde Kammersee. So führt auch die Vorhalle des Königs- zum Allerheiligsten des Obersees. Hier verhält sich die Wirkung der Gestade wie die drei Steigerungsstufen eines Beiwortes. In derartiger Anlage mag wohl keine andere Wassergruppe der Berge sich mit dieser vergleichen können, deren Felsufer je höher, näher, enger und finsterer sie planmäßig zusammenrücken, das Bewußtsein des Beschauers erweitern und mit aufstrebenden Gedanken erhellen.

Am nördlichen Abhang erheben sich zum östlichen hinüber der Beckenstein, der Hochelm, die Drei Brüder, die Weiße Wand zu eindrucksvoller Höhe. Sie sind alle noch von Schnee überlagert und müssen es sein, wenn wir sehen wollen, wie das Abendrot an ihren Gipfeln nachglüht, oben wie unten in den Tiefen des Sees, den sonst schon die Nacht deckt. In den Kristallen des Schnees lodern diese Brände mächtiger als an der groben Felswand. Darum wird auch niemand, der dieses Ufer in den heißen Monaten besucht, sich von dem Schauspiel, dessen Beschreibung wir ablehnen müssen, irgendeine Vorstellung machen können.

Seen im Salzkammergut und der Steiermark

Die Wildfrauen am Grundlsee

Die Wildfrauen stehlen gern Kinder und ersetzen sie in den beraubten Häusern durch abscheuliche Wechselbälge. Mit dem Wechselbalg mag man beginnen, was man will, er läßt sich nicht vom Haus vertreiben, und die Leute werden das zudringliche Ungetüm nicht los. Nur einmal gelang es ihnen, soviel man am See weiß. Dort, jenseits des Fichtenwaldes, gegen das Ostende des Gewässers hin, steht das Schachner-Haus. In ihm war ein Wechselbalg, welcher allen Leuten der Gegend wegen seiner Häßlichkeit, den Hausgenossen aber auch noch deshalb, weil sie den gefräßigen Gast nie sättigen konnten, verhaßt und zuwider war. Er hieß darum am ganzen See der ›Schachner-Z'widerling‹. Es wurde ihm alles Erdenkliche angetan, um ihn zum Fortlaufen zu bewegen; aber es gefiel dem Z'widerling im Hause so wohl, daß er sich nicht vertreiben ließ. Nachdem sie ihn mit unzähligen Possen geneckt hatten, gerieten sie eines Tages auf den Einfall, den Tisch, an welchen er sich zum Essen niedersetzen wollte, ganz mit winzigen leeren Geschirrchen zu bedecken. Da schaute sie der Wechselbalg verwundert an und sagte: »Mir ist viel bekannt; ich habe an derselbigen Stelle, wo wir sitzen, dreimal Wiese und neunmal Wald gesehen, aber so etwas war noch nicht da!« Und von diesem Tage an verschwand er. Unheimliche Erscheinungen und Gespenster jeder Art werden an diesem See mit einem Wort bezeichnet, welches sonst überall unbekannt zu sein scheint. Es ›aniweicht‹, es zeigt sich ein Aniweich. Das geschieht an mehreren Stellen der kleinen Weiler, welche am See liegen, und mehr als ein Weib scheut sich, nach eingebrochener Dunkelheit vor die Haustür zu treten, aus Furcht, von einem Aniweich angesprochen zu werden.

Mancherlei Vorstellungen erhalten sich begreiflicherweise in einer Sackgasse des menschlichen Verkehrs – denn nur nach Westen führt hier eine Straße – viel länger, als in solchen Tälern, durch welche breite Ströme von Wagen und Menschen ziehen. Daß sich Wildschützen ›gefroren‹ machen können, um gegen Kugeln unverwundbar zu werden, daran zweifelt niemand. Eine gläserne Kugel allein löst solchen Zauber. Als einst Missetäter von hier nach dem Falkenstein bei St. Wolfgang zogen, um dort die beiden Einsiedler zu ermorden und auszurauben, wurden sie von jenen mit gläsernen Kugeln empfangen.

Auch die alten Meinungen von dem Treiben der Schlangen haben hier noch immer ihre Geltung. Sie singen vor ihrem König mit heller Stimme wie die weißgesichtigen Wildfrauen im Abendstrahl auf ihren Bergspitzen. Auch wissen die Leute ein Mittel, sich dieses Königs zu bemächtigen, der eine goldene Krone trägt. Wenn die Schlangen alle um ihn versammelt sind, so läßt man ein Wagenrad mitten hindurchlaufen. Sie verfolgen in ihrer Wut das daherrollende Holz und eilen von ihrem König weg, welcher unverteidigt ergriffen werden kann. Eine andere Art, sich des goldenen Geschmeides zu bemächtigen, besteht darin, daß man ein Garn auf der Erde ausbreitet, welches ein Mädchen unter sieben Jahren gesponnen hat. Wenn die ›Krönl-Natter‹ darüber geht, muß sie die Krone fallen lassen. Legt man eine solche Krone in seine Geldtruhe, so kann sich der Vorrat an Münzen nie verringern.

Die Lust an wunderbarer Gewinnung von Schätzen veranlaßt die Leute, daß sie in den Gebirgen umhersteigen und sich von willkürlich ersonnenen Anzeichen bestimmen lassen, unter schwerem Schweiß das Gestein zu durchwühlen. Ein steiler Pfad hinter dem Bockenstein heißt noch immer die goldene Stiege. Es ist nicht gerade immer die Armut, welche sie zu solchen Abenteuern treibt. Die wenigen Häuser am Fuße dieses Berges, welche man unter dem Namen ›das Gössel‹ zusammenfaßt, bergen mehr Wohlhabenheit, als der Vorübergehende ihren braunen Holzwänden ansehen will. Als vor einigen Jahren die Silberzwanziger außer Verkehr gesetzt wurden, kamen aus diesen Hütten deren siebenzehntausend, welche nach Bauernart versteckt gehalten worden waren, zur Auswechslung nach Aussee.

Die Bewohner des Grundlsees

Von einer Seite des Sees dringt das Klappern der Holzstämme herüber, vom Gesang der Knechte begleitet, die sich bei ihrer Arbeit des sonnigen Lenzes freuen. Mit Erstaunen bemerkt der Neuling, daß in manchen der gewaltigsten, von Blöcken und Trümmern übersäten Betten kein Tropfen Wasser rinnt, obwohl es neben ihnen auf allen Hängen schäumt und sprudelt. Diese leeren Betten werden erst nach zwei Monaten von tobenden Wassern ausgefüllt sein, denn die Gegenden, aus welchen jene Wasser herabkommen, werden vom Frühling erreicht, wenn bei uns der Sommer eingezogen ist. Zu ihrem Quellengebiet gehört, wie am Aussee drüben der Nirofen, hier der Stiemitzsprung. Drüben sind es drei, hier dreißig Öffnungen, aus welchen die Schneeflut herausspringt.

Im Grundlsee hausen vornehmlich zahlreiche Forellen und Saiblinge. Man bemerkt ihrer schon jetzt viele aus der stillen Oberfläche aufschlagen. Freilich steht diese Erscheinung in keinem Verhältnis zu den zahllosen Kreiseln, welche im Sommer von ihnen hervorgebracht werden, wenn ein Gewitter über die Berge herannaht. Dann wirbeln so viele Kreise von den nach niedrig fliegenden Insekten aufschnappenden Forellen im Wasser, daß man meinen mag, es seien die Kreise von hineinfallenden Regentropfen. Diese Menge rührt von der vernünftigen Schonung her, welche die Fischer eintreten lassen. Sie sind im Gegensatz zu ihren Genossen an anderen Seen, welche die Brut jahraus, jahrein verfolgen, nur im Spätherbst mit ihren Netzen beschäftigt.

Natürlich haben Engländer auch den Grundlsee entdeckt. Daß sie auf ihm nicht anders als unter Bedingungen fischen dürfen, welcher sich kein anständiger Mensch bequemen wird, ist ein Schaden für die Wirte, welchen wohlhabende Gäste angenehm sind. Daß man den Wert der selbstgefangenen Fische vergüten, außerdem Toren, Trinkgelder und dergleichen bezahlen muß, versteht sich hier und anderweitig von selbst. Daß man aber in seinem Nachen einen Holzknecht mitzunehmen hat, welcher die gefangenen Fische zählen und die Ehrlichkeit des Anglers überwachen soll, das ist eine dem Grundlsee eigentümliche Aufmerksamkeit gegen jene Fremden, durch welche sie immer und immer wieder veranlaßt werden, sich fern zu halten.

Die Fische sind an allen Seen der Schrecken der Wirte, wenn sie von den Gästen begehrt werden. Diese wissen in der Regel nichts von dem hohen Preis, die der Gastwirt selbst für die Leckerbissen bezahlen muß, da sie nun, sei es wegen ihres Geschmackes oder wegen ihrer häufigen Zitierung im Bädeker, von den Leuten begehrt werden. Sie rechnen dann das Geld, welches sie bezahlen müssen, dem Wirt zur Last.

Von den Menschen kann man behaupten, daß sie weit und breit in den Bergen die gutmütigsten sind. Ein Grund ihres angenehmen Wesens liegt in ihrer künstlerischen Begabung, welche, wie eine klassische Autorität behauptet, die Sitten sänftigt. Jeder versteht ein wenig Musik, ja die ›Schwägelpfeifer‹ vom Grundlsee können sich berühmte Leute nennen. Der Schwägel ist eine einfache, roh gearbeitete Pfeife, ungefähr von der Gestalt eines Pikkolo. Mit diesen vermögen sie Töne hervorzubringen, daß man zugleich den gezogenen Klang der Geige und die anmutige Flöte zu hören glaubt. Zu der eigentümlichen Weise gehören als Umgebung widerhallende Felswände und der leicht bewegte See im Abendlicht. Ich habe zwei solcher Künstler gesehen und gehört. Sie waren die berühmtesten unter diesen an den Ufern der Seen, ihres sonstigen Zeichens aber Bergarbeiter. Sie kamen eben von Wien zurück, wohin sie ein reicher Freund ihrer Schwägelpfeife eingeladen hatte. Am Tage nach ihrer Ankunft aus der Stadt, in welcher ihr Beschützer sie zu allerlei Lustbarkeiten hatte einführen lassen, arbeiteten sie wieder in ihrem Stollen. Über den Wiener Leckerbissen hatten sie ihren Geschmack an der ›Schottensupp‹ nicht verloren. Der Aufenthalt unter den Vergnüglingen der Stadt, in welcher sie unter ähnlichen Verhältnissen schon zum sechsten Male verweilt hatten, brachte in ihren Gesinnungen und Gewohnheiten keine Spur einer Veränderung hervor. Als ich einen von ihnen mit den schönen Wienerinnen neckte, entgegnete er: »Schöner sind sie schon als mein Weib, aber mein Weib sind's halt doch net!«

Palmweihe bei St. Leonhard

Es ist heute Palmsonntag, der Tag der Palmweihe. Diese wird, wie alljährlich, bei der kleinen Kapelle St. Leonhard in Aussee durch eine Balgerei der halberwachsenen Bursche verherrlicht. In der Dämmerung des nächsten Sonntages, des Festes Ostern, brennen Feuer von allen zugänglichen Höhen am See. Wir unterdessen machen uns ein Vergnügen, welches wenige kennen. Wir lassen am Strande der ruhigen Flut über dürren Gräsern eine Flamme lodern, welche mit den zahllosen Anschwemmseln des Sees, Holzsplittern, Rindenbruchstücken, Wachholderzweigen, genährt wird. Wenn man über die Spitzen der Flammen hinweg auf den blauen Spiegel und die über ihn emporragenden Berge hinschaut, sehen diese aus, als wenn sie im Hintergrund eines ungeheueren Aquariums, eines mit unruhigem Wasser angefüllten Glaskastens stünden. Auch ist ihr zitterndes Bild in eine braunrote Farbe getaucht, gegen welche alle anderen Gipfel im unverfälschten Sonnenlicht golden in die Welt schauen. Das Wimmeln der verdünnten Luft über dem Feuer bewirkt die seltsame Täuschung.

Toplitz-See

Das Aufschnalzen der Fische ist ein Frühlingszeichen. Die Ahorne aber unter der Wand, welche hier in den Grundl-, dort in den Toplitz-See schaut, ragen mit ihren kahlen Ästen noch über klafterhohen Schnee, welcher die Aue zwischen den beiden Gewässern bedeckt. Über den Schnee summen freilich Bienen zum Heidekraut hin, das an der warmen Wand blüht, aber der Weg zum andern See hinüber bietet doch so viele winterliche Schwierigkeiten, daß der Zuruf eines Bauern: »Jetzt mag mer halt so viel hart eini!«, keiner weiteren Erläuterung bedarf.

Jetzt zieht sich hart um den See ein klafterhohes Schneelager wie eine Mauer. Dieser selbst ist noch von wuchtigem Eis zugedeckt. Nur da, wo neben der Schiffshütte der abfließende Bach das Wasser in einige Bewegung bringt, hat sich ein Halbkreis aufgetan, in welchem wir auf den Grund der freien Flut sehen können.

Das Wasser des Toplitz-Sees hat, von den Bächen angeschwellt, zerstreute seichte Uferstellen überflutet, daß winzige Inseln grauer Grasbüschel aus ihm hervorschauen. Über diese niedrigen Flutungen und die starre Rinde aber erhebt sich ein Kreis von ungeheuren Bergen. Die Sonne, welche noch nicht vermocht hatte, die Eisdecke des Sees zu lösen, schien doch warm, ja wir empfanden ihre Strahlen als Hitze, weil sie von der neben uns starrenden Schneewand insgesamt zurückgeworfen wurden. Wir setzten uns auf einen Felsblock, zogen unsere Vorräte heraus und folgten dem Beispiele des Dachses, welcher diese Mittagsstunden benützt, um seinen Körper der Aprilsonne entgegenzuhalten.

Während wir uns an Licht und Wein labten, begann mein Begleiter, ein Jäger, der seit vielen Jahren in diesen Bergen wohnt, redselig zu werden:

Steirische Wildschützen

In einem jener langgestreckten Täler, welche sich südöstlich von Aussee zwischen Enns und Muhr in die niedrigere Tauernkette hineinziehen, war der Schützen-Hans als der gefährlichste aller Wildschützen bekannt. Es war ein Bursche von ungefähr vierundzwanzig Jahren, der dem verbotenen Waidwerk aus bloßer Lust sich hingegeben; als er aber später vom Militär aus Heimweh nach den Bergen desertierte, gestaltete sich der Aufenthalt in den hohen Einöden zur Notwendigkeit, weil ihn überall der Kerker erwartete; so blieb ihm nichts anderes übrig, als seinen Unterhalt mit der Büchse zu suchen.
Sein Jagdrevier waren die aneinandergrenzenden Besitzungen eines Hüttenwerksbesitzers und eines Fürsten. Der Wildbestand beider wurde durch die Ausflüge des Schützen Hans arg mitgenommen, so daß man sich alle erdenkliche Mühe gab, den Hans zu erwischen, aber seine Schlauheit machte die Versuche zuschanden – bis ein Zufall ihnen die Mittel an die Hand zu geben schien, nach welchen sie vergebens so lange getrachtet hatten:
Auf dem Gute des Hüttenwerksbesitzers war ein neuer Knecht aufgenommen worden, der Sepp, der bei nicht wenigen Jagdausflügen des Schützen-Hans dessen Spießgeselle gewesen war.
Diesem hielt man das Register seiner Sünden vor, verhieß ihm Verzeihen und versprach ihm schließlich eine Belohnung von sechsunddreißig Gulden Silber, wenn er den Hans zur Stelle schaffe.
Die Sache wurde beschlossen, und nun ging es an die

Ausführung. Unter einer Wand angekommen, von welcher aus man in einen ›Graben‹ sehen kann, legte er sich auf den Boden und jauchzte in einer verabredeten Weise. Kaum war sein Jodler verklungen, als er in der Ferne das Gegenjauchzen vernahm, und bald unterschied sein scharfes Auge einen Kopf, der hinter einem Block hervorschaute. Es war der ›Schützen-Hans‹, der vorsichtig auslugte, ob es wirklich sein Freund Sepp sei, der ihn herbeirief.

Er kam nur langsam und mit gespanntem Hahn heran, denn er empfand ein ziemliches Mißtrauen gegen den abtrünnig gewordenen Genossen. Erst als er die Gewißheit besaß, daß dieser keine Waffe bei sich trug, ließ er sich mit dem Freunde in ein Gespräch ein.

Sepp war wohl stärker als der ›Wildschützen-Hans‹, aber das Bewußtsein der niederträchtigen Handlung, welche er an ihm zu verüben im Begriffe stand, lähmte einen guten Teil seiner Kraft. Er sagte dem Wildschützen, es habe ihm keine Ruhe mehr gelassen, bis er seinen alten Hans wieder einmal sehen konnte, – dabei sann er aber nach, wie er ihn in die Nähe von Menschen bringen möchte, welche mithelfen wollten, ihn zu fesseln.

Da fiel es ihm bei, daß heute ein Tag war, an dem viele Menschen nach der Seethaler-Alpe kommen würden, um den Rindern Salz zu bringen. Er lockte also den Hans dahin, indem er ihn bat, ihn zu seiner Geliebten, die dort Almerin war, zu begleiten. Nach einigem Zögern willigte dieser ein.

Doch auf der Alpe angekommen, fanden sie niemanden. Sepp versuchte es nun, den Freund hinzuhalten, bis diejenigen kämen, auf welche er zählte. In seiner Verlegenheit wußte er gar nicht, wie er das anpacken sollte. In der Hütte hing eine schöne silberne Uhr mit Kette, welche Sepp der Almerin für den Sommer geliehen hatte. Diese nahm er herab, zeigte sie dem Wildschützen und prahlte damit.

Doch der Wildschütz drängte zum Aufbruch. Da blieb dem Sepp nichts übrig, als den Freund bei seiner schwächsten Seite anzufassen. Dieser besaß einen Stutzen, welcher sich nicht weniger durch die zierliche Arbeit als sein sicheres Treffen auszeichnete.

»Geh, probier'n wir deinen Stutzen ein wenig!« sagte Sepp.

Hans konnte dieser Lockung nicht widerstehen. Sie hefteten einige Blätter an die Pfosten der Hütte und ›beschossen‹ – wie man dort von zwecklosem Schießen sagt. Bei dieser Gelegenheit bekam Sepp den Stutzen mehrmals in die Hände und konnte sich, wenn er den Mut hatte, seines Freundes bemächtigen. Aber eben dieser fehlte ihm.

Nach einiger Zeit wurde Hans des Schießens überdrüssig und machte sich daran, von dem Gefährten Abschied zu nehmen. Dieser stand auf Kohlen; die Leute, auf welche er wartete, kamen immer noch nicht.

So blieb ihm nichts übrig, als Hans zu begleiten und unterwegs auszusinnen, durch welche Mittel er ihn in die Nähe von anderen Leuten locken könne.

Endlich erwuchs ihm ein Verbündeter im Durst seines Gefährten. Dieser fragte nach Branntwein, und Sepp machte den Vorschlag, nach dem ›Branntweinhäusl‹ einer Wurzgräberhütte zu gehen, die etwa eine halbe Stunde entfernt lag. Allerdings war dort kein anderer Mann als Sepps alter Vater, dem die Hütte gehörte, aber es kam vielleicht zufällig ein Gast hinein – jedenfalls war es eine neue erwünschte Verzögerung.

In kurzer Zeit traten sie über die Schwelle der Wurzgräberhütte. Der Vater war nicht da – nur die beiden jüngeren Geschwister, ein Knabe von etwa fünfzehn und ein Mädchen von sechs Jahren, hüteten das Haus.

»Moidei, du bringst' en Branntwein!«, befahl Sepp dem Mädchen. Während der Wildschütz verlangend nach dem Glase sah, nahm sein Genosse den Knaben vor die Hütte und sagte zu ihm: »Jetzt laufst in die Brenner-Alm und sagst den Haltern, sie sollen gach komma. Sie soll'n mir helfen, den Hans fangen. Lauf, was du kannst!«

Der Knabe rannte davon, in demselben Augenblicke sah ihn aber Hans, zufällig durch eins der kleinen Fenster schauend. Blitzschnell war ihm seine ganze Lage klar. Rasch stand er auf, stürzte den Rest des Branntweins hinunter und ging auf Sepp zu, der neben der Türe stand.

»Also ein solcher Tropf bist du?« lachte er ihn an, »aber wart nur, ihr kriegt mich nimmer.«

Mit diesen Worten überschritt er schleunig die Schwelle.

Jetzt stand für Sepp alles auf dem Spiel. Mit einem Satze hatte er den Wildschützen gepackt und ihm mit seinen stärkeren Armen das Gewehr aus der Hand gewunden. Hans wehrte sich verzweifelt, aber er wäre sicherlich von der überlegenen Körperkraft seines Widersachers besiegt worden, wenn es ihm nicht gelungen wäre, sein Messer zu fassen.

Nun schrie er den Knecht an: »Laß aus, oder ich schneid dir die Hand ab!«

Sepp trat eingeschüchtert zurück; der Wildschütze benützte den Augenblick, zu entfliehen.

Der Verdruß des Knechtes, daß ihm Hans auf diese Weise entkommen war, wurde etwas durch das Vergnügen an dessen zurückgebliebenem Stutzen gemildert. Er nahm ihn als Beute mit und berichtete am Abend dem Herrn über seine Unternehmung.

Dieser belohnte ihn mit einigen Gulden, und seine Freude war groß.

Das Glück Sepps sollte indessen durch Nachrichten, welche drei Tage nachher von den Alpen einliefen, nicht wenig getrübt werden: Durch eine List war es dem Schützen-Hans gelungen, die Büchse und die silberne Uhr Sepps in seine Hände zu bekommen. Hans' Stutzen war hübsch, aber so viel, als diese beiden Sachen zusammen war er doch nicht wert, der Geschädigte also in Wirklichkeit der Knecht und nicht der Wildschütz.

Hans war zwar aus dem Abenteuer ohne Schlappe hervorgegangen, aber die Geschichte hatte ihm doch allerlei zum Denken gegeben. Er besann sich darüber, ob es am Ende nicht doch gescheiter wäre, in irgendeinen ordentlichen Bauerndienst zu gehen, als sich wie ein wildes Tier in den Bergen herumhetzen zu lassen.

So meldete er sich in Graz bei seinem Obersten als Deserteur.

»Es ist Zeit, Schlingel – morgen hätte ich dir nicht mehr helfen können«, sagte dieser. Hans erfuhr, daß aus Veranlassung eines freudigen Familienereignisses im Kaiserhaus unter anderem allen Deserteuren des Heeres, die sich bis zu einem bestimmten Tage meldeten, die Strafe nachgesehen worden sei. Er war am Tage vor Ablauf des Termins gekommen.

Nachdem der ehemalige Wildschütze anderthalb Jahre lang zu Mantua in Garnison gestanden, wurde er für immer beurlaubt. Sepp, mittlerweile Gegenstand der Verachtung aller Burschen, wurde von seinem Herrn davongejagt, weil man nach und nach seine Schliche durchschaute. Hans aber wurde auf Anraten des fürstlichen Försters Jagdaufseher in den Besitzungen des Hüttenwerksbesitzers.

Vom Mondsee zum Traunsee

Von den Berghängen am Mondsee, welche dem Süden zugekehrt liegen, müssen wir uns trennen und den Windungen des Pfades in eine schattige Schlucht folgen, welche Ober-Wang (der obere Weideplatz) genannt wird. Der Wandernde fühlt sich um mehrere Breitengrade nach Norden vorgerückt. Ein eisiger Hauch weht aus den Gründen, welche kein vorgestreckter Hügel gegen den Nordwind schützt, und wenn es uns oft im milden Kessel des Mondsees geschienen hat, als bewegten wir uns im Nizza oder Mentone des Salzkammergutes, so erhält unsere Meinung durch die Fühlung der Luft im benachbarten Grunde einen merklichen Grad von Nichtigkeit. Zudem sinkt der Abend und mit ihm ein leise rieselnder Niederschlag, den man nur in den Bergen ›Nebel‹ nennt; Bäume und Felsen verschwimmen in der großen Trübe, und wir treten in eine finstere Schenke am Wege, um unser Nachtquartier vorzubereiten und zugleich, wenn es der günstige Zufall an die Hand gibt, einen Blick in das Leben der Menschen zu tun, die sich vielleicht um die Kerze zusammenfinden.

Die Hügel zu beiden Seiten sind an vielen Stellen von Wäldern bedeckt, wenn man dünne Baumgruppen so nennen kann, in welchen man nur wenigen Stämmen von einiger Mächtigkeit und noch wenigerem Wild begegnet.

In St. Georgen wird heute ein Markt abgehalten. Die Bauern stehen in dichten Scharen, meist lautlos beisammen und starren die Kaufbuden und die Vorübergehenden an. Mädchen wandeln mit niedergeschlagenen Augen an den Gaffenden vorüber, von denen manchmal eines einen

Fuß nach dem andern aufhebt und sich in die hohlen Hände bläst. Lebkuchen, ein Würfelspiel, zu welchem eine auf das rote Brett gemalte unsinnige Fratze einladet, Leinwand, mit großen Blumen bedruckt, stechen am meisten in die Augen. Mehr aber noch als diese sind es die Buden, in welchen farbige Wachskerzen verkauft werden, wonach sich die Kauflust drängt. Die Feilschenden sind fast ausnahmslos Weiber; sie kaufen Kerzen und Wachsstöcke, um irgendein Gelübde zu erfüllen.

Eine kurze Strecke vor St. Georgen eröffnet sich wieder die blaue Fläche des Attersees. Ein breiter Fluß von Sonnenlicht durchsickert den Nebel und läßt das Wasser wie eine nie gesehene Flut flimmern, die aus Gold und Lasur zusammengeronnen sein mag.

Am Ufer standen die entblätterten Bäume lautlos in den Schwingungen des Glanzes.

Nah am Ufer noch zog sich der dunkle Streifen hin, welcher den jähen Abfall in unbekannte Tiefen andeutet, aber im Weiten draußen lag keine Dunkelheit mehr, sondern wunderbare Lichter verklärten die Oberfläche.

Geschichten, die der Wirt in Oberwang erzählte

Heute waren Zigeuner vorübergekommen, von einem großen Hund begleitet, welcher, wie das eine gewöhnliche Tugend der Zigeunerhunde genannt werden kann, die Kunstfertigkeit besaß, aus jedem Hause, in welches man ihn schickte, flugs etwas herauszuholen, was ihm eßbar zu sein schien. In der Flur unserer Schenke hatte er indessen nichts anderes entdecken können, als einen ›Sauzelten‹ (ein Laib künstliches Schweinefutter), den er pflichtschuldig unter den Wagen seines Herrn legte und gegen die Angriffe des nacheilenden Haushundes Tiras siegreich verteidigte.

»Ja, Tiras, so endet der Wirt die Erzählung dieser merkwürdigen Begebenheit, du bist ein braver Kerl! Hast es auch meiner Frau gleich ankennt, wie s'nimmer zum Aufkommen war!«
Wir erfahren, daß der zum Krankenbett der Frau gezogene Chirurg – in Oberösterreich nimmt man auf dem Lande meist nur zu solchen seine Zuflucht – von dem Augenblick an alle Hoffnung auf Besserung aufgab, als Tiras vor der Türe heftig zu bellen begann. Auch krachten die Tische in der Zechstube, und ein Glas auf dem Gesims gab mit einem Male helle Klänge von sich. Jenen Chirurgen aber, der in einem ziemlich entfernten Tale wohnt, konnte freilich das Zeichen sowenig trügen wie irgendein anderes. Steht er doch, wie er mir eines Abends in seinem Wohnorte selbst erzählte, in Verbindung mit Geistern und wundert sich schon längst nicht mehr, wenn es um ihn herum bald flüsternd, bald laut redet, Stimmen unsichtbarer Gestalten. Daß an einer Glocke unsichtbare Hände schellen, ist etwas Alltägliches. Wenn ihm der Tod eines seiner Kranken durch einen Boten gemeldet wird, ist er stets davon schon im vorhinein durch irgendeinen Vorfall in seinem Zimmer benachrichtigt. Und es scheint wirklich, als ob die darin befindlichen Gegenstände wenig Ruhe hätten.
Leider, würde der Vergnügungsreisende sagen, glücklicher- und erfreulicherweise sagen wir, die das Land und die Sinnesart der Menschen in ihm kennenlernen wollen, können wir in der dunklen Bauernstube des entlegenen Tales nicht beim Anhören solcher Scherze ausruhen, ohne daß wir bald einen Wechsel des Gesprächsgegenstandes bemerken, der kein anderer ist als die öffentlichen Angelegenheiten des Staates. Freilich bekommen wir hier nicht, wie in der Stadt, von den Leuten in abgerissenen und halb mißverstandenen Sätzen das zu hören,

was sie eine Stunde vorher in ihrer Zeitung gelesen haben. O nein! Die Bauernköpfe bauen sich in ihrer Weise eine Anschauung von den Dingen der Welt auf.
Wenn ich meine fünf Buben anschau', sagt der Wirt, tut mir's Herz weh. Unser Herrgott hat Ihnen gerade Glieder gegeben, und es fehlt Ihnen nichts. Es kommt aber die Zeit, wo man sie mir einen nach dem anderen wegnimmt und in die Kaserne steckt. Vielleicht kommen sie mir gar nicht mehr oder mit verstümmelten Gliedern zurück. Endlich hat dann der eine oder andere ein Verdienstkreuz, das ihm der Übermut der Großen dafür an die Brust gehängt hat, daß er im Blut gewatet ist und von seinen Nebenmenschen soviel erschlagen oder verkrüppeln mußte, als er nur konnte. Aber ich glaube, unser Herrgott sieht nicht mehr lange zu, und er läßt das über sie kommen, was sie einzig und allein fürchten, die Großen: das Sterben. Bis jetzt haben freilich nur immer wir hinein gemußt in den Tod, wir, die Hunde, wir sind gut genug für die Eisensplitter – aber man dürfte ja an keinen Gott mehr glauben, wenn es nicht bald geschähe, daß Pest und Tod über sie geschickt wird, die –! Fürchten muß man sich, wenn man Kinder hat, die von unserem Herrgott schön und gesund erschaffen worden sind – aber die Rache bleibt nicht aus, so wahr der da droben lebt!
Den Gedenktag des heiligen Sebastian, welcher in eine der jüngst vergangenen Wochen fiel, benützte nun ein benachbarter Pfarrer, um an die Erinnerung, die man dem glorreichen christlichen Helden schuldig ist, die Mahnung anzuknüpfen, daß man an wahrem Glaubensmut nicht hinter ihm zurückbleiben solle. Er räumte ein, daß der Spott der sogenannten Gebildeten und der Hohn der Welt diejenigen verfolgen würde, welche die Verwahrung unterschrieben. Diese sollten dagegen sich der Belohnung in einem anderen Leben getrösten. Auch wurden

die hohen Vorteile geschildert, welche das Konkordat der Kirche und den Gläubigen gewähre, sowie der Fesseln, in welchen der christliche Glaube seit Kaiser Josephs Zeiten geschmachtet habe. Die Rede schien zelotische Ausfälle zu enthalten, denn es wurde gesagt, wer den und den neu eingeschärften Geboten nicht streng nachkomme, der sei verdammt.

Solches besprachen die Bauern untereinander. Einige schüttelten die Köpfe und meinten, das sei doch gar zu streng und scharf. Endlich schnitt der Wirt, der bis jetzt schweigend zugehört hatte, das Gespräch mit folgenden langsam gesprochenen Worten ab, zu welchen er mit der Faust auf den Tisch schlug:

»Eine Religion muß sein, und ein höheres Wesen gibt's, davon dürfen wir nicht ablassen. Aber ich kenn's gleich, was in der Ordnung ist von dem, was die Herren auf der Kanzel sagen und was nicht. Und daß mein Vater und mein Großvater derowegen schlechte Leut' waren, weil sie das nicht getan haben, was anjetzt aufgebracht wird, dasselbige ist nicht wahr. Mein Vater war ein Ehrenmann und ich lass' mir meine Eltern nicht verdammen.«

So sprach der Wirt und die anderen nickten Beifall.

Traunsee

Von jetzt ab beginnt eine Gegend, deren Anblick niemanden vermuten läßt, daß er in vier Gehstunden sich an das Ufer eines anderen Alpensees versetzen kann. Die Straße führt bis in die Nähe von Gmunden durch sogenannte flache Unbedeutendheit und baumlose Felder.
Bald erreichte ich das Gestade des Traunsees. Kein Fluß ist so hellgrün wie die Traun, kein See so hellgrün als dieser.
Es bedarf keines Sturmes, um den Traunsee zu gewaltigen Wellen aufzuregen. Während der die Esplanade von Gmunden Hinabwandelnde keine oder eine geringe Bewegung der Luft verspürt, schlägt die hellgrüne Flut an die Quader der Ufermauern, daß der Schaum gegen sie heraufspritzt. Der Traunsee ist nicht nur das tiefste, sondern auch das unruhigste aller Gewässer dieser Berge. Diese Tiefe verleiht ihm die Fähigkeit, der bändigenden Gewalt des Frostes zu widerstehen. Stets neue wärmere Wasserschichten, die sich aus den einsamen Schlünden emporheben, steigen herauf an die Stelle der kälteren, an der Luft nahezu erstarrten. In diesem Jahrhundert hatten die Bewohner seiner Ufer nur ein einziges Mal Gelegenheit, das Salz, welches jetzt dort die schaukelnden Schiffe tragen, der ganzen Länge des Sees entlang auf seiner Eisdecke von Pferden herschleifen zu sehen.
An diesen Ufern erkennt man so recht die oft gerühmte Mannigfaltigkeit, deren die Gestaltung der Kalkalpen fähig ist. Von den grünen Hängen des Grasbergs zu den graubraunen Wänden des Traunsteins, von diesem über die zitternde Flut hinüber zu den kühnen Rändern des

Sonnsteins, auf welchem ein Wald in Asche liegt – dann wieder über die Vorberge hinüber zu den weißlichen Steinwüsten der Höllgebirgshöhen sind so vielmassige Spuren von Terrainwellen und ›Schichtenstörungen‹ wahrzunehmen, daß die pedantische Unterweisung des Geologen neben der Begeisterung des Malers schweigen muß. Hier stellt wirklich der See flüssige Ruhe, der Fels versteinerte Bewegung dar.

Am westlichen Ufer erblickt man von Zeit zu Zeit Szenen, welche an die Marinebilder niederländischer Künstler erinnern. Da nähert sich langsam ein großes Salzschiff, welches seine Ladung in Gmunden auf die Eisenschienen abgesetzt hat. Es ist leer; in seinem Innern brennt ein Feuer, an welchem sich die Männer ein Frühstück bereiten. Pferde, auf denen barfüßige Jungen sitzen, stehen im seichten Uferwasser und zerren an den Stricken, an welchen das Schiff hängt. Dieses ächzt und knarrt vom Andrang der Wellen. Auf den schmalen Brettern, die an seiner gewölbten Decke außen angebracht sind, laufen Männer mit langen Stangen, mit welchen sie das mühsam gegen den Südwind dahergeschleppte Schiff von den seichtesten Stellen des Strandes abhalten. Die Schiffer fluchen, die Rossetreiber fluchen, indessen Tiere und Schiffe im schweren Kampf mit den Wellen liegen.

Von der Brücke aus, welche zum alten Kastell Ort hinüberführt, sehen wir vielleicht am meisten vom See, als Farbenspiel betrachtet. Die Balken, welche die feste Brücke tragen, verlieren sich in smaragdenen Dämmerungen, und wie über die grünen Berge sich Schnee lagert, so wallen die grasfarbigen Wellenberge mit einer sprühenden Schaumdecke einher. Beim Hinunterschauen begreift man, wie die Einbildungskraft der Bergbewohner die Schlünde, deren glasige Hülle in dröhnender Bewegung heraufzüngelt, sich mit schauerlichen Ungeheuern belebt vorstellen kann. Auch die Alpenseen haben ihre ›Kraken‹, Ungetüme, die in den Sagen der Leute sich nicht immer mit der Gestalt eines ungewöhnlich großen Fisches begnügen, die vielmehr den Umfang und die Formen scheußlicher Vielfüße und sonstiger halb möglicher, halb unmöglicher Tiererscheinungen annehmen. In der Wirklichkeit aber würde der Taucher dort unten weiter keinen Unförmlichkeiten begegnen als einem großen Waller oder Lachs, einer menschlichen Leiche, die in den eng zusammengepreßten Wasserschichten nicht aufsteigen kann, deren Kälte auch die Entwicklung jener Fäulnisgase verhindert, die in wärmeren oder seichteren Gewässern den aufgedunsenen Körper emporheben, einen versenkten Holzstamm, Überreste von Nachen und Gerippe in der grünen, kalten Nacht.

Ein anderer Standpunkt, geeignet, den See zu überschauen, jedoch mehr, um die gesamte Uferlandschaft als Panorama in einen Blick zusammenzufassen, ist der Hügel um die Kapelle auf dem Kalvarienberge. Man sieht hier tatsächlich einen ganz anderen See, als wenn man ihn von der Felsenstraße oder vom Gestade Ebensees betrachtet. Hier fallen die Hügel Gmundens, die Wände des Traunstein und die Chalets von Traunkirchen ins Auge. Die grauen Wände sind der Schauplatz nicht weniger zum Teil grausiger Geschichten, in welchen Berg-Fahrer, plötzlich vom Schwindel ergriffen, der Schrecken einer Vergnügungsgesellschaft geworden sind, und jene Hügel erinnern an die angebliche Leandersage von Traunkirchen, welche der berühmte Orientalist Hammer-Purgstall in einer etwas holperigen Ballade wiedergegeben hat. Auch Alfred Meißners Buch ›Am Stein‹ dürfen wir nicht vergessen, wenn wir auf jenes Ufer blicken. Ihm mag es der Leser zuschreiben, daß meine Mitteilungen über diesen großen See nur als kärgliche Nachlese betrachtet werden. Seine Skizzen bewegen sich um die Landschaft an dem schönsten Teil des Sees, der allgemein für den schönsten der Seen des Salzkammergutes gehalten wird, obgleich ich für meinen Teil den Halbkreis der Mondseeufer ihm vorziehe. Traunkirchen gleicht mit seinen niedlichen Felsgruppen, kleinen Bosquets und zierlichen Häuschen an bescheidenen Buchten einer Krippendarstellung oder einem von Meisterhand angelegten dekorativen Lustgarten, in welchem Pflanzen, Felsen und Wasser verständig angebracht und verteilt sind, daß sie dem Auge des Malers wie der Sinnlichkeit des Touristen gerecht werden. Auf solchem Boden pflegen auch anziehende Erzeugnisse des Geistes zu wachsen, wie die Blätter des verehrten Dichters. Diese Gründe mit ihren Buchen und ihrem Flutengrün beruhigen den Fremdling, der sich auf ihnen zur Ruhe niederläßt; der Friede einer edlen Natur kommt über ihn

Und in dem glatten See
Weiden ihr Antlitz
Alle Gestirne.

Über die Langbathseen zum Traunsee

Ein anderer, weit mehr lehrreicher Weg führt vom Attersee über die Berge nach den Gestaden des Traunsees. Von der großen kaiserlichen Schiffshütte zu Steinbach bis zur Steinbacher Klause, durch welche hindurch unser Weg nach dem Traunsee führt, ist es nicht zu weit zu steigen. Wir gehen zwischen Abhängen, deren Grün vom Beil vernichtet ist; es sind graue, nasse, abgeschlämmte Hänge. Manchmal geht ein Wasserfall oder ein Holzriß über sie hinab. Hoch oben auf dem Grat aber stehen noch stolze, geschlossene Reihen von Fichten. Und wieder über diesen ragen die weißen ›Adlerköpfe‹ des Höllgebirges.

An der Klause selbst ist mancherlei zu sehen. Das vor ihr aufgestaute Wasser bildet einen trüben See. Aus ihrer Mitte, der Mitte eines aus großen Stämmen zusammengesetzten Bollwerks, fällt der Wasserstrahl in die Tiefe, welchem man zu allen Zeiten den Austritt aus dem Gefängnis der übrigen Wasser gestatten muß. Diese selbst werden von einem großen Tor zurückgehalten. Um dieses Tor zu öffnen, wonach der See in wenigen Augenblikken nach der Tiefe stürzen muß, hat man eine kleine Treppe hinabzusteigen, deren durch ein Vorlegschloß verwehrter Eingang sich auf der Plattform der Klause befindet.

Neben der festen Klause stäubt noch ein anderer künstlicher Wasserfall in die Tiefe. Er kommt aus einer schön gezimmerten Rinne, in welcher die Hölzer sanft und rasch hinabgleiten, bis sie ihren weit über den Abgrund vorragenden Rand erreichen. Auf dem See schwimmen einige winzige Flöße, auf welchen je ein Holzknecht fährt, um die im Wasser zerstreuten Baumstämme gegen den Wassersturz der Klause hinzutreiben.

Die kahlen Berge sind mit den Schaumstreifen der Schneewasser und mit Scheiterhaufen bedeckt. Alle Verwüstung gilt dem Bedürfnis der Salzstätten an Brennholz. Die Bauern müssen dafür, daß ihre Stämme den Weg der Triftrinnen benützen dürfen, welche dem öffentlichen Schatze gehören, für jede hinabgeschwemmte Klafter eine Abgabe bezahlen. Die Vorsorge derjenigen, welche über das Leben der Wälder zu wachen haben, rastet nicht. Es wird fort und fort nachgepflanzt.

Langbathseen

Auf dem Kamme eines Berges, welcher eine halbe Stunde von der Großen Alpe entfernt ist, erblickte ich bald darauf die beiden Gewässer. Die Umgebung dort war sonderbar wild. Die Schatten gejagter Wolken eilten über den Boden, den grelles Licht und dürre Blätter bedeckten. Überall rauschten die Wasser, und ein großer Geier flog gerade nach dem grünen Becken hinab.

Ich kam zuerst an den hinteren der beiden Seen. Er ist der schönere. Zwischen den Fichten seines westlichen Endes lagen die Schneetrümmer einer Lawine. An demselben Ende sind die steilen Mauern des Hochgebirges nur durch schmale Waldstreifen von seinem Wasser getrennt. Wir stehen auf einer Prügelbrücke über dem Ausfluß des Sees, an welche dieser, von den Schneebächen gehoben, bis an den Rand herreicht. Die kahlen Lärchen stehen gelbgrau da, wie manche der schneefreien Felswände oben. Der Frühling erscheint im Gesange der Amseln und im Gras um den runden See. Schon blüht zwischen den frischen Halmen die Sommer-Gentiane und der weiße Petasites.

Vor der Einmündung des Baches in den zweiten See hängen die Buchen über ihn; den Schlußstein des Gewölbes stellt das wilde Höllengebirge dar. Bäume stehen auf moosigen Blöcken, die plötzlich Inseln geworden sind, im hoch angeschwellten See.

Den prächtigen See genießt man auf einem schönen Wege, welcher im Schatten von Buchen und Tannen an seinem Nordrande hinabführt. Die Ufer bieten so ziemlich dieselbe Ansicht wie die des hinteren Langbathsees,

nur sind sie ein wenig mehr aus den Felswänden herausgerückt. Gerade heute vor einer halben Stunde ist die Seeklause geöffnet worden. Die Wucht der Flut, welche als Wassersturz aus dem Seebecken tost, soll die Hölzer nach Ebensee hinabreißen. Den ganzen Weg von hier bis zum Gestade des Traunsees hinab begleitet uns das unaufhörliche Anschlagen der Hunderttausende schwerer Scheite, welche während ihrer raschen Flucht gegen die Felswände des engen Bettes geschmettert werden.
An vielen Stellen des Bergbaches stehen Männer mitten unter feinem Sprühregen, um mit langen Stangen die Stämme von den Kiesbänken, auf welche sie geschleudert und hoch übereinandergetürmt worden sind, in die Wirbel zurückzudrängen. Ein gewaltiger Wasserfall nach dem andern unterbricht die jähe Bahn. Die Flut, beim Austritt aus dem See grasgrün, wird durch die zuströmenden Schneebäche weiter hinab immer mehr und mehr braungelb.
Wenige Schritte, bevor der Bach mit seinen hohen Wassertreppen Langbath oder Ebensee erreicht, erhob sich noch einmal ein breiter Nebel aus dem Wirrsal im Grunde eines Sturzes.
Auf der jetzt mächtigen Traun zogen die Salzschiffe mit gewaltiger Schnelligkeit gegen den Traunsee.

Trum- und Mattsee

Es erübrigt mir, noch ein weniges von den Seen zu erzählen, die im Hügellande, nördlich von der Stadt Salzburg, liegen.
Als ich, das erste Mal, an einem Maienmorgen, meinen Weg nach dem Trumsee nahm, erglänzten die winterlichen Spitzen im grellsten Licht über die grüne Aue der Salzach. Die Trommler der in der Stadt liegenden Soldaten feierten draußen ihren Frühling in Gemeinschaft mit den Lerchen. Die Buchen um die Kapellen von Maria-Plain waren so grün wie das weite Land, das von der Terrasse überschaut wird. Es gibt keine andere Rundschau von Salzburg als diese.
Die kiesigen Auen, welche die Salzach vielgewunden durchläuft, kennzeichnen den Bergstrom. Wir haben ihr Gestrüpp, ihre Schotterbänke, ihre Sackgassen und Altwasser gar oft an anderen Flüssen gesehen, welche aus der hohen Kette kommen. Einen schönen Gegensatz dazu zeigt hinter dem Hügel der Wallfahrtskirche die bräunliche Ache, welche aus dem Wallersee gegen den Juvarus heranfließt. Ein sanftes Gewässer, diese Ache, das zwischen grünen, jetzt blühenden Ufern seine Ringel zieht und von ganz anderen Baumgeschlechtern begrenzt wird.
Das Schloß steht auf einer jener felsigen Höhen, wie sie die Bildung der Voralpen bietet. Weitaus und rund herum liegt die Welt blau und grün – den Himmel schließen dort dämmernde Fernen, hier gleißende Schneeberge ab, an welche sich gerne ein träumerisches Verlangen hängt, das hinter dem Glanze des Mittags und der Gipfel eine

andere Erde ahnt. Es ist ein lichteres Wesen in uns selbst, welches dergleichen wünscht. Auch fehlen die braunen Senkungen eines Hochmoores nicht, in welchem die Legföhre wuchert.

Dort oben, links, auf den Höhen des Haunsberges, öffnen sich im Wald noch schönere Fernsichten, weil auch die östlichen Berge, die Zeugen unserer Wanderungen, über die verlagernden Hügel ragen. Im Auersbergschen Hirschpark oberhalb Antering, auch neben dem einsamen Wirtshause zum ›Dopl‹ überschaut man das sumpfige Heideland, die ansteigenden Hügel, Dachstein und Göll, Traunstein und Watzmann, die blaue Marke des Flusses und die Häuser der Stadt.

An jenem Abend ruhte ich unter einem hier seltenen Baum, einem Wachholderbaum, nicht Strauch. Auf ihm, der von ferne einer traurigen Thuja glich, sang eine Amsel, und die Abendröte leuchtete aus einem schmutzigen Tümpel, der sich zwischen die Rohre des Moores eingesenkt hatte.

Während der Verfasser dagegen an einem Februarmorgen die nachfolgenden Zeilen niederschrieb, erblickte er, dann und wann über die Linien des Papiers hinweg nach grünen Hügelrändern spähend, die Gestade des Mattsees, an welchen Wälder und fruchttragende Auen sich über die Hänge zur leicht erregten Flut hinabziehen. Manchmal begegnete es ihm dabei, daß sich nicht nur das Auge über die Zeilen, sondern auch die Einbildungskraft über Tag und Jahrhundert hinweghob und jene Umgebungen zu sehen wähnte, welche der Heruler und Bagiarvorstand, als seine Heerhaufen zum ersten Mal das Dickicht der norischen Wälder durchzogen. Sie schritt mit ihnen fort und sah sie ihre Wohnsitze zimmern.

Der ›Matah-See‹ ist ein Gewässer zwischen gewaltigen Laubforsten und nur an wenigen Stellen von der Art der

Ankömmlinge gelichtet. An solchen steht hier und da eine Hütte, mit roten Ziegeln gedeckt. Auf Säulen ruht ihr Dach, ›die Wände schimmern‹ nicht, sie sind von Holz, wie die Säulen. Einen besonders Neugierigen will ich noch darauf aufmerksam machen, daß nur eine Hauptsäule das plumpe Dach hält, während ein heutiger Baumeister die anderen roh zugehauenen Stützen ›Winkelsäulen‹ nennen würde. Um das Blockhaus, aus welchem Rauch aufsteigt, stehen noch andere Hütten: Scheune, Streubehälter, Küche, Getreidekasten. Rings um das alles herum zieht sich ein aus Ruten geflochtener Zaun, der ›Ezzisk-Zun‹ (Erntezaun). So haust der freie Bauer dort am ›Matah-Seo‹. Die elenden Hütten seiner Dienstbauern oder Leibeigenen, welche ihm die ›Scharwerke‹ verrichten, liegen in untertäniger Entfernung von der Ansiedelung. Doch unser Vorstellungsvermögen verfolgt auch die Bewegung dieser Gestalten und erblickt sie auf ihrer Lieblingsbeschäftigung, der Jagd. Wenn aber in unseren Tagen die Erbeutung eines Rehes oder eines Hirsches in den fürstlich Auersberg'schen Forsten nur dem geduldigen Waidmann nach langem Pirschen gelingt, so konnte der Bauer am ›Matah-Seo‹ von kurzer Jagd mit dem Fell des Bären und Luchses mit der Haut des Waldstiers oder mit dem kostbaren Pelz des Bibers zurückkehren.

Was der Name dieses Gewässers einst bedeutete, das entzieht sich unserer Wißbegierde. Es ist sehr schade, daß der Herr Bischof von Poitiers, Venantius Fortunatus, welcher um die Mitte des sechsten Jahrhunderts nach christlicher Zeitrechnung diese Gauen auf seiner Reise berührte, als ein sehr mittelmäßiger Tourist betrachtet werden muß. Was unsere Teilnahme am meisten in Anspruch nehmen würde, eine genaue Angabe der Örtlichkeiten, eine Beschreibung der Sitten ihrer Bewohner, Mitteilungen über frühere Schicksale derselben, vermissen wir in seinen Aufzeichnungen und müssen uns mit wenigen trocken hingeworfenen Nachrichten begnügen, von welchen die wichtigste die ist, daß er die angesessenen Volksstämme als Bajuwaren kennt.

Die Bajuwaren

Mit diesen ›Bajuwaren‹ aber hat es folgende Bewandtnis. Gegen Ende des fünften Jahrhunderts kamen Horden eines unbekannten Volkes aus nördlichen Gegenden südwärts gegen die Donau gezogen. Es nannte sich ›Bagiari‹, daß heißt: die Kämpfer. Seine Sprache gehörte in die weit ausgebreitete Familie der deutschen Sprachen. Wo ihre früheren Wohnsitze gewesen, wie lange sie, gleich anderen teutonischen Völkern, fechtend und verwüstend durch die Welt gezogen – das vermöchte nur der zu sagen, welchem durch ein Wunder der Einblick in die trübseligen, verworrenen Tage der unendlichen Völkerwanderung verliehen wäre. Doch deuten verschiedene Anzeichen mit einer gewissen Wahrscheinlichkeit darauf hin, daß es der Kessel des Böhmerlandes war, in welchem die Bagiari vorher längere Zeit sich aufgehalten haben mußten. Der eine Teil blieb jenseits des großen Stromes und setzte sich in den Gegenden fest, welche heute die bayrische Oberpfalz, teilweise auch Niederbayern genannt werden, der andere Teil des wandernden Volkes zog weiter gegen Süden in das alte Rätien hinein, uns selbst die Kette der damals noch so unzugänglichen Alpen war ihm keine unübersteigbare Mauer. Bald reichte sein Schwert bis zu den Hochgebirgen an der unteren Etsch, westlich aber trennte es erst der Lech von den Alemannen.
Diesseits und jenseits des Juvarus (Salzach) stießen die Eindringlinge überall auf Arbeitsüberreste eines Volkes,

welches schon seit langer, langer Zeit fortgezogen und nach dem fernen Westen, nach Gallien und an das Weltmeer gewandert war. Wurden sie, die Kelten, durch das Schwert anderer deutscher Horden ins Elend gejagt, oder hatten sie, von dem Wandertrieb, der damals wie ein Geist der Gährung über der Erde lag, angesteckt, freiwillig einen milderen Himmel aufgesucht – das bleibt den Nachforschungen der Geschichtsfreunde verborgen. Sicher ist aber, daß die Bagiari ein fast verlassenes, vielleicht verödetes Land vorfanden, daß sie von der untergegangenen Gesittung wenig in sich aufnehmen konnten und daß sie vielleicht von geringen Überbleibseln des verschwundenen Keltenvolkes die Namen der hauptsächlichsten Gewässer erfuhren, welche wir noch heute am Jun, der Traun, Emms, und vielleicht auch an unserem ›Matah-Seo‹ haften sehen.

Die Bagiari waren das, was wir heute in der Schule finstere Heiden nennen. Aus der nächsten besten deutschen Mythologie kann sich jeder einen annähernden Begriff von ihrem Glauben und ihren religiösen Übungen machen, denn der Fanatismus der Kleriker war mit Emsigkeit bemüht, die geringsten Spuren der alten teuflischen Heidenzeit zu vertilgen, so daß man Grimms Versuch, aus winzigen Überresten und durch Vergleichung mit der besser erhaltenen Götterlehre der deutschen Nordvölker eine Darstellung der deutschen Mythen zu formen, für ein Wunderwerk halten muß. Aber solches würde uns zu weit abführen und am Ende doch mit spärlichen Ergebnissen lohnen.

Trum- und Grabensee

Die Seen, welche zwischen Hügeln, den letzten Ausläufern der Bewegung, versteckt liegen, welche die Alpen emporhob, bieten in ihrer Erscheinung einen Gegensatz, der schwer zu beschreiben ist. Wälder, Wiesen und Getreidefelder reichen von den geringen Höhen an den Wasserspiegel, der mit ihnen im Glanze der Sonne, den blauen Himmel widerscheinend, dem Betrachter nur Lächeln und Anmut entgegenhält. Die trübe Langweile und Wehmut, welche aus den nämlichen Linien zu sprechen scheint, wenn ein bewölkter Himmel über ihnen lagert, steht in keinem Verhältnis zu den sanften, ansprechenden Formen, vollends nicht, wenn man die Veränderung damit vergleicht, welche ein trüber Nachmittag am Aussehen eines wirklichen Hochgebirgssees hervorbringt. Man sollte meinen, die an sich schroffen, drohenden Umrisse seiner Ufer müßten in der Verdunkelung des Himmels und in der Verödung der Farbenspiele in einer Weise verdüstert werden, welche sich schwerer auf das Gemüt des Beschauers legt als draußen in der milderen Flur. Dem ist nicht so. Ein träumerisches, unendlich sehnsüchtiges Hinbrüten gestaltet hier in solchen Stunden die Ufer, an denen nichts Hervorragendes den Blick zerstreut, und die weder von Felsvorsprüngen unterbrochene, noch von verschiedenen Färbungen über den Abgründen schattierte Wasserfläche zu einer Erscheinung voll ingrimmiger, tiefquälender Langweile.

Der größte der Voralpenseen des Salzburger Landes, der *Trumsee* – der längste wenigstens ist er – zieht sich zwischen zwei Hügelreihen hin, welche die Namen Hauns-,

Buch- und Tannberg führen und von der Stadt aus gerade im Norden wohl gesehen werden. In der Wirklichkeit stellt diese ansehnliche Wasserfläche fast *einen* Spiegel dar, wenngleich ihre nordöstliche, durch einen Damm abgesonderte, Ausbiegung Mattsee genannt wird, während die nördliche Gegend, von dem Hauptgewässer durch etwas hervorgetretenes Land teilweise getrennt, der Grabensee heißt. Dieser wallt gegen die höchsten und am meisten waldigen Hügel an. Der Göll ragt in die Tiefe des Sees hinab; Flammenringe, blendende Wolken irren und rauchen um den Scheitel – indessen die Föhren auf der Landzunge unbeweglich stehen zwischen den zwei Wassern und eine kleine Mühle mit ihren Rädern lärmt. Dort, unter den leuchtenden Wolken, stürzen, vom Tauwind aufgejagt, Hunderte von mächtigen Wasserstürzen in den stäubenden Abgrund. Zwischen den Weiden girrt manchmal ein bunter Eisvogel, und auf ihren Zweigen schwanken graue, verlassene Nester. Solchen Anblick bieten jetzt die Ufer. Versuchen wir es, sie von oben zu überschauen.

Während wir über Matten und durch jungen Wald nach dem Rücken des *Haunsberges* hinaufsteigen, fallen uns manchmal die schmutziggelben Blüten des Huflattichs in die Augen, die lange vor den fleischigen Blättern sich an das Licht des Vorfrühlings drängen. Kleine Tümpel, in welche winzige Gräben münden, fangen das von der kotigen Straße abfließende Wasser auf, damit der Schlamm vom Wasser nicht in den Wald hinabgeschwemmt wird. Die Bauern nennen sie ›Kothfänge‹ und schöpfen gelegentlich ihren Inhalt aus, um ihn auf ihren Acker zu tragen. Auf seinem Grunde regt sich schon hier und da ein Blutegel, und am Rande schaut zwischen grauen Halmen jene blaue Blüte hervor, welche von den Botanikern Hunds-, von den Bauern dieser Ufer Schusterveilchen genannt wird, in ungerechter Herabwürdigung eines Standes, welcher der Welt bemerkenswerte Männer zur Verfügung gestellt hat.

Aus diesem Haus des Bergabhanges wird eben eine streitsüchtige Geiß, die sich mit den übrigen Einwohnern des Stalles nicht vertragen kann, zum Verkaufe fortgetrieben, in jenem ›untern‹ leben die Leute und essen zu Abend. Wenn es Sommer wäre, so würde man wohl an den grünen Hügeln und zwischen den Feldern hinjauchzen und jodeln hören, wie nur immer an schönen Tagen mitten im Tirol. Jetzt begegnet uns jener Bauer mit der Geiß, ein alter Mausfänger und ein Jäger, der mit seinen Hunden auf die Fuchsjagd geht. ›Haunsberger‹, die wir bis jetzt gesehen haben. Der Jäger wohnt oben in einem hölzernen Häuschen, aus dessen Fenstern man bis zum Traunstein und den steierischen Gebirgen schauen kann. Der Dachstein ragt, scheinbar ganz nahe, über die Vorberge herüber. Der Trumsee aus seinen Wäldern, der große Waller-, der Wagingersee jenseits der Salzach bedecken mit ihrem Blau weite Strecken Landes, während die Salzach, ein breiter hellgrüner Streifen, sich vielfach gekrümmt in den unabsehbaren graublauen Ebenen verliert. Die breiten Rückenflächen und Steinfelder des Untersberges lassen sich ziemlich überschauen, vom Westen ragt noch der Wendelstein herüber, und vor uns wölbt sich die Kuppel des Salzburger Domes aus dem roten sonnigen Nebel. Mit einem Blick sehen wir, nach Norden gewendet, Laufen an der Salzach und die Wipfel, die sich im schweigsamen Trumsee beschauen.

Man sieht von hier das Kloster Michaelbeuern, es fällt klar und weiß in die Augen. Auf dem Boden, welchen der Gesichtskreis umfaßt, stehen mehr als einhundert Klöster, die wir aber hinter den Wäldern nicht sehen können. Über das einsam auf dem Berge gelegene Wirtshaus zum

›Hörndl‹ gelangen wir an den Rand einer Schlucht, welche den unheimlichen Namen ›Teufelsgraben‹ trägt. Durch ihre Gründe schäumt ein trüber Bach, der sich einen Ausweg nach dem Trumsee sucht.

Um den trübseligen See ziehen sich Forellenbäche hin, in welchen übermäßig die Kresse wuchert. Manchmal wird ihr Lauf ein wenig durch die grauen Bretter eines Fischkastens gestaut, dessen Insassen sie durch viele Öffnungen bewegtes Wasser zuführen. Der Reichtum an Forellen in den Bächen des Seegrundes ist so groß, daß vor nicht langer Zeit die Röhre einer Feuerspritze durch sie verstopft wurde, die der Schlauch mit dem Wasser heransaugte.

Ins Dorf Trum zurückgekehrt, besuchen wir noch das Wirtshaus. Dort sitzen heute die ›Brüder‹ eines Verstorbenen, das heißt diejenigen seiner Bekannten, welche die bei seiner Beerdigung durch Sargtragen und andere Verrichtungen am meisten beteiligten Personen waren. Nun liegt er in der Erde, und sie ›vertrinken‹ den Toten. Jeder hat, obwohl es heller Tag ist, eine brennende Kerze neben seinem Maßkrug stehen, bei welcher uns auffällt, daß die Flamme fortwährend ein eigentümliches Knistern und Prasseln von sich gibt. Sie dürfen den Toten auf Rechnung seiner Erben ›vertrinken‹, solange die Kerze brennt; um das trübselige Ereignis ihres Erlöschens soweit als möglich hinauszuschieben, haben sie dieselbe mit Salz eingerieben, dessen Körner der Flamme leichte Hindernisse bereiten.

Am Wallersee

An Mergel-Schieferbrüchen vorüber gewinnen wir Höhen, von welchen aus der grüne *Wallersee* wie eine Metallfläche erscheint, in welcher sich Göbl und Watzmann zeigen. Der Himmel gleicht den Anemonen, die am Waldsaum blühen: die Nießwurz öffnet ihren breiten lilienweißen Kelch dem sanften Licht. In der Mitte des vergangenen Februar sah ich, die Alpen von Nord nach Süd durchwandernd, die erste dieser verheißungsreichen Blüten erst in der Nähe von Udine auf einem Rasen am Tagliamento stehen. Palmkätzchen nicken von den Weiden. Alles rieselt und glitzert. In den großen See selbst stürzt jäh eine waldige Anhöhe. Die Spitzen vom Untersberg bis zum Hochkalter fließen zu einem unterseeischen Gemälde ineinander, dessen einzige Farbe, nur von Schneelichtern unterbrochen, als ein tiefes Lasur erscheint.

Hier steht ein Dörfchen, Zell, am hohen Ufer; in seiner, der büßenden Magdalena geweihten, Kapelle glitzern goldene Sterne vom Himmel der Decke. Uns aber überkommt eine Ahnung, wie wundersam es hier im Schatten der blühenden Fruchtbäume zu ruhen sein möchte, wenn mit dem himmlischen Glanze von heute auch die Wärme und der Duft eines Maientages über der Welt läge. An diesen Ort müßte man einen Neuling führen, um ihm das Wesen der Voralpen mit ihren Wasserspiegeln verständlich zu machen: jenes grüne selige Land, an dessen uneingeschränktem Himmel die Bergwelt noch wie ein Rätsel liegt, hinter welchem er mit Sehnsucht Enthüllungen voll hoher Freude ahnt. Ich kann solche Freude nicht teilen, denn, wie mir das Bild lieber ist als das Ding, so sehe

ich jene Berge lieber hier im farbigen Himmelsschein als in der Beengung ihrer eigenen Täler. Hier ist der Himmel frei, der Anblick der auf- und niedergehenden Gestirne wird weder von Kalk- noch von Granitmauern beschränkt, und unserer glücklichsten Begabung, der Einbildungskraft, entwickelt sich ein unabsehbarer Spielraum. Dort drinnen aber, wenn wir nicht eben auf einem der hervorragenden Giebel stehen, beängstigt uns die kalte enge Wirklichkeit.
Am Wallersee vorüber zieht sich die Eisenbahn, welche die große Donaustadt mit der bescheidenen Alpenstadt verbindet. Neben ihr flutet der See – wieder kein klar schillernder Abgrund, wie die Alpenbecken, sondern eine trübe Flut. Soweit die Erinnerung eines Menschen reicht, ist ihre Tiefe von sechzehn auf elf Klafter gesunken. Die Fischzüchter von Salzburg benützen sie jetzt zu ihren Versuchen. Auch hier ist jener Fremdling unter unseren Flossenträgern heimisch, den die weiland erzbischöflichen Gourmets aus den italienischen Gewässern für ihre Tafelfreuden in die unsrigen verpflanzten, der Hechtbirschling, Sandard. Auch im Irrsee drüben, den eine niedrige Hügelreihe von dem unsrigen trennt, gehört er zu den geachtetsten Insassen.

Ochsentauschen

Ein anderes Mal war ich in der Karwoche am Trumsee. Ich bestieg abermals den Haunsberg in Gesellschaft eines Bauern, dessen Lieblingsgeschäft das Ochsentauschen ist. In dieser Hinsicht gleicht einer dieser Leute dem anderen: sosehr er an seinem Vieh hängt, so wenig kann er es lange in seinem Stall stehenlassen. Er muß immer und immer wieder tauschen und mäkeln. Manche der wohlhabendsten Besitzer wechseln ihre Rinder dreißigmal in einem Jahr. Dieses Geschäft, in welchem niederträchtige Pfiffigkeit hoch geschätzt wird, trägt viel dazu bei, die wenigen gesunden Anlagen zu zerstören, die man bei diesem verstockten Volk noch wahrnimmt.

– Thean ma ge awechs'ln? (Tun wir abwechseln?), grüßten sich die Begegnenden. Arbeiter, welche an einer Straßen hantieren sollten, lachten und schwatzten. Mein Begleiter fragte, da sei es ›rund und g'ramt‹ (lustig und aufgeräumt). Wer eine Arbeit verrichten lassen will, tut, wie ich aus mehrfacher Unterweisung sagen kann, am besten, wenn er seinen Leuten einen Zotenzähler zur Seite stellt. Bei dieser Gelegenheit erfuhr ich, als Gegenstück zu den akustischen Seltsamkeiten des Schafberges, daß auf dieser Höhe die im Jahre 1834 erfolgte Explosion eines Pulverturmes in München von mehreren Personen vernommen wurde. Nachfragen bei einem der Betreffenden selbst tilgten meine letzten Zweifel.

Chorherren am Mattsee

In Mattsee befindet sich eine Ansiedelung von Chorherren, geistlichen Pfründern. Sie sind im Besitze ansehnlicher Güter und guter Einnahmen. Die stattlichen Männer haben soviel wie gar keine Obliegenheiten und stehen meist im kräftigsten Alter. Über der Kirche, in welche sie zuweilen von ihren Funktionen gerufen werden, erhebt sich der Schloßberg, ein stattlicher Kalkblock mit herrlicher Rundschau über die drei Seen. Mehr als die Tafel auf seinem Gipfel, welche dem Kaiserpaar das Schicksal von Philemon und Baukis (!) wünscht, betrachtete ich die zahllosen versteinerten Schalentiere, welche auf der Oberfläche des Felsens zu sehen sind. Die Kirschbäume entfalteten ihre weißrote Blütenpracht. Auf dem grünen See fuhr ein Fischer hin und her, um nach den Reusen zu schauen, die zwischen Laubwerk an Pfählen hingen, und Krebsteller zum Trocknen an ihre Spitzen anzubinden. In der Frühlingsluft erhoben sich überall Rauchsäulen um den See herum. Man verbrannte den Überrest der Streu, die auf den Feldern gelagert war. Lerchen sangen, und der Schatten war willkommen.

Es wurde heute vielfach darüber gestritten, ob ein uneheliches oder ein eheliches Kind die ›Neutauf‹ erhalten würde. Bekanntlich wird vor Ostern alles in der Kirche erneuert, das Taufwasser wie das Öl der Lampe. Wer zuerst kommt, den trifft die ›Neutauf‹. Sollte der Ankömmling ein uneheliches Kind sein, so bringt es der Gemeinde Schande, von der bösen Vorbedeutung abgesehen.

Am Abend setzte ich mich an den Bach, welcher dem See zufließt. Sein Wasser war warm, wie das des Sees selbst. Dadurch unterscheiden sich die trüben Fluten dieser Gewässer im Hügellande von den Hochlandseen. In diesen ist an Weihnachten das Wasser wärmer als jetzt zu Ostern. Die seichteren Becken aber werden schneller von der zunehmenden Sonne durchdrungen. Ein benachbarter Krämer hatte zwei Fischchen, die von den Fasttagen übriggeblieben waren, hier in den Bach gesetzt und ihnen eine Schnur durch den Rachen und die Kiemenöffnungen gezogen, damit sie nicht entwischen konnten. Die Tiere zappelten sich jämmerlich ab. Das Ufer war überall mit Gentianen bedeckt. Dumpfe Glockentöne hallten durch den schwülen Abend. Sie verkündeten das Fest des Lebens. Ich blieb an der hinabrinnenden Flut sitzen und hörte ihren Stimmen zu, während aus flüchtigen Flutkreiseln ein stetiger Glanz schaute. Jenseits des Sees rief ein Kuckuck im Fichtenwald. Bald erhob sich der Vollmond als ungeheurer Ballen über den Buchberg. Die Bauern, die aus der ›Auferstehung‹ kamen, gingen in großen Ru-

deln vorüber. Jeder freute sich auf sein Stück geräuchertes Schweinefleisch.
In dieser Nacht dufteten die Veilchen vor Sigls Haus mit erhöhtem Wohlgeruch. Das von so wenigen gekannte Land um dieses im goldnen Strahl blinkende Gewässer lag in der vollen Verklärung einer Frühlingsnacht da. Auch mir ward es leichter zumute. Als ich die Feder, mit welcher ich diese Worte schrieb, weglegte, gedachte ich noch einmal des Winters und seiner überstandenen Stürme – dann aber, ob die Mitteilung der Dinge, welche ich in seinen düsteren Tagen wahrgenommen habe, ein mechanisches Atom genannt werden könne in der ungeheueren Bewegung, deren Ziel die Unterweisung der Menschen ist.
Die Antwort gebührt dir, lieber Leser!

Seen in Kärnten

Von Klagenfurt zum Wörthersee

Die Bahnstrecke, welche von den Seebecken des Kärntner Landes in jene Hochtäler hinaufführt, die sich zwischen dem *Eis der Hohen Tauern* und der *bizarren Pracht* der *Dolomiten* ausdehnen, gehört nicht nur zu den interessantesten Schienenwegen von Europa, sondern vermittelt auch, wie kaum ein anderer, den unmittelbaren Zugang zu den bedeutsamsten Schönheiten des eigentlichen *Hochgebirges,* in dessen *Mitte* die Lokomotive eindringt. Vor dreißig Jahren schon, als noch wenig Hoffnung bestand, daß die östlichen Alpenländer mit den westlichen durch eine mächtige Schienenstraße verbunden werden würden, hat sich einer der hervorragendsten Geologen, Bernhard Cotta, in folgender Weise über die Aussichten einer solchen geäußert: ›Eine Eisenbahn von Klagenfurt nach Franzensfeste würde die *österreichische Alpenkette* fast in ihrer *ganzen Länge* aufschließen. Die Täler sind auf eine so *merkwürdige Weise* miteinander verbunden, daß man aus der großen östlichen Gabelteilung der Alpenkette auf deren Südabhang gelangt, ohne einen wirklichen Bergrücken zu überschreiten.‹

Die Ebene, in welcher die Stadt Klagenfurt liegt, welche wir als östlichen Ausgangspunkt unserer Fahrt annehmen, mußte seit uralten Zeiten die Ansiedlung anlocken. Die nach allen Richtungen hin freie Gegend, die erste Ebene inmitten der Alpen, welche der von Norden über die Gebirge Steiermarks oder Salzburgs Herkommende antrifft, erschien bereits keltischen Einwanderern als geeignet zur Anlage einer Kolonie. Eine Meile vom Mittelpunkt der heutigen Stadt Klagenfurt entfernt erhob sich

im Beginn unserer christlichen Zeitrechnung die mächtige römisch-keltische Stadt Virunum.
Wer sich von jener Zeit eine Vorstellung machen will, der besuche in Klagenfurt die Überreste des Römertums. Auf dem Platz vor dem ständischen Landhaus und in demselben findet der Fremde Inschriften, Bildsäulen, Meilensteine. Virunum hatte seinen Mithrastempel, seine Priestergenossenschaften, sein Forum. Es stand auf dem Zollfeld zwischen Arndorf und dem Töltschacher Berg. Auch das heutige Maria Saal, neun Kilometer nördlich von Klagenfurt, steht auf den Trümmern einer verschollenen römischen Ansiedlung. Auf diesem Boden vereinigten sich die drei großen Straßenzüge, die von Aquileja aus nach Norden führten.
Im Frühjahr, wenn die Saatfelder Ähren treiben, genießt man von einem erhöhten Standpunkte das Schauspiel, in den Feldern Umrisse der ehemaligen Gebäude, ja ganzer Gassen auszunehmen. An jenen Stellen, wo das Getreide auf Erdschollen steht, die gerade über diesen Mauern liegen, ist dasselbe bereits gelb gefärbt, während es über den Räumen der ehemaligen Gassen, Plätze, Höfe und Zimmer noch saftgrün dasteht.
Kehren wir nunmehr zur modernen Hauptstadt Kärntens, Klagenfurt, zurück. Weithin glänzt das Kirchenturm-Dach von Sankt Aegidius durch die Ebene. Der Turm ist dreihundert Fuß hoch und in jenem eigentümlichen Stil aufgebaut, den man weithin durch die illyrischen Länder bis nach Belgrad hinab wahrnimmt. Komme man auf der Eisenbahn von irgendeiner Richtung her, so erscheint dieser Turm als das Wahrzeichen der Stadt.
Der geräumige Bahnhof liegt im Süden der Stadt. In seiner Umgebung, selbstverständlich aber noch weit mehr von den Hügeln nördlich derselben, beispielsweise vom Kreuzberg aus, genießt man eines trefflichen Ausblickes

auf dem langgezogenen Wall des Karawanken-Gebirges, welches den ganzen südlichen Gesichtskreis einnimmt. Diese Bergkette, welche zumeist den älteren Kalken und der Trias-Periode angehört, scheidet die Länder Krain und Kärnten. Unter diesen jüngeren Kalken liegen indessen sehr alte Tonschiefer, welche der Steinkohlen-Periode angehören. Schroffe Brüche derselben an der von Klagenfurt sichtbaren Seite des Gebirges sind es, welche den Umrissen und Abfällen der Karawanken ein charakteristisch kühnes Gepräge geben. Von Klagenfurt aus führt eine fahrbare Straße über den Loiblpaß, eine Einsattlung des Walles – ungefähr in gleicher Höhe wie der tirolische Brenner.

Im Westen zieht sich der Wörthersee in der Richtung gegen die Villacher Alpe hin. Dieser Blick auf die Karawanken ist für die Landschaft von Klagenfurt so bezeichnend wie etwa für die von Zürich der über den See hinweg nach den Alpen von Unterwalden und Schwyz.

Die zum Bahnhof führende Straße ist mit neuen Gebäuden im Wiener Zinshäuser-Stil besetzt. Interessanter als diese wird manchem Fremden die auf der westlichen Seite stehende ›Wetter-Säule‹ erscheinen, über deren steinernem Piedestal wertvolle Instrumente den Luftdruck, die Wärme und andere für die klimatologischen Verhältnisse der Stadt erhebliche Daten angeben.

Die Stadt ist viereckig, ihre Straßen durchschneiden sich zumeist in rechten Winkeln. Die Bauart trägt im allgemeinen den Charakter der Mitte des vorigen Jahrhunderts. Verhältnismäßig die meisten Anklänge an die Architektur des Mittelalters finden sich unter den Häusern am alten Platze, im Badgäßchen sowie in der Kramer- und Wienergasse.

Jede ältere Stadt hat ihr sogenanntes Wahrzeichen, und so besitzt auch Klagenfurt das seinige auf dem sogenannten ›neuen‹ oder Hauptplatz. Es ist dies der Lindwurmbrunnen.

Die schöne Domkirche zu St. Peter und Paul, jetzt Kathedrale des Bischofs, wurde von der protestantischen Stadt Klagenfurt erbaut.

Das interessanteste Wahrzeichen nicht der Stadt, sondern des Landes bleibt der etwa elf Kilometer im Norden von Klagenfurt entfernte *Herzogstuhl,* eine Art von *sella curulis* aus rohen Steinen unförmlich zusammengestellt. Auf ihm sitzend, teilten die karantanischen Herzöge ihre Lehen aus. Man versetzt die Aufrichtung dieses Thrones in das 8. Jahrhundert. Die alte ›Pfalz‹ der kärntnerischen Herzöge bei dem an der Glan in der Nähe gelegenen Pfarrdorf Karnburg ist bis auf wenige Überreste verschwunden. Der dort aufgestellte Fürstenstein, auf dem einst die Herzöge die Huldigung ihrer Untertanen entgegennahmen, befindet sich im Wappensaal des Landhauses zu Klagenfurt – unterhalb eines Gemäldes, welches die Szene der Huldigung darstellt.

In der näheren Umgebung ist eine Anzahl von vorzüglichen Spaziergängen vorhanden, beispielsweise die Lindenallee, welche zu dem Renaissanceschlosse des Grafen Göse führt. An einem heißen Sommernachmittage, wenn kühlender Wind von Osten heraufweht, blauen wundersam dort die Karawanken, unter denen Stou der höchste Gipfel, in den Schatten herein.

Ein ebenso schattiger Gang führt neben dem Lendkanal, der vom Wörthersee bis in die Stadt Klagenfurt hineinreicht.

Nicht minder bietet der Kreuzberg, die erste Anhöhe nördlich von der Stadt, Schatten. Ich möchte raten, den Weg in nördlicher Richtung durch Waldanlagen zum Schlosse Zigulln und dann abermals durch Wald bis ins kühle, schattenumlagerte Bräuhaus Schleppe fortzusetzen. Einen gleich hübschen Blick spendet der Hügel Goritschitzen, östlich hiervon. Wie allenthalben um Klagenfurt sind es die Karawanken, die mit ihren Felswänden und oft auch mit ihrem Schnee dem Bilde den Charakter der Alpenlandschaft geben.

Wörthersee

Klagenfurt ist aber vor allem im Sommer eine Badestadt. Das bewirkt der Wörthersee, der drei Kilometer entfernt liegt. Der See mit seinem klaren, lauen Wasser, in der Richtung von West nach Ost vor die Alpen hingelagert, ist kein eigentlicher Alpensee, wenn man unter diesem ein Gewässer mit steilen Ufern und drohenden Felswänden versteht. Das Gestade hat vielmehr den Charakter der Anmut – es besteht aus Wald, Feldern, Gärten. Der östliche, Klagenfurt näher gelegene, Teil des Gewässers übertrifft an Schönheit den westlichen.

Die Klagenfurter wissen, was sie an ihrem See besitzen. Zu Roß, zu Wagen, zu Fuß, im Schatten des erwähnten Baumganges neben dem Lendkanal her trachten sie nach seinen Ufern. Die ganze Stadt ist auf der Wanderschaft zum See. Außer diesen Wegen gibt es noch einen andern, der als morgendliche Wanderung unternehmenden Fußgängern zu empfehlen wäre. Derselbe geht von den Anlagen auf dem Kreuzberg aus durch den Wald zum Badeort Pörtschach (Station Maria-Wörth). Auf diesem Wege erblickt man hier und dort Spuren alter Gletschertätigkeit. Wo jetzt der Wörthersee sich ausbreitet, starrten zur Diluvialzeit die Eismassen des ›Drau-Gletschers‹. Nach dem Verschwinden des Gletschers war der See offenbar eine Zeit hindurch das Bett der Drau, bis diese es vorzog, nach Süden abzubiegen und um die Sattnitzhöhen herum zu fließen. So stammt das Dasein des Wörthersees vom Gletscher ab.

Der erste Uferort, den man von Klagenfurt aus erreicht, ist Maria Loretto, auf einer Landzunge gelegen, drei Kilometer von der Stadt entfernt. Angenehmes Bad, schöner Garten, noch schönere Fernsicht. Von da wird in wenigen Minuten über den klaren See nach Maiernigg hinübergefahren.

Der geneigte Leser wird eingeladen, sich einen Junimorgen vorzustellen. Der Kahn bewegt sich auf der durchsichtigen Fläche. Im Uferschilf blühen die Seerosen, der See strahlt das Blau der Berge und des Himmels wider. Von allen Wäldern hallt Vogelsang auf den stillen Spiegel herein. Hier und dort fährt ein bewimpeltes Boot mit lustigen Menschen.

Allenthalben sind, wie sich von selbst versteht, am See Badeanstalten. Auch im Ausfluß des Sees, dem ›Glanfurt‹-Flüßchen, und zwar zwei Kilometer südlich von Klagenfurt bei der Papiermühle, wohin Gesellschaftswagen verkehren, wird mit Vorliebe gebadet. Es ist ein weiches, mildes Wasser, welches in seiner Temperatur den Sommer über sich nicht viel verändert.

Längs des Sees, und zwar an seinem Nordufer hin, zieht sich die Eisenbahn, welche das wichtigste Verkehrsmittel zwischen der Stadt und den Sommerfrischen bleibt. Auch ein Dampfer durchfährt täglich zweimal den See in seiner ganzen Ausdehnung.

Wenn man von Krumpendorf nach Pörtschach und Maria-Wörth fährt, erblickt man jenseits des Sees auf dessen südlichem Ufer das grüne Talgelände von Reifnitz, durch welches in der Diluvialzeit die Gewässer des Plaschischensees mit denen des Wörthersees zusammenhingen. Über ihm erhebt sich das gotische Margareten-Kirchlein auf den Trümmern der verschollenen Veste Reifnitz.

Am besuchtesten am ganzen Seestrande ist die Umgegend von Pörtschach und Maria-Wörth. Auch geschichtlich hat diese Gegend den Vorrang vor den übrigen. Ihre Kirche wird im Zeitalter der Karolinger schon genannt.

Dort ruhten einst die Gebeine der Märtyrer Primus und Felician, von welchen während des Mittelalters der ganze See den Namen trug.
Der östliche Teil der jetzigen Pfarrkirche zeigt den gotischen, der westliche den romanischen Stil. Nebenan steht übrigens ein alter Rundbau, als Beinhaus dienend, dessen Entstehung in noch frühere Zeit zurückzureichen scheint.
Einzig ist diese Landschaft. Der weite See mit den grünen Waldzungen, die weißen Landhäuser, das hohe Gebirge im Süden, das lebhafte Treiben der Menschen bleiben sicherlich lange in der Erinnerung der Fremden. Diese werden ermahnt, den Molo, die ›Gloriette‹, den Park beim Aktienhôtel, die Halbinsel Maria-Wörth zu besuchen. Nirgends werden die Bäder mehr benutzt als hier.
Pörtschach dürfte jetzt der besuchteste Ort von Kärnten sein. Es hat sich unter den österreichischen Bädern einen Ruf erworben, der mit dem der besuchtesten Gegenden Salzburgs und Tirols wetteifert. Ein nicht geringer Reiz dieses Badeortes ist die Schnelligkeit, mit welcher der Gast vermittelst der Eisenbahn die Hochregionen der Julischen Alpen erreichen oder sich in die herrlichen kühlen Berglüfte des Pustertales zu versetzen vermag.
Velden nimmt unter den Badeorten des Sees die zweite Stelle ein.

Kärnten vom Standpunkt des Dichters

Längst war es Nacht; aber wir hatten uns keine Leuchte in die Stube bringen lassen. Die glühenden Augen der gegenüberliegenden Gußwerke und Schmelzöfen warfen so viel rötlichen Schein in das Gemach, daß wir die Lampe entbehren wollten.
Das Gespräch, welches wir führten, schien der Seltsamkeit des Ortes und der Beleuchtung angemessen. Mein Freund führte mich in die Zauberwelt Kärntens ein. Seine

Belehrung bezog sich auf den Abglanz, den die Täler, die Wälder, die Eisberge, die alten Schlösser und Städte des Landes in der menschlichen Einbildungskraft hervorgebracht haben. Innerhalb der Grenzen Österreichs gibt es kein Land, in welchem das Gold des Dichtungsstoffes in so wunderbarer Umgebung gleich reichhaltig zutage liegt als in dem kleinen Herzogtum zwischen dem eisigen Tauern und den blauen Zuflüssen der Save.

In Tirols rebenumgrünten Burgen scholl einst Minnesang. Es hat den größten Sangesmeister geboren, und in den Gärten des warmen Etschlandes vereinte sich deutsches Lied mit welschem Prunk.

Der Dichtung, welche ich ›Kärnten‹ nenne, liegt ein rauherer, männlicherer, nordischer Ton zugrunde. Sie ist tannenfrisch und quellenreich. Es fehlt ihr, von den Wänden der Karawanken abgehalten, jener mittägliche Hauch, der dort ohne Hemmnis die ebene Bahn des Etschtales aufwärts dringt.

Der Dichter wüßte nicht, wo er zugreifen soll, wenn man ihn vor die Vielgestaltigkeit der Stoffe führte, welche hier Vergangenheit und Gegenwart bieten.

»Vom Zirmsee und seinen alten Goldzechen, die so hoch über dem Meere liegen wie das Stilfser Joch, bis zu den waldigen Ufern der großen Seen, welch eine Buntheit des Lebens!« sagte der Freund. »Ja«, erwiderte ich, »daß aus der Fleiß, aus Fragant und der Zirknitz noch ganz andere Studien geholt werden können als die notdürftigen Gemeinplätze, mit denen unsere Stubenpoeten die Vorratskammern der Leihbibliotheken zeitweilig heimsuchen, ist gewiß. Zu ihrer Entschuldigung kann indessen gesagt werden, daß sich das vaterländische Publikum um den gewissenhaften Realismus des Dichters nicht kümmert und überhaupt lieber Romane liest, in denen hohe Herrschaften auftreten und Hofbälle beschrieben werden.«

»Begeben wir uns«, fuhr mein Freund fort, »hinab in die waldigen Täler, auf das Mittelgebirge über den Flüssen und an den Strand der Seen, wo die Wellen gegen das Mauerwerk alter Abteien und lustiger Landsitze schlagen. Wohin man blickt, krönen Türme und Zinnen die waldigen Kuppen. Freilich gibt es überall Burgen, auch in den tirolischen Tälern fehlt es nicht an malerischen Trümmern. Aber von den alten Schlössern Kärntens strahlt der Glanz einer reichen, anziehenden und inhaltvollen Geschichte. Mit sehr geringen Ausnahmen hat das Nachbarland Tirol keine Geschlechter gehabt, die so wirksam mit den Schicksalen Österreichs verflochten sind als die Auffensteine und Kraiger, die Ortenburger und Colnitzer, die Salamancas und Scherfenberger, die Heimburger und Khevenhüller, die Herren v. Treffen und Dietrichstein. Was alle diese Namen in den Staatsaktionen und in der langen Schlachtengeschichte Österreichs bedeuten, das zeigt jedes Schulbuch. Was es aber leider nicht zeigt, das ist die Sagenwelt, die sich um das Tun und Treiben dieser Geschlechter rankt, gleich den wilden Rosensträuchern um altes Mauerwerk.«

»Du meinst also«, entgegnete ich, »es müsse ein leichtes sein, das grüne Bergland ebenso durch den anmutigen Spuk jener Gestalten des Mittelalters zu beleben, wie es sogar mit den langweiligen Ebenen der brandenburgischen Mark geschehen ist!«

»Gewiß«, entgegnete mein Freund, »viele behaupten zwar, die Zeit für Erzählungen und umfassende Lebensbilder, welche bis in jene uns bereits so entfernte Welt zurückgreifen, sei vorüber; aber es muß doch viele Leute geben, welche an der Vorführung von ursprünglicheren Menschen und farbenreicheren Ereignissen mehr Freude haben als an der poetischen Darstellung unserer Zustände, in welchen es leider nicht nur eine körperliche, sondern auch eine abgeschmackte Gesellschaftstoilette gibt, die man mit Recht Uniform nennen sollte. Es muß doch ein Rückschlag eintreten gegen das Handwerk der Dichterei, wie es heutzutage betrieben wird. Denn im menschlichen Gemüt gibt es Triebfedern und Neigungen, welche zeitweilig durch bestimmte Einflüsse niedergehalten werden, alsdann aber mit verstärkter Gewalt ihr Recht fordern. Es wird nicht gelingen, die Leute so phantasielos zu machen und sie auch in der Belletristik mit dem Kultus der Gewalt und des Geldes abzuspeisen, wie es die Federhelden des ›Tages‹ sich einbilden. Man wird auch einmal an den Wochenschriften genug bekommen. Die Hegemonie der Norddeutschen, in politischer Beziehung so segensreich, erscheint mir in den Fragen der Ästhetik als ein Unheil. Ihr Positivismus erzeugt tapfere Soldaten, eine vortreffliche Verwaltung, kurzum, eine Masse von löblichen Dingen, welche nach dem Gesetze der psychologischen Beschränkung gerade aber mit denjenigen Eigenschaften unvereinbar sind, welche ein erfolgreiches Schaffen in den schönen Künsten bedingen. Man hat gesagt, das norddeutsche Wesen, als dessen vorzüglicher Ausdruck der Staat Friedrichs des Großen dasteht, vertrete im Germanentum das klassische, Österreich aber und die übrige süddeutsche Vielgestaltigkeit das romantische Wesen. Nun wohl – ich sage, das Romantische wird wieder zu Ehren kommen.«

»Es sollte nur einmal mit vollen Händen aus dem Reichtum geschöpft werden, welcher in Höhen und Tiefen dieses Landes ausgebreitet liegt. Der heilige Thomas von Aquino ist mit seiner Geschichte verflochten, wie Paracelsus mit der des wundersamen St. Veit. Wo gibt es Burgen wie Frauenstein oder gar Hoch-Osterwitz? Der alte Herzogstuhl auf dem Zollfelde, die begrabene Stadt Virunum und die Veste Tiburnia, das blutgetränkte Lurnfeld mit den Zauberbäumen und den Blutmulden, wo an den Ufern der eisigen Möll Bajuwaren die Geschicke des Slawenvolkes in diesen Bergen besiegelten, die verwunschenen Seen auf den Kolbnitzer Hochalpen, Arnoldstein, das uralte Kloster mit seiner Weißen-Rose-Sage und dem zusammenstürzenden Dobratsch, die Märchen von Rabenstein und den Schätzen der Freimannsgrube, die Gründung von Maria-Elend, kurzum, durch die Zeiten der Römer des Mittelalters bis zu uns herab. Die wir noch das Treiben der Knappen am Rande der Gletscher, das der Eisengewerke in walddunkeln Hochtälern sehen, hat dieses Land kaum jemals der Verklärung durch die Poesie bedurft.«

»Du vergißt ganz und gar auf die Seen«, fügte ich hinzu. »Welchen Vorzug geben diese blauen Flächen dem Lande vor dem benachbarten Westen! Des freut sich der Bergsteiger der Villacher Alpe aus der Vogelperspektive wie der Schwimmer mitten im lauen Gewässer.«

»Vergiß nicht das Wasser, welches stürzt! Wo gibt es außerhalb der Einöden Norwegens Wasserfälle, in Nebel aufrauchend, in Schaumbergen zur Tiefe quirlend, in himmelblauen Becken sich sammelnd, in solcher Anzahl als im kärntnerischen Maltatal und in seinen Verästelungen, die bis zum ruhigen Eise der Tauern hinaufreichen? Das Volk könnte dort unsere Dichter lehren, wie man den Geist der Dinge verdolmetschen muß. Mögen diese unserem Stifter gleich, welcher aus den bescheidenen Reizen des Böhmerwaldes unsterbliche Bilder zusammenstellte, auch einmal die Pracht Kärntens mit ihrem Skizzenbüchlein durchwandern!«

»Amen!« sagte ich. »Jetzt aber laß die Lampe hereintragen. Wir wollen uns noch ein Stündchen im ›Hochwald‹ ergehen. Ich gebe sämtliche Familienromane dafür her.«

Wörthersee

Herbststimmung am Wörthersee

Die Nebel hängen über unseren Wörthersee herein, als wollten sie mit Gewalt den hartnäckigen Sommerfrischlern die Polizeistunde der schönen Jahreszeit klarmachen. Man packt deshalb auch partienweise zusammen und geht von dannen, uneingedenk der alten Erfahrung, daß noch in jedem Jahre um die Tage von Unser lieben Frauen Geburt herum ein so ungestümer Vortrab unseres Bärenwinters sich eingestellt hat, noch immer aber beschämt wieder in die wilden Tauern hat zurückweichen müssen.

Und wie es in manchem heiteren Gaststübchen erst recht gemütlich wird, wenn die mahnende Polizei abgezogen, so freuen wir uns schon jetzt auf die goldenen Herbsttage. Dann sind wir wieder Herren unserer Gestade.

Mit dem letzten Sonntag ist der weiße Dampfer von unserem See verschwunden. Wäre der Nebel und die Kühlung nicht, so gälte schon das für manchen als der tatsächliche Schluß der ›Saison‹. Wir werden das (meist verspätete) Pfeifen also erst wieder vernehmen, wenn die Uferwälder abermals von beflügelten Sängern belebt sind.

Jetzt dünkt uns der ganze See schier wie verlassen. Verstummen werden die Klagen über die Kühnheit der Schwimmer, die sich seinem Bugspriet entgegendrängten, und Pudicitia, vom zart empfindenden ›Einsender‹ angerufen, kann sich in den zu erhoffenden Strahlen der Herbstsonne wieder langsam entschleiern.

Der Sturm fährt draußen im (nicht Ur-, sondern geldmäßig verwirtschafteten und ausgeplünderten) Wald durch die Wipfel und will mit seinem wüsten Geheul eine Ahnung nächtlicher Winterschrecken über uns bringen.

Am nächsten Morgen glänzt Aurora uns von der Stadt herauf entgegen, und bald wird sie, kupferig aufdäm-

J. Weber

mernd, über die bleichen Kalkberge der Koschuta und des Grintoup her entgegenkommen – uns, das heißt den wenigen, die um diese Stunde sich den vaterländischen Himmel betrachten.

Aurora! Das bedeutet ja heiteren Himmel, Sonnenschein, Glanz des Mittagslichtes im eilenden Bach und auf den Blättern der Uferbäume! Trug – in wenigen Stunden ist der graue Nebel wieder da. Ein löschpapierener Deckel schiebt sich abermals zwischen den blauen Himmel, an dem jetzt die Septembersonne so schön strahlen muß, und uns, die wir mit all unserer Weisheit gar nichts tun können.

Raum und Zeit wird überwunden werden, aber über dieses langweilige Gebrodel ist niemand Herr, und es gibt keine irdische Macht, die uns ein blaues Loch in den schieferigen Vorhang hineinschlüge.

Abermalige Verwandlung. Die Schmutzfarben des nachdenklichen Herbsttages verschwinden, die Maiskolben vor meinem Hause glänzen wieder goldig, die Bohnenblüten brennen, die Herbstzeitlosen am Rain stehen wieder im sanften, blaßroten samtigen Gewande da, und der See mahnt mit seinem Kornblumenblau an die schönsten Tage der zudringlichen Schwimmer vor der unschuldweißen Dampffähre.

Vom Wörthersee nach Villach

Eines der beliebtesten Ausflugsziele ist der Sternberg, der um etwa dreihundert Meter über Velden emporragt. In der Mannigfaltigkeit seines Ausblickes auf das Vorland, die Seen und die Pracht des beschneiten Hochgebirgs, der Karnischen Alpen, erinnert er an die herrliche Höhe des Chaumont über dem See von Neuchâtal.

Jenseits Veldens senkt sich die Bahn, indem sie den See verläßt, in das liebliche *Gottestal,* welches die wilde Toch-

ter der Hohen Tauern, die Drau, durchströmt. Der Mittagskogel spitzt sich allmählich zu einer der kühnsten Pyramiden des Alpenlandes zu.
Das Drautal weitet sich nun zu einer ansehnlichen Ebene aus, an deren nördlichem Rande die reizende kleine Alpenstadt *Villach* liegt.
Hier öffnet sich gegen Süden ein *ebener Durchgang* nach Italien. Kein Joch, kein Bergrücken ist zu überwinden. Dies war der Anlaß zum Entstehen und zum Gedeihen einer Ansiedlung, welche noch heute als der erste Handelsort Kärntens gilt. Die Villacher waren es, welche die deutschen Handelskarawanen aus Augsburg und Nürnberg mit bewaffnetem Schutze, zur Sicherung gegen die Raubherren, welche die Straße belauerten, ins Land Italien hinabgeleiteten.
Im Norden hat Villach die wald- und grasbewachsene Görlitzenalpe, eine rundliche Gneißkuppe, die, wie überhaupt das Nordgelände, mit ihren sanften Formen im schroffen Gegensatze steht zu den verwetterten Kalkgiebeln im Süden. Durch Waldlandschaft und Stromauen zieht sich der Weg gegen Westen die Drau aufwärts. Das sind einsame, doch liebliche Spaziergänge.
Im Norden, nicht ganz zwei Kilometer entfernt, liegen im Waldland die zwei kleinen Seen von St. Leonhard. In dem einen ist eine Badeanstalt mit Schwimmschule eingerichtet. Am anderen, den dichter Wald umschließt, zieht sich der Weg zu den Bädern von St. Ruprecht, wo das weiche Wasser des Ausflusses aus dem großen fischreichen Ossiachersee benutzt wird.
Weiter gegen Nordwesten hin setzt sich die Straße längs des anmutigen Afritzer Sees fort und erreicht bald das Dorf Feld am Brennsee. Hier ist protestantische Bevölkerung. Dieses Feld und Umgebung ist in schöner Berglandschaft eine noch schönere Oase.

Faaker See

Fragt man einen Villacher nach einem schönen Ausfluge in der Umgebung, so wird unter allen Umständen der Faaker See genannt, ein zwei Kilometer langes und anderthalb Kilometer breites Gewässer an den Vorstaffeln des Mittagskogels der etwa fünfzehnhundert Meter darüber emporragt.

Der Faaker See ist in der Luftlinie nur fünf Kilometer südöstlich von Villach entfernt, man wird aber wegen der Windungen, zu denen der Weg zwingt, immerhin nahezu zwei Stunden zubringen, bis man sein Ufer erreicht.

Man geht zunächst an der Wallfahrtskirche zum Heiligen Kreuz in Perau vorüber, alsdann durch Flußauen der Gail und erreicht bald die über dieselbe führende Brücke. Jenseits derselben teilt sich der Weg. Man schlägt am besten das Sträßlein zur Rechten ein, auf welchem man binnen einiger Minuten in das Dorf Maria Gail (Gasthaus zum Ogris) gelangt. Die Aussicht vom Friedhof bei der etwas erhöht stehenden gotischen Kirche, mit welcher viele Sagen verwoben sind, wird mit Recht gerühmt.

Von Maria Gail bis zum Ufer des Sees, der um etwa sechzig Kilometer höher als Villach liegt, hat man eine Stunde zu gehen. Man hält sich ostsüdöstlich und wird kaum fehlgehen, wenngleich im Walde sich viele Wege kreuzen.

Am hügeligen Nordufer des gelbgrünlichen Gewässers liegen zwei kleine Ansiedlungen, Drobollach und Egg. An beiden Orten gibt es Gelegenheit zur Überfahrt nach der bewaldeten Insel. Wer vom Warmbad Villach über die Überfuhr unter der Eisenbahngailbrücke, Malestig

und Faak aus ans westliche Ufer kommt, kann die Leute der dort nur wenige Klafter vom Ufer entfernten Insel durch Anrufen bewegen, ihm mit einem Nachen entgegenzukommen.
Auf der Insel befindet sich ein kleines Gasthaus mit spärlichen Hilfsmitteln. Liebhaber, die etwa eines Fischgerichts halber auf die Insel kommen, werden nicht selten enttäuscht. Im ganzen macht dieser Alpensee den Eindruck eines von einem größeren See, der im Osten und Westen allgemach in den Boden versickert ist, übriggebliebenen Tümpels.
Zur Schloßruine Finkenstein geht der Weg südlich. Man läßt sich zunächst zum Dorfe Faak übersetzen und erreicht die Veste über Pogoriach in einer Stunde. Die Geschichte derselben bietet durchaus nichts Bemerkenswertes, die Aussicht vom Turme dagegen ist anziehend.
Den Rückweg von Finkenstein tritt man über die westlich davon gelegene Kirche St. Canzian an, in deren Nähe man vorgeschichtliche Gegenstände ausgegraben hat. Auch hier ist die Aussicht noch hübsch, obwohl die Kirche schon um hundert Meter tiefer liegt als die Burgruine.
Ein anderer Rückweg vom Faaker See nach Villach führt über die am nordöstlichen Ufer gelegenen Bauernhöfe Egg zunächst dem Kreuz auf dem Hügelrande zu, von welchen hier der See umgeben ist. Von dort in nordöstlicher Richtung entweder über Graschitz, oder, auch dieses Dorf links lassend, zur Draubrücke, über dieselbe und durch das Dorf Födelach zur gleichnamigen Eisenbahnstation.

Seen in Kärnten

Heilende Quellen der Bäder Kärntens

In der nächsten Umgebung von Villach ist eine anmutige Örtlichkeit, die wenig von Gästen aufgesucht wird. Wenn die Sommerwolken bis tief über die Berghalden herab brodeln und das Tal in Hitze liegt, dann genießt der Wanderer Kühlung in der großen Weidenanlage am rechten Drauufer, abwärts von der Brücke. Die Baumwipfel verbreiten Dunkel und die graue Drau, die in großen Kreiseln und Flutungen an das Gras des Ufers schlägt, denn ihre Vorratskammern im Eis des Möll- und Iseltales sind durch die Hitze aufgesprengt worden, Kühlung.

Den Wassern steht hier die zopfige rot und weiß, gleich einem Bettüberzug angestrichene Kirche von Heiligkreuz in der Perau gegenüber.

Ein anderer anmutiger Ort ist eine Rastbank, nicht eine halbe Stunde von dieser Stätte entfernt. Die Bank ist mindestens einen Fuß hoch von klarem Wasser bedeckt. Silberige Blasen steigen vor ihr auf. Es ist ringsum Wallen einer blaugrünen durchsichtigen Flut über einen Grund von feinem Kies. Diese Bank steht im Becken des Villacher Bades, dessen Quellen lau aus dem Kies emporsprudeln. Es ist nicht ganz im Freien, denn über dem Becken steht ein Haus – es sind aber auch keine Stuben, denn der Blick dringt zu den Fichtenwipfeln, die gegen die Fensteröffnungen herragen.

Die Flut rinnt in der Mitternacht und im Schein der Sonne, deren Strahlen den Kies auf ihrem Boden zu phosphorigem Schimmer anglühen und sie selbst aus einem grünblauen Wasser zu einem himmelblauen machen. Dann bewegen sich die Glieder der Menschen in ihr, als ob sie von Gold wären.

Neben der Quelle lockt der Hain. Wäre die Mauer nicht, so ragten die Fichtenwurzeln über den Rand des Beckens.

Am Wald her, in dem Erdbeeren duften, geht ein Weg nach dem Dorf St. Andrä. Oben ragen die Trümmer von Landskron, unten ist der helle Bach. Sein Ufer fassen Schilfschäfte ein, wie das aller Abflüsse von Seen, deren Ränder versumpft sind und deren heutige Oberfläche nur mehr einen Bruchteil darstellt von einem früheren Umfang.

Solches Wasser ist weich, mild und mit den Düften all der Pflanzen gewürzt, welche von seiner Flut an den gar nicht scharf abgegrenzten Ufern umwaschen und bespült werden.

Kalmus soll zu den zahllosen Stoffen treten, durch deren Einengung man sich die Wirkung des Wassers verändert oder gesteigert vorstellt. Hier soll die Heilkraft der Pflanze dem abfließenden Wasser des Sees sich mitteilen. Das jenseitige Schilfufer gibt ihm einen Hintergrund, wie wir ihn bei Teichen in Blumenausstellungen, bei Becken in Wintergärten oder bei Aquarien sehen. Es ist ein Dschungel von Röhricht, an dem der helle Bach vorüberfließt. Aber Kalmus vermochte ich unter dem vielen Schilf nicht zu entdecken. Mit oder ohne Kalmus, es ist ein lustiges Baden in dem ölglatten Bach.

Auch südlich von Klagenfurt, nicht ganz drei Kilometer entfernt, hat man bei der ›Papiermühle‹ in der ›Glanfurt‹, dem Ausfluß des Wörthersees, ein ›Kalmusbad‹ eingerichtet. Die Landschaft ist hier wie dort, aber die Glanfurt tritt stattlicher auf. Schilf, Birken, helle Flutung, durchwärmte Wasser – im Hintergrunde aber das Gebirge tiefblau im leuchtenden Gegensatz der schweren Sommerwolken, die seine Giebel zudecken.

So sind die Niederungen des tieferen Kärntner Landes eine Ergänzung der Eigenschaften des nachbarlichen Tirol. In den Hochgebirgen jener Alpen gibt es kein Kalmusbad. Das Schwimmbecken selbst des warmen Bozen

muß durch Teichwasser erwärmt werden. Dafür baden die Gäste seiner Berge in unvergleichlichen Lüften.
Der anziehendste unter den näheren Ausflügen um Villach ist der nach den Thermen, dem Villacher ›Warmbad‹. Das Warmbad befindet sich drei Kilometer südlich von der Stadt, am östlichen Rande der Vorstaffeln des Dobratsch, der Villacher Alp.
Über die Quellen ist ein Haus gebaut. Sie entspringen aus dem Konglomeratgestein der Diluvialbildung und bilden alsbald zwei geräumige Bassins, deren Boden mit seinen Kieseln belegt ist, zwischen denen das Wasser emporperlt wie die Kohlensäure in einem Glase Champagner. Es gibt keine hellere, glänzendere, einladendere Flut. Fast ausschließlich werden die Bassins von den Badegästen benutzt, nur wenige bedienen sich der Wannen. Man geht von reinlichen Kabinen aus auf Steintreppen unmittelbar in das Becken hinein, in welchem unter dem Wasserspiegel, dort, wo die Garben der Luftblasen mit den warmen Wassern emporsprudeln, Sitzbänke angebracht sind. Männer und Frauen in den entsprechenden Badegewändern pflegen das Bad gemeinschaftlich zu benutzen, obwohl für letztere bestimmte Stunden angesetzt sind. Die Quelle gehört zu den sogenannten indifferenten Thermen, wie Römerbad, Markt Tüffer, Pfäffers, Wildbad Gastein. Ihre Wirkung erstreckt sich auf alle jene körperlichen Gebrechen, wegen welcher die ebenerwähnten Badeorte aufgesucht werden. Den Zufluß bildet die Wassermenge eines Baches, wie man aus der Stärke des ständig abfließenden Wassers im Ableitungskanal wahrnimmt. Eine besondere Annehmlichkeit dieser Bekken besteht darin, daß man sie zu jeder Jahreszeit als Schwimmbad benutzen kann, denn die Kabinen sind heizbar, und wenn auch im Winter sich keine Fremden sehen lassen, so bleibt doch die Anstalt das ganze Jahr

hindurch geöffnet und wird auch in den rauhesten Monaten von Villachern fleißig benutzt. Es macht einen eigentümlichen Eindruck, in dem warmen, weichen, wohligen Wasser, das in mächtigem Schwall aufquellt, herumzuschwimmen und durch die Fenster des darübergestülpten Gebäudes nach dem verschneiten Fichtenwald, dessen Zweige bis nahe zum Glas heranreichen, auszulugen. Die Gaststätte bei dieser erquicklichen Therme (Hotel, Restaurant, Pension) verdient auch wegen der schattenreichen Spaziergänge, welche schon die nächste Umgebung bietet, unter den kleineren Ausflügen, welche von Villach aus unternommen werden, Berücksichtigung an erster Stelle.

Die Therme scheint nach den in ihrer Nähe gemachten Funden schon in den ältesten Zeiten bekannt gewesen zu sein.

Im sechzehnten Jahrhundert wird das Villacher Warmbad bereits von mehreren Naturforschern und Ärzten genannt. Teophrastus Paracelsus und der bekannte Martin Ruland erwähnen die Thermen in ihren Büchern.

Raubritterburgen – Die Veste Federaun

Niemand soll das Villacher Warmbad besuchen, ohne diesen Besuch bis zum Kastell Federaun auszudehnen. Man geht dahin entweder auf der Tarviser Landstraße, wobei man stets des Anblickes der Tannenwälder und darüber aufsteigenden Berghöhen genießt, oder, besser, über die Hochfläche und auf Waldungen. Auf beiden Wegen hat man etwa drei Viertelstunden nach Federaun zu gehen.

Als das Bett des Gailflusses noch nicht in künstliche Schranken verwiesen war, zog sich dieser Strom nahe am Fuße des Kalkfelsens von Federaun in Krümmungen der

Drau entgegen. Jetzt ist ihm eine andere Bahn geschaffen worden, in welcher er rasch sich mit dem mächtigeren Strome vereinigt. Gleichwohl kann der Felsen von Federaun noch immer für den Reisenden auf dem Schienenwege als Markstein der Vereinigung von Gail und Drau gelten.

Zu den gewalttätigsten Raubrittern Kärntens gehörten stets jene, welche im Laufe der Jahrhunderte abwechselnd von ihrer im ›Rosental‹ gelegenen Veste her die Namen derer von Raß, Ras, Roseck, Rosegg führten. Auch Feraun fiel um die Mitte des 13. Jahrhunderts vorübergehend in die Hände eines dieser Wegelagerer. Von dort aus brandschatzte und plünderte er und wurde in kurzem, was man heute den Schrecken der Gegend, damals aber einen hochansehnlichen Herrn nannte.

Bei dem großen Erdbeben des Jahres 1348 stürzte ein Teil des Gesteines von der Villacher Alp ab und fielen auch die Mauern der Veste Federaun. Dieselbe wurde indessen bald stattlicher aufgebaut, aber schon zwei Jahrhunderte später ließ man die Burg verfallen. Der Umschwung der Verhältnisse hatte die Instandhaltung eines derartigen Bollwerkes unnötig gemacht.

Die Trümmer, das Steinwerk der Veste oben, sind jetzt von herrlichen Pflanzungen umgeben und bedeckt. Ein Garten erfreut an der Stelle des fast verschwundenen Bollwerkes. Für die geringe Mühe des Aufstieges bietet dieser Garten eine prächtige Aussicht über Berg und Tal – ohne Zweifel die schönste, die man auf gleicher Höhe in der ganzen Villacher Umgebung findet.

Man überblickt das untere Gail- und das obere Rosen-(Drau-)Tal bis zur Burg Rosegg. Gerade gegenüber erhebt sich der Krainberg, weiter links der Mittagskogel und die östlicheren Karawanken. Im Süden erblickt man außer den oft erwähnten Häuptern der Karnischen Alpen, insbesondere dem Mangart und Wischberg, die (1721 Meter über dem Meer gelegene) hochberühmte Wallfahrtskirche von Luschari, einen der ersten Pilgerorte von ganz Österreich, und, wie gewöhnlich, auf einem der herrlichst gelegenen. Der Montaccio, der zerrissene Gailtaler Mittagskogel (nicht mit dem der Karawanken zu verwechseln), die Villacher Alp, die Stadt und die darüber aufragende Görlitze stellen das farbenreiche Rund zusammen.

Rund um den Ossiacher See

In nördlicher, vielmehr *nordöstlicher* Richtung von Villach wird man keinen abwechslungsreicheren Spaziergang finden als den Weg in der Richtung gegen die Burg Landskron und die westliche Ausbuchtung des Ossiacher Sees. Man erreicht auf der Südbahnstraße den Brandhof, bei welchem sich links der Weg gegen Sankt Ruprecht und Treffen abzweigt. Der Weg gegen Landskron hin übersetzt aber weiter gegen Osten die Bahn. Zur Linken erblickt man das Dorf Sankt Leonhard, hinter dem zwei kleine Seen zwischen Wiesen und Wald verborgen liegen. Am Gasthaus ›Zum Zehenthof‹ geht man auf der Straße, die nach Ossiach führt, den bewaldeten Höhen zu, welche den Ossiacher See vom Drautale scheiden. Bei einer hübschen Villa ist abermalige Wegkreuzung. Wir folgen der rechtsab führenden Straße. Wenn man sich umwendet, erfreut man sich des weiten Rundblickes über das weite Talbecken, den Dobratsch, Mangart und andere Spitzen der Karnischen Alpen.
Bei dem Weiler Seebach (so genannt von dem Ausfluß des Ossiacher Sees, welcher hier ein Hammer- und Walzwerk in Bewegung setzt) führt der Weg am rechten Bachufer nach Treffen. Wir überschreiten die Brücke und gelangen zu der wenig einladenden Herberge Sommereggers. Man sieht die Reichsstraße nach Klagenfurt, welche sich durch Wälder zunächst nach dem nahegelegenen Dorfe Zauchen (wobei die südlich von ihr gelegenen drei kleinen Seen von St. Magdalena mitgenommen werden können) weiterzieht. Unser Weg führt uns links, nordöstlich, von dieser ab. Jenseits des Baches erblickt man ge-

gen Nordwesten auf schöner Waldkuppe das weiße 460 Meter über dem Spiegel des Baches gelegene Oswaldi-Kirchlein, unter welcher die weitschauende Reichmannhube den Villachern als ein vielbegehrtes Wanderziel gilt. Unser Weg, zum Teil durch einen Fußpfad abzukürzen, führt schön am Wald her, der mit Schatten, Erd- und Schwarzbeeren lockt. Vor uns haben wir das 1910 Meter hohe Görlitzengebirge mit seinen vielfachen Abstufungen von Grün, hinter uns aber über Waldwipfel hinweg scharfe Zacken der Alpen an den obersten Zuflüssen des Tagliamento und Isonzo. Weiterhin, gegen Nordwesten, fallen die weißen Häuser des Marktes Treffen in die Augen. Das Tal, welches sich dorthin gegen Nordwesten öffnet und über Afritz und den Afritzer See hin zwischen den Gneisbergen Oberkärntens von einer guten Fahrstraße durchzogen wird, die zugleich als Zugang sowohl nach dem Millstätter See (westlich) als nach Feldkirchen (östlich) dient, heißt ›die Gegend‹. In einer guten Stunde gelangt man von der Stadt Villach nach dem unansehnlichen Dorfe St. Andrä. Dieses bietet im Sommer eine Annehmlichkeit, nämlich die des Badens in dem warmen, klaren und pflanzendurchdufteten Wasser, Ausfluß des Ossiacher Sees, dem erwähnten Kalmus-Bad. Man bemerkt in der unteren Hälfte des Sees, insbesondere aber in der Nähe des Ausflusses, eine ungeheure Menge von Wassernußpflanzen, deren Früchte bekanntlich eines der verbreitetsten Nahrungsmittel in der Steinzeit waren.

Den Rückweg nimmt man über das Moor, welches der helle Treffener Bach durchfließt, über St. Ruprecht und an den zwei Seen von St. Leonhard vorüber.

Doch ist es vorher durchaus geboten, von St. Andrä aus der Ruine Landskron, der auffallendsten aller Burgtrümmer, über dem Villacher Talbecken einen Besuch abzustatten.

Seen in Kärnten

Burg Landskron

Der Weg zieht sich in Windungen hinauf und erreicht die Burg durch ein gegen Osten gelegenes Eingangstor, welches durch eine rechts vom Eintretenden vorspringende Bastei verteidigt wird. Durch dieses Tor gelangt man in einen Vorhof und weiter in den die Burg rings umgebenden Zwinger, welcher an der südöstlichen Seite noch durch zwei weitere Reihen von Umfangsmauern geschützt ist. Tritt man durch das Haupttor ein, so gelangt man zu jenem Teile des Zwingers, welcher vor der gegen Südost gekehrten Hauptfront des Burggebäudes liegt. In dieser Hauptfront erhebt sich ein sechs Stockwerke hoher viereckiger Turm, dessen sechstes Stockwerk von außen rings herum ein Gang umgab, von dem die Kragsteine noch sichtbar sind. Diesem Turme schließen sich links und rechts zwei Stockwerke hohe Wohngebäude an, deren Zimmer mit den unteren Räumen des Turmes in Verbindung waren. Das Haupttor in dem Burggebäude war ungefähr in der Mitte dieser Front neben dem Turm, ist jedoch jetzt, da vor einigen Jahren die Hälfte des Turmes zusammenstürzte, verschüttet. Über diesen Schutt gelangt man in den inneren ausgedehnten Hofraum, welcher von mehreren, zu Wohnungen und Ställen bestimmt gewesenen Gebäuden umschlossen ist. Unter erhöhten Stellen des Erdbodens im Hofraum und Zwinger befinden sich große unterirdische Gewölbe, wobei fast in allen Gebäuden das Erdgeschoß aus schönen gewölbten Räumen besteht.

Auf der Südostseite befand sich die Kapelle, in deren rundem Abschluß des Altarraumes noch ein hohes Fenster aus gehauenem Stein mit gedrückten gotischen Spitzbogen erhalten ist. Über dieser Kapelle auf einem erhöhten Teil des Terrains erhebt sich ein freistehender

achteckiger Turm, der wohl als Glockenturm benützt worden sein dürfte.
Die Tore sind fast insgesamt aus gehauenem Stein, und die Umgänge an der inneren Seite der Umfangsmauern ruhten nicht, wie gewöhnlich, auf hölzernen, in die Mauer eingefügten Trägern, sondern auf gemauerten arkadenartigen Bögen. Dies alles gibt dem ganzen Bau den Charakter des Luxus und zeugt von den Reichtum des Erbauers. Der Sage nach soll vom südöstlichen Teil der Burg aus ein unterirdischer Gang in die am Fuße des Berges gelegene, zur Burg gehörige Meierei geführt haben, der jedoch nun nicht mehr aufzufinden ist.
Den Hauptreiz der Aussicht von diesen Burgtrümmern werden immer die Karawanken und die über ihnen aufragenden Karnischen Alpen darstellen. Auch die Wasserläufe und der Talblick werden viele entzücken. Meiner Meinung nach verdient überhaupt Landskron weit eher einen Besuch als der vielgerühmte Faaker See, der als das Mekka der Villacher Spaziergänger genannt werden kann.

Kärntner Maientage am Affritzersee und Brennsee

Der Mai ist da – ich höre manchmal ins tiefe Tal der Drau hinab den Kuckuck aus dem Walde rufen, auch blühen einige Obstbäume, und die Wiesen färben sich täglich bunter. Aus dem vergangenen Jahre fällt mir ein zwischen dem Affritzersee und dem Brennsee verlebter Maientag in die Augen, der nicht allzuweit von dem Ideal sich entfernt, welches der Verfasser meines Kalenders in schönen Redensarten dem Mai vorhällt. Es heißt dort: Wie schade, daß in unseren Tannenwäldern kein Waldmeister wächst! Heute, neben den Erdbeeren am Ufer, dachte ich oft an den weißen Sternkobold, welcher träumenden Wanderern so gerne Fittiche leiht.

Mir war, als ob ein grauer Wendehals, der irgendwo im Dickicht saß, diese meine überschwenglichen Gedanken mit seinem Spottruf verhöhnte.
Auch die Sprache des Kuckucks, der sich unablässig vernehmen ließ, däuchte mir noch nihilistischer als gewöhnlich.
›Kuckuck!‹, das heißt in die Sprache von euch Menschen übersetzt: Ihr glaubt jetzt wunder, was ihr an eurer Blüten- und Lenzpracht habt. Kuckuck!
Nach wenigen Umdrehungen dieser Kugel werden die Tage wieder kurz und kalt werden, und statt der Erdbeeren wurzeln sich auf das Felsstück Eiszapfen an. Ich aber bin weit fort. Kuckuck!
So ging's fort und fort stundenlang. Ich fand schließlich, daß der Kuckuck recht hatte. Der Mai will mir oft recht trübselig vorkommen.

Sag nicht, daß Du mich liebst –
Ich weiß, das Schönste auf Erden,
Der Frühling und die Liebe,
Es muß zuschanden werden.

Aber, *diavolo*! sagt ein Freund, ungesehen hinzugetreten, indem er mir auf die Schulter schlägt, du sitzest ja da wie der Prophet Jeremias. Was soll denn derlei an einem so wunderschönen Maientag! Auf – empor den steilen Pfad zur weitschauenden Herberge, wo es guten Ungarwein gibt!
Ich schüttelte die Predigt des Kuckucks ab und folgte ihm. Der Weg, den wir da anstiegen, hob sich ohne Rücksicht auf die Lungen der Waller wie eine Leiter gegen die Höhe, auf der ein altberühmtes Heiligtum und eine Herberge steht. Ein goldiger Pirol schaute uns von einem Quittenbaume herab zu, während wir nicht ohne Beschwerde emporklommen.

Halt! rief ich an einer Stelle, wo sich eine kleine Ebene auftat und ein Quell zum Vorschein kam, hier wollen wir rasten!
Der Pirol begleitete diesen Entschluß durch flötenartige Zurufe. Nachdem ich ihm eine Weile zugehört und sein empfindsames Lied mit der frechen Weise des Kuckucks verglichen hatte, frug ich den Freund: »Du, sag mir im Ernste, warum steigen wir denn eigentlich da hinauf?«
»Wollte man sich selbst mit einer sentimentalen Unwahrheit belügen«, erwiderte er, »so möchte man mit Jean Paul sagen, man mache es wie das Kind, das auf einen Schemel steigt, um seiner Mutter besser ins Gesicht blikken zu können. Die Mutter wäre die weite Welt, die Natur vielleicht der Himmel. Dergleichen aber fällt mir nicht bei. Ich liebe, wie gesagt, den goldenen Adler.«
Ich hatte meinen Freund im Verdacht, daß er nicht wie ein ganz gewöhnlicher Philister die Herberge aufsuchte, gleichviel, ob diese auf einer Berghöhe und neben einer maigrünen Linde oder in der übelriechenden Enge eines Winkelgäßchens in der Stadt sich befände.
Ich machte aus meinem Zweifel kein Hehl.
»Man paßt sich eben seiner Zeit an«, antwortete er. »Vor zwei Jahrtausenden hat man dort oben irgendeine verschollene Göttin der Teutonen verehrt. Alsdann ist die Muttergottes mit dem ebenholzfarbigen Gesicht an ihre Stelle getreten. Dann kamen die Naturbewunderer, die Maiziergänger, die Schwärmer, die Liebespaare. Ich dagegen vertrete unsere positive Ära, die zweite Hälfte des neunzehnten Jahrhunderts. Ich halte mich an die Herberge.«

Seen in Kärnten

Aus dem Jagd- und Wildschützenleben in Kärnten

In einer armseligen Schenke des Hochgebirges, die kaum je vom Fuß eines Reisenden betreten wird, fanden sich einst allerlei Leute zusammen. Sie waren alle mühselige Menschen aus den Hütten des Hochtales.

Leute von diesem Schlag langweilen sich niemals. Man teilte sich in abgerissenen Sätzen allerlei mit, was im Schatten der Kalkfelsen, am Fuß der dünnen Schleierfälle, die ins Krummholz niederwehen, auf den Höhen, unter denen mancher See blaut, vorgeht.

Eine Geschichte davon habe ich für mein Skizzenbuch gerettet.

Unsere Geschichte aber versetzt den Leser sofort an den Rand dieser Berge, und zwar in den Tag des wunderreichen Festes von Unserer Lieben Frau Himmelfahrt.

Der feierliche Umgang war vollendet. Was nicht eine entferntere Heimat hatte, drängte sich in die Wirtshäuser oder stand auf dem Platze vor der Kirche herum.

Dort unterhielt ein Mann in Jägertracht emsig einen ganzen Kreis von Zuhörern. Es war ein hübscher Bursche. Der Zug um die Lippen, der seine Reden begleitete, deutete darauf hin, daß ihm weniger an der Wahrheit als daran lag, seine Zuhörer zu verblüffen.

Einer der Umstehenden, Toni, ein Mann von etwa fünfunddreißig Jahren, bat: »Du, Lenzl, geh, erzähl uns einmal, wie's denn mit dem Wirt von der Gaisau gegangen ist, den sie erschossen gefunden haben?«

Das war dem Lenzl ein gefundenes Thema.

»Mit eigenen Augen hab ich's gesehen, weil ich noch einige hundert Schritt vor der Kommission vorausgegangen bin.«

Und da begann er in seiner weitschweifigen Weise ein seltsames Bild aufzurollen.

Man mußte ihm zugestehen, es war deutlich.
Man wurde dorthin geführt, wo der Waldwuchs aufhört und die steilen, kurzgrasigen Böden beginnen, auf denen gern das Gemswild wechselt.
Da lag der Wirt von der Gaisau, das Gesicht gegen den Boden gekehrt, und dabei saß der rote Darl. Gras und Steine ringsherum sind von Blut gerötet. Zeugen der Bluttat waren das Gebirge und das blaue Flachland im Hintergrund.
Dann sah man eine merkwürdige Gesellschaft, Gendarmen, einen Schreiber mit roter Nase und einem langen Papier unter dem Arm, den Gerichtsarzt mit goldener Brille und Träger mit einem Schlitten. Dann wurde der Wirt mit einem Tuch zugedeckt. Die Ungebildeten der Gesellschaft, die ›Nicht-Herren‹, die Holzknechte und Träger beteten stehend ein Vaterunser und einen Englischen Gruß, bevor sie den Schlitten in Bewegung setzten. Als sie am schmalen Fahrsträßchen im Tal ankamen, wurde ein brennendes Licht am Schlitten befestigt.
Das alles schilderte der Jäger-Lenz ausführlich.
Toni fragte: »Und rauskommen is nichts?«
Der Jäger sah ein, daß er sich hier den Burschen gegenüber auf einen glatten Boden begeben habe. Er zuckte die Achseln, pfiff seinem Waldl und entfernte sich.
»Der Förster war's!« flüsterte es in der Reihe.
Alsbald verließ auch Toni die Gesellschaft. Augenscheinlich war er in dieser, die des Festtags halber gut gekleidet war, der Ärmste gewesen. Seine Joppe und seine kurzen Beinkleider erschienen abgeschabt. Hinter sich her zog er zwei zusammengekoppelte Hunde. Seine schweren Schuhe trug er unter dem Arm; er ging, um sie zu schonen, barfuß.
Jetzt ging er vor das Dorf hinaus, in der Richtung gegen den Berg hin. Bald begegnete ihm ein Mensch, der auf ei-

nem über Kopf und Rücken gelegten Brett eine schwere Last trug. Es waren Käsleibe, die er von der Alpe herabbrachte.

»Nu, wo aus denn, Toni?« fragte der Senne.

»Zum Förster«, antwortete der Mann.

»Hat er dich etwa gar in Arbeit aufgenommen?«

»Holzarbeit« rief Toni und lachte bitter laut auf. »Holzarbeit, ich krieg ja keine! Wie ich zum Förster kommen bin und ihn darum gebeten, daß er mich zulasset, weißt, was er gesagt hat? Einen solchen Lumpen, hat er gesagt, kann ich nit brauchen, so einen Wilderer!«

»Was, du ein Wilderer? Da hab' ich doch auch noch nie etwas davon gehört«, sagte der Senne überrascht.

Hätte es ihm seine Last erlaubt, so hätte er den Kopf geschüttelt. »Wer muß dir denn das aufgebracht haben?«

»Ich weiß es nit«, sagte Toni seufzend. »Der Förster wird sich's so einbilden, weil ich nichts hab' und doch lebe, wenn er nur wüßt', wie elendig! Alles hab' ich ihm erzählt, wie bei mir gar kein Verdienst nit ist. Und nicht erbarmt hat's ihn. Für mich allein hätt' ich so nicht gebeten, bloß wegen meiner Moidel und wegen der Kinder hab' ich's getan. Er hat aber weiter nichts mehr wissen wollen. Erst wie ich schon an der Tür war, sagt er noch einmal: ›Hör, Toni, du hast zwei Hund'. Wenn du sie mir verkaufen willst, geb' ich dir sechs Gulden dafür.‹ Was hab' ich tun wollen? Ich hab' sie geholt daheim, wenngleich meine Kinder sich daran geklammert und geweint haben, daß man's bis zum unteren Kramer hinunter gehört hat. Ich wollt', es regnete sechs Wochen lang Pulver auf die ganze Welt, und dann käm' ich mit einem Zündhölzel!«

Der Senne schaute ihn verwundert an. Solche Ausbrüche kommen beim Volk der Berge nicht leicht vor.

In diesen Augenblick trat ihnen im Hohlweg der Jäger Lenzl entgegen. Er pfiff ein lustiges Lied.

»Hast schon Mittag gegessen heut, Toni?« rief er diesem im Vorbeigehen zu, indem er ihm auf die Schulter klopfte.
»Mittag hätt's wohl schon lang geläutet da drinnen«, entgegnete dieser, indem er auf die Stelle seines Magens deutete.
»Aha!« sagte Lenzl. »Weißt was, Toni – ich geh' jetzt zum Gaisauer Wirt, und du gehst mit und läßt dir was zu essen geben. Ich zahl's.«
Der Toni besann sich nicht zweimal und nickte, indem er tausend Dank sagte.
Daß der Jäger-Lenzl es durch die Nachreden, die über des Wirtes Tod gingen, bei der Kellnerin in der Gaisau, Gengi, nicht verdorben hatte, das konnte man schon am Empfang sehen. Das war eine Munterkeit!
»Was gibt's denn heut?« sagte Lenzl.
»Zu essen haben wir freilich gar nichts mehr, es ist Mittag schon lang vorbei«, sagte das Mädchen verlegen.
»So? Und was hab' ich denn im Hereingehen auf dem Herd draußen für einen großen Hasen stehen gesehen?«
»Das sind noch Erdäpfel!«
Er ging in die Küche hinaus und hob den Deckel von dem eisernen Hasen. Ein schmackhafter Dampf stieg aus demselben empor.
»Da tu' ich auch mit«, sagte der Jäger zum armen Toni. »Da schau, da schau – die guten Erdäpfel!«
Das Mädchen wurde über und über rot. Der Topf enthielt nichts als ein mächtiges Stück Rehbraten.
Der Toni lachte vergnügt in sich hinein, seit langer Zeit wieder zum ersten Mal.
»Himmelsakerment«, fuhr nach einer Weile der Jäger fort, »jetzt haben wir den Stieg weggesprengt, und dennoch stehlen sie uns immerfort die Rehböck! Es ist zum Teufelholen!«

»Ich muß mit der Wirtin reden«, sagte Lenzl, nachdem er den letzten Bissen seines Anteiles gegessen hatte.
Dann stand er auf und verließ das Zimmer. Mittlerweile fanden sich mehrere Burschen ein. Alles trank Wein.
Plötzlich erschien ein großer, langer, hinkender Mann, den niemand grüßte. Es war ein in Jägertracht gekleideter Mensch mit starken Backenknochen, breitem Mund und schmaler Stirn. Er befand sich offenbar in der schlechtesten Laune.
»Ein Seidl Wein!« schrie er.
»Ist es wahr«, brüllte er alsdann die Kellnerin an, ›daß an Petri Kettenfeier ein Schießen da war in der Gaisau?‹
»Nu freilich« entgegnete Gengi. »Der Wiener Herr, der alle Jahr den Grafen besucht, hat's ja gegeben. Aber seid denn Ihr nit auch dabei gewesen?«
Das Mädchen wußte gut, daß der Jäger nicht dabeigewesen war.
»Nein, ich war nit bei dem lumpigen Schießen, das wär' mir schon zu minder gewesen«, sagte er, mit dem Glas auf den Tisch stoßend.
»Nu, warum fragt denn nachher der Förster, ob ein Schießen war?« fragte jetzt schnippisch die Kellnerin, die den Förster Thomas schon deshalb nicht leiden konnte, weil er der einzige Gast war, der ihr noch nie etwas Angenehmes über ihren Wuchs gesagt hatte.
»Weil ich, weil ich –«, schrie der Jäger, indem er mit der Faust auf die Bank hieb.
»Weil ich gar nicht eingeladen war«, ergänzte die Kellnerin.
Ein Gelächter der Burschen folgte dieser Bemerkung. Diese, denen der Förster, über den allerlei Sagen von verübten Grausamkeiten gingen – unter anderem schrieb man ihm das Verschwinden eines Burschen zu, den man zum letzten Male im Walde gesehen haben wollte –,

überaus widerwärtig war, freuten sich über seine Demütigung.

Um ihn zu ärgern, stellten sie sich, als ob sie sich leise unter sich unterhielten, sprachen aber doch so laut, daß ihr Widerpart jedes Wort vernehmen mußte – ein echter Gebirgsbauernwitz.

»Du«, sagte einer zum anderen, »wer hat denn eigentlich aufs Haupt das Veste gewonnen?« Und dabei nahm er eine seltsam dummschlaue Miene an.

»Nu, wer wird's gewonnen haben, wißt es denn nit?« sagte ein Älterer mit verständnißinnigen Zusammenzwikken der Augen. »Der Jäger Lenzl hat's gewonnen, das weiß ja jeder.«

Der Jäger Lenzl war keineswegs der Gewinner gewesen, aber jeder wußte, daß niemand dem Thomas so zuwider war wie dieser. Der Lenzl stellte das sanguinische Temperament dar.

Er war der lustige Jäger, dem es bei Bier und Wein auf ein Schock fabelhafter Geschichten nicht ankam. Seinen Dienst verrichtete er pünktlich. Er ließ sich nicht narren. Wehe einem seiner Untergebenen, wenn ihm bekannt geworden wäre, daß er vor einem gewalttätigen Wilddieb das Hasenpanier ergriffen hätte! Kam ihm ein forstberechtigter Bauer mit leeren Ausflüchten, beispielsweise er brauche einen langen Stamm zu einer Dachrinne, drei andere zu einer Reparatur im Haus, und er erfuhr hinterher, daß die Stämme an einen Flößer verkauft wurden, so traf den Schuldigen erbarmungslos schwere Strafe. Dagegen wußte er recht wohl durch die Finger zu schauen, wenn sich ein armer Teufel einen Karren voll Brennholz im Wald holte, aber beim Abkratzen von Harz überrascht wurde.

Daher war er sehr beliebt, und es freute die Burschen, daß sie den Thomas mit ihm ärgern konnten.

Zu allem Überfluß trat in diesenm Augenblick auch noch der Lenzl in die Stube. Das war dem Thomas zuviel. Er trank rasch seinen Wein aus, ging so schnell, als es sein etwas hinkender rechter Fuß erlaubte, gegen den Ausgang und schlug die Tür hinter sich zu. Allgemeines Gelächter begleitete seinen Abzug.
»Toni«, sagte Lenzl, »geh mit mir hinaus.«
Sämtliche Burschen grüßten den Jäger, als er fortging. Der Toni folgte ihm erwartungsvoll.
»Toni«, sagte er draußen neben dem Brunnen, »jetzt mußt mir einen Gefallen erweisen.«
Der Toni erschöpfte sich in Beteuerungen seiner Bereitwilligkeit.
»Ich weiß«, sagte Lenzl, »daß dir der Förster nicht grün ist. Du tust jetzt alles, was du kannst, um rauszukriegen, was er in den nächsten Tagen tut und treibt, dann kommst du zu mir und sagst es mir. So, und deinen Taglohn hast du da gleich im vornehinein.« Mit diesen Worten drückte er ihm eine Banknote in die Hand. Ehe sich der Toni von seinem Erstaunen, soviel Geld zu besitzen, erholen konnte, hatte sich Lenzl eiligst entfernt.
Das allererste war denn nun auch, sofort in seine Hütte zu gehen und das Geld seinem Weibe zu übergeben. Noch mehr als die Frau über das Geld freuten sich die Kinder darüber, daß der Vater seine zwei Hunde wieder mit heimbrachte.
Toni aber verfolgte die Spuren des Thomas bis zur oberen Schmiede.
Als Toni aus dem Gehölz trat, sah er die Schmiede vor sich. Trotz des Feiertages glühte dort Feuerschein. Der Schmied, ein grauer, verwetterter Kerl, stand vor der Tür und rührte in einem hölzernen Schäffel herum.
»Eh, Schmied, was machst Du denn da?« sagte Toni hinzutretend.

»Heublumen tu' ich als Hennenfutter kochen«, sagte der Schmied freundlich. »Wenn nachher der Herbst kommt, wird ihnen der Grind (Kopf) weggehackt.«
Aus der Miene des Alten war zu ersehen, daß ihm der Toni nicht unwillkommen war. Gewiß, denn der Toni gehörte zu denen, an denen Leute wie der Schmied nichts zu beneiden haben.
Toni fragte ihn: »Ist dir der Thomas schon lang nimmer unterkommen?«
»Wohl«, sagte der Schmied, »der ist dagewesen. Er braucht für die neuen Steigarbeiter hinten im Nassen Graben, dort wo der Jungwald steht, Schaufeln und Hakken. Er hat mich gefragt, ob sie noch nicht fertig sind.«
Der Schmied begann nun in der sprunghaften Weise, wie sie solchen Leuten eigentümlich ist, die Schönheit von Tonis Weib zu loben.
Jeder Forstbeamte hätte sich nicht zu schämen gebraucht, die Moidel als Frau zu begehren. Sie war ›so viel fein‹. Daß sie die Werbung des armen Toni angenommen hatte, galt als Wunder.
Der Toni verlor seinen Zweck nicht aus den Augen. Er wollte soviel als möglich über den Förster Thomas erfahren. Der Schmied wußte aber nur, daß der Förster am letzten Sonntag beim Unteren Wirt wieder einmal über die Roheit solcher Jäger geschimpft hatte, welche einen Wilderer ohne weiteres anschießen.
Mittlerweile habe sich auch der Jäger Lenzl auf die Fährte des Försters gemacht. Beim Gaisauer Wirt hatte er sich, wie er das längst glaubte, abermals überzeugt, daß der Förster auf Umwegen zum eigenen Vorteil Wildbret verkaufe, wovon auf seiner Rechnung nie ein Wörtlein verlaute.
Auf einem mit Krummholz bewachsenem Abhang begegnete er Toni. Ehe der Jäger ihn fragen konnte, ob er etwas

über den Förster wahrgenommen habe, deutete dieser auf die Wiese hinab, durch welche der Bach der Gaisau fließt. Dort erkannte er deutlich die Moidel, die ohne das Wissen ihres Mannes sich zur Grummetmahd verdingt hatte, um ein paar Kreuzer ins Haus zu bringen. Dem Toni wurden darüber die Augen feucht.

Offenbar hatte der Bauer, dem die Wiese gehörte, des schönen und besonders heißen Wetters wegen sich vom Herrn Pfarrer die Dispens erwirkt, das Heu ausnahmsweise an einem Feiertage einzubringen. Sie beobachteten alle Bewegungen der schönen Frau.

Eben als sie sich ziemlich weit von den anderen Arbeiterinnen entfernt hatte, schritt der Förster Thomas über die abgemähte Wiese her auf sie zu. Sie konnte ihn nicht eher wahrnehmen, bis sie seine zudringliche Hand auf ihrem Nacken spürte.

Sie wandte sich um und stieß einen Schrei aus. Im nächsten Augenblick hatte der Thomas einen Schlag mit dem Rechen gegen die Brust erhalten. Der Förster ballte seine Hand drohend zusammen, schrie irgend etwas Unverständliches und ging eiligst längs des Baches weiter. Der Toni aber starrte den Lenzl sprachlos an.

»Hab' mir's doch gleich gedacht, der Kerl wildert!« sagte dieser lachend.

Der Toni antwortete nichts.

Der Jäger aber fuhr fort: »Siehst es, Toni, jetzt weißt es auch, warum dir der Förster keine Arbeit gibt. Betteln für dich soll die Moidel bei ihm und –«

Der Toni ließ sich jetzt nicht mehr halten. Wie ein kollernder Stein flog er über den steilen Abhang hinab. Der Jäger sah ihm nach. Moidel wehrte ihrem Manne ab, als er sie vor allen Leuten herzen wollte.

»Toni«, sagte sie ruhig, »heut hab' ich noch was zu reden mit dir!«

Das war freilich etwas Seltsames, was er da zu hören bekam.

Der Thomas war ein Mensch, dessen man sich, wie sie meinte, zu allem versehen konnte. Als sie selbst Sennerin war auf dem Grünkogel, hatte er die Sparren aus dem Dach gerissen und war wie ein Marder herabgekrochen, um sie mit seinen Zudringlichkeiten zu beschimpfen.

Den Gaisauer Wirt hatte kein anderer erschossen als er. Dabei blieb die Moidel fest stehen. Der Toni wandte ihr ein, daß keiner mehr als der Förster über die Jäger schimpfe, die sich solcher Verbrechen schuldig machten. Moidel aber verzog ihren feinen Mund und lachte bitter. Was sie antwortete, bewies freilich, daß sich der Förster zu verstellen wußte.

»Und den Burschen, den man nimmer gesehen hat, den Wildbühler Martl, wer hat etwa den auf dem Gewissen?« unterbrach Toni die Moidel.

»Frag nicht. Er war's, der an dem Abend, wo der Martl zum letzten Mal im Wald gesehen worden ist, mit einem falschen Bart am Gaisauer Bach da gestanden hat. Er hat ihm aufgepaßt. Er, der Thomas und kein anderer.«

Aber wie beweisen?

Wäre er drei Stunden früher bei der Hütte gewesen, von welcher der Senne mit den Käslaiben niedergestiegen war, so hätte er ein anderes Gesicht gemacht.

Dort hatte sich am Nachmittag Folgendes zugetragen.

Der Förster Thomas hatte dort auf der Brunnenwald-Alpe einen Bekannten und Vertrauten. Er ging, so schnell es sein steifer Fuß erlaubte. Endlich erreichte er die Hütte.

Der Senne, den sie den ›wilden‹ Xaverl hießen, weil er einen Kropf hatte wie ein Kretin, beantwortete den Gruß des Försters mürrisch.

»Gehen wir in die Hütte«, erwiderte der Förster.

Nach einer Weile kam ein Almenbettler gegen die Hütte

heran. Das war einer von jenen, die auf den Sennhütten Butter und Schmalz betteln gehen, um, wie sie sagen, den Winter über leben zu können, in Wirklichkeit aber die Spenden sofort um wenige Kreuzer zu verkaufen und diese in Branntwein zu vertrinken.
Die drinnen hatten die Schritte des Bettlers nicht gehört, aber durch die breiten Ritzen der lose übereinander gelegten Balken der Hütte drangen an die Ohren des Bettlers.
»Ist das Grab wenigstens so, daß es kein Mensch findet und kein Hund oder kein Fuchs aufkratzt?«
»Dem Wildbühler Martl seine Knochen vertragt kein Fuchs mehr«, sagte der Xaverl.
»Gibst wohl noch immer Steinplatten drauf?« fuhr der Förster fort.
»Es schaut's ein jeder Mensch für ein Steinmannl an. Und damit sie's noch recht glauben, habe ich ihm auch noch einen Steck eingesteckt, der zum Joch weist.«
Der Bettler hatte genug gehört. In wenigen Augenblicken war er außerhalb des Gesichtskreises der Sennhütte.
Bald fand er den Lenzl. Ein solches Geschenk war ihm noch nie in seine zerlumpte Tasche gefallen wie heute abend. Aber schwören mußte er, stille zu sein, schwören beim heiligen Blut und beim höchsten Gut.
Der Toni aber war seit einem Jahr nicht in so vielen Wirtshäusern gewesen als an diesem Abend. Der Lenzl war in sein Haus gekommen und hatte gesagt: »Da, nimm Geld, soviel du willst, Toni!«
Und dann hatte er ihn vor die Türe hinausgezogen und lange, lange mit ihm gesprochen.
Heute abend waren alle Wirtshäuser voll von Bauern und Almenleuten. Aber beim Löwenwirt, im Bräuhaus, in der Gaisau, beim Oberen und Unteren Wirt, auch beim Schmied, bei dem scheues Volk Branntwein trank, war

von nichts anderem die Rede als davon: »Der Wildbühler Martl ist gefunden worden.«

Wo?

Ja, das wußte niemand. Wer hatte es erzählt? Alle. Wer zuerst?

Niemand wußte es.

Vielleicht hätte das der Toni sagen können. Denn bevor er im Bräuhaus gewesen war, hatte kein Mensch davon gesprochen. Auch der Lenzl war im Bräuhaus, aber derjenige, der am meisten wissen konnte, der Förster Thomas, war noch nicht da.

»Nu, also der Martl, endlich!« hieß es auf allen Seiten, als er schließlich eintrat.

Der Förster zuckte zusammen, wie wenn der Donner vor ihm in den Boden geschlagen hätte.

Das war ein Schreien und ein Erklären.

»Ja, wer denn, ums Himmels willen, hat ihn gefunden?« war das erste Wort, das aus der gelähmten Kehle des Thomas kam.

Wieder ein Durcheinanderschreien. »Der Lenzl hat's erzählt!« »Beim Schmied haben sie davon gewußt.« »Die Karrenzieher haben's aus der Gaisau mitgebracht!«

Lenzl und der Toni verwendeten ihre Blicke nicht voneinander. Als der Förster hinaustaumelte, um, wie er sagte, Untersuchung anzustellen, folgten ihm beide.

Das war aber eine Mühe, bis zum obersten Bergwald hinaufzuklettern! Ohne den aus dem sich verziehenden Gewölk vortretenden Mond hätten sie sich schwer zurechtgefunden in den Baumwurzeln von längst verschwundenen Stämmen. Wie Gespenster standen graue, abgedorrte Tannen herum. Die hochgeschwellten Wasser übertönten jedes Geräusch der Schritte.

An der betreffenden Stelle räumte der Förster die Steine weg, und es kam ein Gerippe zum Vorschein. Die Kleider waren zerfallen – einige Geldstücke klebten am Knochenleim der Rippen.

»Lüge!« brüllte der Förster in die Nacht hinaus. »Da ist er ja!«

»Jetzt geh!« sagte der Lenzl zu Toni.

Und da stand er, im undeutlichen Mondlicht.

Thomas taumelte zurück, aber nur einen Augenblick. Dann sagte er mit wahnsinnig klingender, unheimlich ruhiger Stimme: »So, jetzt findet der Martl seinen Schlafkameraden. Dich hab' ich hinstrecken wollen, dich, elender Knecht, hab' ich gemeint, auf die Deck' zu bringen, wie ich den Martl erschossen hab'. Die Moidel wär' mein gewesen. Siehst es, Knecht, verwechselt hab' ich euch. Jetzt, Spion, Lump, jetzt sollst es wissen, bevor ich dich niederschieß'. Mein ist die Moidel, denn ehe sie deine Brut verkommen läßt, wird sie mir weich. Bärenköder sollst du werden, du feiger Angeber!«

»So, also dem armen Toni hat's gegolten?« ertönte hinter dem Thomas eine Stimme. »Ja, ja, so ein Aasjäger wie du, der zu allem seine eingehängten Winterfenster braucht, der Brillen mit sich trägt, dem kann das schon unterkommen. Aber, komm Alter, jetzt gehen wir miteinander. Der Herr Zollinspektor wird sich recht freuen.«

Einen Augenblick lang war das ›Steinmann‹, neben dessen Platten das geöffnete Grab sich auftat, nicht regungsloser als der Förster über diese Ansprache des Jägers Lenzl.

Im nächsten Augenblick aber regte sich der Arm, der Hahn schnellte und der Thomas lag, vom eigenen Geschoß getroffen, neben dem Toten.

Stille herrschte. Nach langer Pause sagte der Jäger: »Er hat sich selbst den Lohn gegeben. Er ist hinüber. Sein Recht ist ihm geschehen.«

Die Drau aufwärts zum Millstätter See

Die Eisenbahn, welche von Villach ins Pustertal führt, schlägt zunächst, längs der Drau, bis Sachsenburg, wo die Wellen vom Großglockner im Möllfluß herabkommen, eine nordwestliche Richtung ein. Die Landschaft setzt sich da aus Wald- und Strombildern, als deren Hintergrund meist der Staffberg, zwischen Drau und dem Weißensee, mitunter aber auch die weißen Hochgebirge des Mölltals, aufragen, zusammen. Schlösser, alte Burgen, Kirchen sind an den Berghängen verstreut, während die Talsohle, soweit sich ihrer der Bergstrom nicht bemächtigt hat, ein Zeugnis regsamer Kultur der Einwohner bieten.

Jenseits Station *Gummern* öffnet sich gegen Norden das waldreiche Krass-Tal. Neben der Bahn steht das höchst bescheidene Weißensteiner Bad, eine jener ländlichen Anstalten, die von Tirol nach Kärnten hereingebracht worden sind und die einem Beobachter des Landes und der Menschen mancherlei interessanten Stoff liefern. Indem wir uns der Station Paternionfeistritz nähern, gedenken wir des Römerlagers, das sich einst an der Drau bei dem letztgenannten Ort (er ist jenseits des Flusses gelegen) ausdehnte und von dem sich bis heute auf einem Grunde, den man ›in der Görz‹ nennt, Spuren erhalten haben. Am rechten Drau-Ufer, bei Tragni, finden sich hier Spuren uralter Goldwäschereien in den mächtigen Geschieben der Alluvialbildung.

Jenseits Paternion erreicht man die Station Rothenthurn mit dem weißen gleichnamigen Schloß. Früher, als der Weg von Spital zum Millstätter See noch nicht so kurz und so bequem war wie heute, ist man wohl vielfach von dieser Station Rothenthurn ausgegangen, um über den niedrigen bewaldeten Rücken hinweg das Sommerhaus

der Mönche am Millstätter See und mittels der dortigen Überfuhr den Markt Millstatt selbst zu erreichen.
Die Grafen von Ortenburg stehen im Mittelalter neben denen von Görz, Andechs und Tirol als Souveräne da, und die Geschichte von Ortenburg ist sozusagen die Geschichte von Oberkärnten.
Von dem Marktflecken Spital fällt zuerst die schöne Burg der Fürsten Porcia ins Auge, von welcher man wegen ihrer prachtvollen inneren Ausstattung gesagt hat, sie sei ›das schönste Haus Kärntens‹. Eines der meistgenannten ist sie sicherlich. Sie und die jenseits der Drau auf dem südlichen Bergabhang gelegene Ortenburg erscheinen als verflochten mit den glanzvollsten Erinnerungen des Landes.
Spital verdankt seinen Namen, wie viele andere Orte am Fuße oder auf der Höhe der Alpenübergänge, einer wohltätigen Anstalt, in welcher im Mittelalter die Rompilgrime verpflegt wurden.
Über die neue Straße gelangt man zu Wagen längs der brausenden Lieser in einer Viertelstunde an das Ufer des *Millstätter Sees,* dem ein herrlicher Bach entquillt. Noch angenehmer ist ein Fußsteig, der auf dem rechten Ufer der Lieser, hoch über ihren Wellen, in einer halben Stunde durch den Wald dorthin führt. Er zweigt bei der ersten Brücke nördlich von Spital von der Straße ab.

Millstätter See

Wenn der Hochsommer über die Gailtaler Alpen und die Karawanken herüberkommt, manches Stück der Kärntner Täler wegen der blauen Flachsblütenwellen einem See gleicht, dann wird vom Becken der Adria und des Mittelmeeres heraufgepilgert in die kühlen Täler. Rotfeurig und heiß ist's dort unten – bergig-blau und blau in Wasserspiegeln – denn zwischen den Tannen hebt sich die Farbe besser hervor – dort oben. Der Flüchtling geht einem neuen Lenz entgegen. Kirschbäume, die dort unten längst ihrer Früchte entledigt worden sind, stehen jetzt noch als weiße Inseln oben zwischen den Nadelhölzern um die holzbraunen Berghäuser.
Wohin?
Unsere Wegweiser scheinen teilweise noch des prüfenden und vergleichenden Inhaltes zu entbehren. Sonst könnten sie nicht unter den Seen Kärntens vornehmlich den Wörthersee herausheben und ihn, mit seinen zum Teil versumpften Gestaden, die Perle des Landes nennen – und nicht den malerischen Millstätter See.
Die Leute aber, die sich aus staubigen, schattenlosen, anspruchsvollen Orten, von denen aus man in der Ferne eine Berglandschaft sieht, nicht viel machen, führe ich fort zu der Tannenschlucht, durch welche der Gletscherstrom braust und der Steig gegen den See von Millstatt sich heraufwindet.
Ja, den Millstätter See überwallt eine Ahnung von jenem Hauch, der über die Alpengewässer des Salzkammergutes und Oberbayerns hingeht. Wie dieser zu beschreiben wäre, darüber kann ebensowenig eine Anweisung gege-

J. Weber

ben werden, als man im Stande ist, zu sagen, was Dichtung oder entzückende Töne seien. Keinem der Kärntner Seen kommt die Fähigkeit jener Wirkung auf die Einbildungskraft zu, welche die Umrahmung des Traun-, des Mond-, des Kochel- oder Walchensees ausübt. Die Münchener Landschaftsschule hat solche Wirkung zuerst herausgespürt, alsdann gab es eine Menge von ›Lakists‹ in Ölfarben und in Druckerschwärze. Die allermeisten, die in letzterer arbeiteten, lieferten jämmerliches Zeug.
Dem Gedächtnis wird, wenn es sich um die Auffrischung jener Vorlagen für malende oder schreibende Künstler handelt, nachgeholfen, indem man sich Kähne mit Jägern oder Wolkenzüge an verdämmernden Felswänden, blumengeschmückte Almerinnen, die vom Strande über die spiegelnde Fläche hinaus jauchzen, und leisen Anprall der Flut, der man märchenhafte Tiefe ansieht, an jähes Ufer vorstellt.
Derlei ist an den Kärntner Seen nur andeutungsweise vorhanden. Am allermeisten aber noch von dieser Dichtung, die aus dem Klange der Zither sinnlich aufzuleben scheint, kommt verhältnismäßig dem Millstätter See zu.
Im Liesergraben strömt das Wasser, das aus den Gletschern des Malta- und des Gößtales kommt. Es ist ein rechter Tauernstrom, und als solcher hat er sich drinnen in seiner Heimat zahlose Male in Rauch aufgelöst und wieder zu Wellen gesammelt, und in hundert Abgründen trug er die schwanken Regenbogen, die sich auf seinen hoch auffliegenden Schaum stützten. Das Maltatal ist eines der allergroßartigsten in unseren Bergen.
Ein verkleinertes Abbild dieses ›Grabens‹ geht unmittelbar auf den Ort Millstatt selbst und auf den See heraus. Es ist das die sogenannte ›Schlucht‹, durch welche die klaren Wasser, die von der Millstätter Alp herabkommen, sich ihren Weg talwärts suchen. Ein sehr anmutiger Steig

hat diese Engen voll Kaskadellen und Kühlung zugänglich gemacht. Es braucht nicht gesagt zu werden, daß es Fremde waren, die mit den Erträgnissen ihrer Theatervorstellungen und Sammlungen den Weg zusammenbrachten. Auch erkennt man den Ursprung der Brücken und Rastbänke an den empfindsamen Überschriften. Man findet Annens Blick, Fritzens Ruhe, Schneewittchens Lust und freut sich, daß vom hohen Sprühschaum des Baches die Flammen des roten Herzens beim ›Rendezvous‹ nicht auszulöschen waren.

Am Ende des Liesersteiges sieht man die Flut des Seebaches, die sich bald mit dem Gletscherstrom vereinigt. Die Wellen brechen sich nur an Baumwurzeln. Dann liegt zwischen Wald und Bergen der weite See da. Nach alter Weise der Beschreibung mußte ich ihn blau nennen. Die Stimmungen und Tönungen aber kommen vom Himmel, und der ist bald gnädig, bald ungnädig. Das Bild macht die Wirkung der Freiheit; frei ziehen die Wolken an den Bergen hin, selten drückt ein Kahn die Fläche, und brausend und frei strömt das geläuterte Wasser hier beim Ausfluß zum Abgrund.

Der Markt Millstatt ist in mittelalterlicher Abwendung von der Natur derart gebaut, daß man sowenig, als irgendwie zu machen war, vom See zu schauen bekommt. Nur eine einzige, glücklicherweise die beste Anstalt hat sich als Bad und Gasthaus hart am Wasser angenistet.

Gelobt seist du, schöner Strand! Drüben ruft der Kukkuck und schlagen Specht und Holzhauer im Wald – silberig schnalzt es von Fischen auf, leise zittert die Scheidelinie zwischen der oberen Bergwelt und ihrem Abbild im Wasser.

Der Sturzbach der ›Schlucht‹ ist der einzige große Bach mit jähem Abfall am See. Darum war hier zu allen Zeiten die Mühlstatt für die bajuwarischen Ansiedler.

Wenn wir am kühlen Hauch der Schlucht uns gelabt, ihre Rastbänke, umrauschten Stege, ihre kleinen Schleierfälle, ihre Vergißmeinnicht- und Farnfülle, ihre Mühltrümmer und Felsblöcke gesehen haben, gehen wir zu einem alten Heiligtum hinauf, welches jetzt Kalvarienberg heißt. Rückwärts gewendet, erscheint uns das unvergeßliche weiße Wunderland der Rauris-Gasteiner Gletscher hoch oben. Ich denke an seine Geister und Schätze und an die Sommerlichter im unbetretenen Silberboden seiner Wüsten, die wunderbarer sind als seine Märchen. Entweder hier oder ganz in der Nähe muß man die Spitze des Großglockners sehen können, wenn man sie nicht am Ende gar schon, wie ich vermute, vom Turme der Millstätter Kirche aus wahrnimmt.
Unten steht, mitten im Hofe des alten Stiftes, eine Linde, wie man eine zweite vielleicht in ganz Österreich nimmer findet, und auch den ebenen Plan beim Kirchlein überschattet der heilige Baum.
Oben sind die hellen Gletscher, unten der See, dessen Ausschnitte zwischen dem Gezweig tiefer blau erscheinen. Oben gehen ebene Zaunwege fort, zu denen der Mittagskogel und andere Karawanken herüberschauen. Eichen und Buchen werden vom Wind bewegt – da ist eine andere Luft als unten am Wörthersee, dessen Atmosphäre, nach der Meinung eines meiner alten Bekannten, an heißen Sommertagen sich anfühlt, als sei sie zugleich von der lieben Sonne und einem muffeligen Bauernkachelofen erwärmt.
Von der ›Steinschicht‹ aus sieht man in Tannensäle und Bläue hinab. Gletscherschliffe am Glimmergestein zeigen an, daß die Bläue des Sees später Widerglanz ist von lazurner Eisnacht. Grün und schattig wuchert Wald und Obsthain bis zum benetzten Kiesel hinab – kein Schilfhalm steht am Ufer. Der Boden hier oben rötet sich von

Erdbeeren, und sind die Früchte hier an der Sonnenseite verschwunden, so erscheinen sie drüben am schattseitigen Südufer zugleich mit den Alpenrosen.
Stein- und Rebhühner flattern auf diesem Berg, in den Buchten des Sees haust die Wildente. Drunten werden heute blitzschnell hinlaufende Silberlinien gezogen, sie deuten Lachse an, welche ihre verzweifelnde Beute verfolgen.
Die Lachsforelle wimmelt in diesem Bergsee.
Die Zukunft des Sees scheint mir an dessen Westufer zu liegen, dort, wo der Seebach in rascher Flutung das Bekken verläßt. Dorthin gelangt man von der Station Spital in einer halben Stunde Fahrzeit. Würden dort größere Gaststätten errichtet, wo viel schönerer Wald, schönerer Fernblick über den See sich zur Annehmlichkeit der Nähe des Schienenweges gesellen, so verspürte das Millstatt sofort.
Von dieser Örtlichkeit am Ausfluß der Wasser ziehen sich auch die viel schattigeren und *ebenen* Spaziergänge in die Wälder hinein. Mit Ausnahme der Landschaft um die Ramsau unter dem Watzmann wüßte ich in den Bergen keinen Ort, wo so viele Bäume gedeihen. Und es sind nicht nur die Nadelhölzer und Buchen, die sich von den Bergen herab gegen die Welle vordrängen, sondern auch Riesen von Nußbäumen und Obstträgern. Die Nachlässigkeit, mit der sie gepflegt werden, erhöht den Eindruck der Üppigkeit. Am Hang unter dem Kalvarienberg war vor nicht sehr langer Zeit noch ein Weingarten. Alles deutet auf den Schutz hin, den die nördlichen Berge gewähren.
Am Millstätter See wird viermal gemäht, und wer sich die Mühe nähme, schöpfte im Herbst viel herrenloses Obst, das von den Uferästen herabgefallen, aus den Wellen. Wie an der Wassermauer zu Meran, so beugen sich hier

die Nußbäume in Wölbungen verlangend in die Flut hinaus, und in ihren Schatten bergen sich Scharen von Fischen.

Geschichten und Sagen in und um Millstatt

In Millstatt, eigentlich die ›Mühl-Stätte‹ – wegen der Mühlen, die ein von Norden steil durch eine Schlucht herabkommender Bach in Bewegung setzt – steht ein altes Benediktinerstift, welches dermalen dem Staat gehört. Der Freund christlicher Kunst wird in Millstatt manches interessante architektonische Motiv entdecken. Der Millstatter Kreuzgang wird in jedem archäologischen Werk erwähnt. Namentlich die symbolischen Figuren des Portals sind es, welche in verschiedener Weise gedeutet worden sind. Sie gehören zu den merkwürdigsten Bildhauerarbeiten des Mittelalters.
Einiges *Geschichtliche* über *Millstatt* möchte den sehr zahlreichen Besuchern dieses Seestrandes willkommen sein. Aus dem achten Jahrhundert wird von einem Dux Domitianus berichtet, welcher die Götterbilder der Wenden in die Fluten des Sees warf. Die Gebeine dieses Herzogs, der seliggesprochen wurde, sind in der ›Domitiani-Kapelle‹ des Stiftes verwahrt. Im fünfzehnten Jahrhundert bemächtigte sich der Orden der St.-Georgs-Ritter des Klosters. Diesen Orden, dem übrigens kein langes Dasein beschieden war, hatte Kaiser Friedrich III. zur Verherrlichung des katholischen Glaubens und des Hauses Habsburg gestiftet. Der Sitz des Hochmeisters war Millstatt. Im Kirchengewölbe erblickt man noch die Wappen des Ordens. Dem ersten Hochmeister, Johann Sibenhirter, fehlte es nicht an Arbeit. Sechsmal fielen während seines 42jährigen Regimentes die Türken ins Land und erpreßten aus dem Orden schwere Summen. Seine zwei Nachfolger starben an der Pest.

Wenig mehr als hundert Jahre nach der Stiftung des Ordens ›St. Georgs in Österreich‹ war derselbe wieder verfallen. Natürlich erhielten die Jesuiten das schöne Stift. Das waren strenge Herren. Im 18. Jahrhundert gab es einen Aufstand der Bauern gegen diese Bedränger. Die frommen Bürger von Spital befreiten das Jesuitenkloster aus seinen Nöten und erhielten dafür die Erlaubnis, sooft sie nach Millstatt kämen, sich im Klosterkeller nach Gutdünken einschenken zu lassen.

In der Gegend von Millstatt wird noch oft eine anmutige Sage erzählt. Am Ufer des Sees stand einst ein Ahornbaum. In diesen war durch den Fluch der eigenen Mutter ein gefallenes Mädchen verwandelt worden. Es war so in die Rinde eingeschlossen und wehklagte mit den Ästen gegen Himmel. Einmal zog ein unschuldiger Geigerknabe vorüber und spielte in der Nähe des Baumes auf seinen Saiten. Da öffnete sich der Baum, und die Seele des Mädchens war erlöst.

Andere Sagen wissen von Wasserweibern, versenkten Heiligtümern, gefeiten Uferstellen zu berichten. Die Gegend ist reich an märchenhaften Erinnerungen.

Ausflug ins Mittelalter und in die Römerzeit

Jenseits Spitals erblickt man über der Drau am Waldgehänge die Trümmer der alten Veste *Ortenburg*, von deren einstiger Bedeutung wir oben gesprochen haben. Beim Anblick dieser auf engem Raume erhaltenen Trümmer vermag man sich kaum zu denken, wie dort jemals ein umfangreiches, gut wohnliches Schloß gestanden haben kann. Und doch wissen wir das aus geschichtlichen Überlieferungen. Für Freunde des Mittelalters bietet der Besuch der Ruine eine interessante Gelegenheit, eine der ältesten Bauformen von Burgen kennenzulernen. Von den zwei noch bestehenden Türmen, welche die Hauptbefestigung bildeten, hat nur der eine, kleinere, einen Eingang. Die beiden Türme stehen erst im obersten Stockwerk durch eine Tür miteinander in Verbindung. Diese Überreste stammen noch aus dem Anfang des zwölften Jahrhunderts.

Indessen verschwindet das Alter dieser Ruinen, wenn man es mit dem von Denkmälern vergleicht, welche fast gerade gegenüber, nördlich von der Eisenbahn, gefunden werden. Zwischen den Stationen Spital und Lendorf steht am Abhang des Petersberges das Dörfchen St. Peter im Holz.

Wenn man wissen will, warum hier die Römer eine befestigte Stadt anlegten, braucht man nur einen Blick auf die Karte dieses Alpenlandes zu werfen. Vom Brenner ab östlich münden hier die ersten Saumwege, welche über den Hauptkamm der Alpen, nach Salzburg und Bayern, in das alte Noricum, führen. Ringsum sind drei Flüsse, Drau, Möll und Lieser, das Land fruchtbar, der sonnseitige Hang zur Ansiedlung einladend. Jene zwei uralten Saumstraßen sind die über Mallnitz und den Korntauern nach Gastein, welche heute noch an vielen Stellen des Gebirges durch die senkrecht eingesetzten Granitpflaster kenntlich ist, mit welchen man sie gepflastert hat und im Volke der Heidenweg genannt. Diese diente, abgesehen von ihren kriegerischen Zwecken, vornehmlich zur Beförderung der Edelmetalle, die in den Tauerntälern Gastein und Rauris, sowie des Salzes, das in den Bergwerken Salzburgs gewonnen wurden.

Der andere Weg in die Donauländer, der später in eine Fahrstraße umgewandelt wurde, ist die dermalige Salzburger Reichsstraße, die von Spital nördlich über Gmünd, den Katschberg und den Radstädter Tauern nach Salzburg führt.

So war also die Lage der Römerstadt Teurnia gewissermaßen durch die Natur vorgezeichnet. Überall in der Nähe, im Mölltale sowie Drau auf- und abwärts waren zudem Bergwerke in Betrieb. Ein solches aus ältester Vorzeit, die ohne Zweifel weit über die Periode der Römer, und vielleicht auch die der Kelten, hinausgeht, befand sich, wie erwähnt, in der Gegend von Tragin bei Paternion.
Im Mittelpunkt alles dieses Verkehres nun stand Teurnia. Seit Jahrhunderten sind diesem Boden Steindenkmale, Geräte, Waffen und Münzen entnommen worden. Mosaikboden findet sich an vielen Orten im Wald unter der Pflanzendecke. Man entdeckte größere Ruinen mit Heizungseinrichtungen. Die Stellen, an welchen sich Türme und Tore befanden, sind leicht nachweisbar. Die alte Umfassungsmauer befindet sich im Walde. Votivsteine, die man hier und dort aus dem Boden hob, deuten auf das Vorhandensein von Tempeln und Heiligtümern hin. Die wichtigsten Denkmäler befinden sich indessen nicht an Ort und Stelle, sondern an anderen Örtlichkeiten Kärntens und selbst entfernterer Länder, so beispielsweise Steintafeln mit Inschriften im Millstätter Stiftsgebäude, in Rom am Coelius, in Paternion. Auf zwei am Chiemsee in Bayern entdeckten Grabdenkmalen wird gleichfalls der Name Teurnia erwähnt. Der ältere Plinius zählt Teurnia unter den altrömischen Städten auf. Keltische Münzen, die hier gefunden wurden, beweisen übrigens, daß die Römer bereits eine eingesessene Bevölkerung vorfanden. Später bildete sich die Namensform Tiburnia heraus, und von dieser hat sich als umgestaltetes Überbleibsel die Bezeichnung ›Lurnfeld‹ erhalten, worunter man die ganze Gegend zwischen Spital und Sachsenburg begreift. Das Lurnfeld ist der klassische Boden Kärntens. Nicht nur römische Erinnerungen machen es zu einer Stätte, die jedem Kärntner denkwürdig bleibt, sondern auch Überlie-

ferungen aus den dunkelsten Zeiten des Mittelalters. Als die Bayern, die den Grundstock der heutigen Bevölkerung bilden, den hier in den Ostalpen ansässigen Slawenstamm, von dem noch heute Überbleibsel als Ortsnamen an Dörfern, an Bergen, Wald und Flur haften, zurückdrängten, kam es an der einen und andern Stelle zu harten Kämpfen. Als Erinnerungszeichen sind ›Blutkapellen‹ übriggeblieben, alte Heiligtümer auf vergessenen Walstätten.

Durch das Mölltal zum Zirm See und Tappenkar See

Die Möll, welche bei Sachsenburg in die Drau mündet, bringt die Wasser der Großglockner-Gruppe herab, soweit sie deren südlicher Abdachung entströmen.
Wir wollen nun einen Blick in die gesamte Ausdehnung des Mölltales gegen die Hohen Tauern hin werfen.
Am Restaurant beim Bahnhof von Sachsenburg vorüber erreichen wir sofort den Ort Möllbrücken, so genannt wegen des Überganges der Straße über die Möll. Hier fanden vom 7. bis 21. Oktober blutige Kämpfe statt zwischen dem Tiroler und Mölltaler Landsturm einer- und der französischen Besatzung der Veste Sachsenburg andererseits. Am Gasthaus rechts von der Straße waren noch vor kurzem die Spuren der Kugeln zu sehen.
Von hier erreicht man über Mühldorf das am Fuß des Danielsberges gelegene Kolbnitz. Wer Zeit hat, sich den Wasserfall zu betrachten, den der bei Kolbnitz in die Möll einfliessende Bach kurz nach dem Austreten aus dem am Fuß des Zwengberges gelegenen Wildsee bildet, der steige in das nördliche Seitental hinauf. Der Freund urwüchsigen Volkstumes dagegen gehe in das westlich sich öffnende Tal *Teuchl*, das ausschließlich von Waldbauern und Holzfällern bewohnt wird.

Der Glanzpunkt dieser Gegend ist aber der Danielsberg mit einem Kirchlein auf dem Gipfel, der dreihundert Meter über Kolbnitz aufragt.
Das Mölltal erscheint von hier aus als die natürliche Fortsetzung des Drautales, welches letztere selbst ja jenseits Sachsenburgs eine andere Richtung einschlägt, während das breitere Mölltal sich in der bisherigen Axe des Drautales gegen das Hochgebirge hinaufzieht. Daher überblikken wir vom Danielsberg aus den bisher zurückgelegten Weg und sehen noch die Gebirge von Klagenfurt bis zu der Obir hin.
Hier, im Angesichte des goldreichen Tales, nicht weit von den heißen Wassern der Gastuna, stand ein Tempel des Herkules, des Gottes, dem an ähnlichen Stellen manches Heiligtum errichtet wurde. Aus dem Herkulestempel ist eine zuerst dem heiligen Daniel, späterhin dem heiligen Georg geweihte Kapelle geworden, dessen Martern hier in einem Bilde von 24 Abteilungen zu sehen sind.
Auch die Pfarrkirche zum heiligen Martin bei Ober-Vellach darf nicht unerwähnt bleiben. In ihr befindet sich eine prachtvolle Monstranz, die ihresgleichen in Kärnten nicht hat. Merkwürdiger noch wird Kunstfreunden ein Gemälde auf Holz, in Gestalt eines Flügelaltars, erscheinen. Es ist ein Werk jenes berühmten Niederländers Jan von Schoreel, der ein Schüler Dürers und ein Liebling Hadrians VI. war.
Nordöstlich von Ober-Vellach, über dem Schlund, durch welchen sich der Malnitzbach stürzt, steht auf einem Glimmerschieferfelsen die Veste *Groppenstein*.
Was ist merkwürdiger, das Schloß oder der Sprung, mit dem das Wildwasser in den Abgrund hinabsetzt?
Groppenstein ist eine der wenigen großen Burgen Kärntens, die man nicht nur malen, sondern in denen man auch wohnen kann. Das Kastell ist alt, und seine erste

Anlage führt uns ohne Zweifel in die Zeit der Taurisker zurück. Der Weg zum Schloß sowie ein Teil seiner Zimmer sind durchweg in Felsen gehauen.
Auf dem südlichen, rechten Ufer der Möll mündet ein enges Tal, der Ragga-Graben genannt. Diesen durchtost in schauerlichen, nächtlich dunkeln Engen, jäh abstürzend, ein Bach, die *Ragga-Klamm.* Sie ist ein Naturwunder, welches sich mit den berühmten ›Klammen‹ des Pinzgau und Pongau vergleichen lassen darf.
Wir nähern uns nunmehr den alten Bergmannsbezirken von Flattach und Fragant. Die Knappen von Fragant arbeiten zumeist im Rauriser Goldbergwerk. Dahin müssen sie den Wurtengletscher überschreiten. Was es mit Gängen in dieser Höhe (der Übergangspunkt liegt auf 2764 Meter über dem Meere) alle Wochen des Sommers und Winters in diesem Hochgebirge für eine Bewandtnis hat, läßt sich ohne Anstrengung der Einbildungskraft begreifen. Im übrigen befindet sich auch in westlicher Richtung zwei Stunden von Inner Fragant entfernt, ein Kupferbergwerk am sogenannten Knappenberge. Die Förderung der Erze zu den Schmelzhütten geschieht nur im Winter, wenn Schnee den Boden bedeckt. Um Mitternacht werden die Erze in großen Säcken auf Schlitten zur Puchertratte gebracht und ohne Schlitten über die Rissen in Schlangenwindungen zur Erzkaun in der Inneren Fragant hinabgeschleift, von wo sie Pferde auf Schlitten nach den Schmelzhütten ziehen. Dieses nächtliche Schaustück ist voll malerischen Reizes, bringt aber denjenigen, welche die Lasten über die steilen, eisigen Halden zu führen haben, viele Gefahren.
Nachdem die Möll überschritten worden ist, gelangen wir nach *Winklern,* einem ansehnlichen Marktflecken, den man als die Grenze zwischen oberem und unterem Mölltal betrachtet.

Von hier ab nimmt das Mölltal mit seiner Umbiegung gegen Norden sofort einen mächtigeren Charakter an.
Ein Denkmal der Verheerung nach dem anderen treffen wir an. Wo auf anmutigem Hügel das Kirchlein Maria in der Au steht, dort kommt von Nordosten der Kolmitzbach herunter, ein Feind der Fluren. Das Pfarrdorf Mörtschach ist allenthalben von Trümmern umgeben, welche der Asten-Bach herabgewälzt hat. Die Staubfälle, die, von steiler Wand niederwehend, der gefühlvollen Reisewelt die verschiedenen ›Ach!‹ der Bewunderung abnötigen, erzwingen sich Achs anderer Art, wenn der Föhn über die Berge rast.
Bei Döllach öffnet sich östlich das Zirknitztal. Wenn es doch zu mühselig sein sollte, durch dasselbe den merkwürdigen Übergang zum Rauriser Goldberg zu machen, der besuche wenigstens die ›Hohe Brücke‹, die ›Neun Brunnen‹ und die zwei wundervollen Hochseen dieses Gletschertales, unter allen Umständen aber die wenige Schritte vom Gasthause entfernte *Klamm*, einen finstern Felsenschlund, durch welchen die Eiswasser unter betäubendem Donner, von Dämmerung beschattet, sich ihren Ausweg ins Haupttal erkämpfen.
Von hier bis zum Knappenhaus auf der Goldzeche, welches 2740 Meter über dem Meer liegt, steigt man in etwa 1½ Stunden am südöstlichen Ufer des Zirm Sees und über ein Stück des Goldzechgletschers. Sollte der See nicht zugefroren sein, was indessen vor dem Spätsommer kaum zutrifft, so kann man das Erzschiff benutzen, um sich den Weg abzukürzen.
Das Knappenhaus an der Goldzeche ist so in die Gneiswand hineingebaut und übrigens derartig durch ein Flugdach geschützt, daß die Lawinen darüber hinstürzen, ohne es zu beschädigen. Es steht seit drei Jahrhunderten. Manchmal waren die Stuben bis an die Decken hinauf

vereist. Trümmer von anderen Berghäusern findet man noch dreihundert Meter höher. Es gehören diese Bergbaue zu den allerältesten in Kärnten.

Knappen und Goldberge am Zirm See

Wenn die Leute auf der Welt einen Begriff hätten von der Schönheit und den seltsamen Dingen dieser abgeschiedenen Welt, vom Blendwerk des armen, freibeutenden Erzsuchers an bis zu den Spiegelbildern der Eiswälle im See, von den Flammen und Geistern in starren Mauern bis zum blendenden Fest der Blumen im Julimonat, dann würden viele die Eisenbahn verlassen und derlei mit aller Gewalt anschauen wollen. Schade ist's, denn wie es überhaupt kein schöneres Gebirge gibt als die Hohen Tauern, so sind wiederum jene an Gold und Märchen reichen Hochkare die schönsten Dinge in den Tauern und, wie ich zuversichtlich glaube, in der ganzen Welt.

Heute geht unser Weg zum Zirknitz-Gletscher. Das Wassergebrüll in der Zirknitz-Grotte bei Döllach war um ein Uhr morgens unbändig. Wir wurden ganz und gar überstäubt.

Seltsame Frühlichter spielten auf den vom Wasserstaub feucht und glatt gewordenen Scheiterflächen unter den Lärchen. Wieder hoch aufsteigender Wasserrauch: Wir sind auf der ›Hohen Brücke‹.

Wie für dürftige Schlauköpfe niedriger Erhebungen jedes abfallende Brunnenrinnsal zum ›Wasserfall‹ gemacht wird, so wird umgekehrt der von Wundern bewegten Einbildungskraft dieses Volkes das Große zum Kleinen: hier heißen gewaltige Wasserstürze, die nebeneinander herabdonnern, die ›neun Brunnen‹, und die in Schleier und Rauch aufgelösten Bäche, es ist kaum die Rede von ihnen. Ich schaue ihren Wallungen in den Lüften zu. Ein andächtiger Hirt hat nebenan zwei brennende Herzen an ein morsches Kreuz genagelt.

Bald erscheint der untere See, der schon höher in der Einöde droben liegt als die Gipfel des Schafberges. In sein Wasser züngeln weiße Schotterhaufen und noch weißere Schneehänge hinein. Weiter, noch viel höher droben, ist zwischen Moränenhaufen ein anderer See eingebettet. Der hat jegliches Grün, was es auf der Welt gibt: Olivgrün, Apfelgrün, Papageigrün und viele andere. In der Mitte ist er schwarz, am Rande weiß von Schnee und Gneisträmmern.

Der Zirm See auf einer Anhöhe von 2506 Meter, 30 Hektar Fläche enthaltend, ist ein Schaustück, wie man es in den Alpen nicht wieder findet. Der Märjelen-See am Aletsch-Gletscher kann sich an Wirksamkeit der Umgebung mit ihm nicht vergleichen.

Wer lesen kann, der findet hier ein Stück Geschichte der Erdrinde, wenn er diese seltsame Offenbarung des Wesens der Dinge anschaut, durch welche jetzt die Mittagslichter in kleinen, zitternden Flämmchen blitzen, und sie mit den Wasserspiegeln der Fleiß vergleicht. Auch dort lag einst hoch über dem Zirm See ein zweites, noch wilderes Wasserbecken.

Von diesem ist jetzt nichts mehr zu finden, und so wird es auch in einigen Jahrtausenden mit dem obersten See in der Zirknitz sein.

So ergeht es allen Wasserbecken der Hochalpen: zuerst waren sie Eis, Bestandteile eines Gletschers, der ober und unter ihnen starrte. Alsdann sind sie einige Dutzende von Jahrtausenden hindurch Seen – zuletzt werden sie von den jähen Bächen mit Moränenschutt ausgefüllt.

Mitunter gehen solche Wandlungen schnell. Das beweist die fleißige Katastervermessung, die vor dreiundfünfzig Jahren auch die unzugänglichen Einöden dieser Eiswelt in Karten beschrieb. Auf diesen Karten ist von dem jetzigen Zirm See in der Fleiß noch nichts zu entdecken. Damals reichte der Goldzech-Gletscher noch viel weiter, und die durchsichtige Fläche, auf der heute das ›Erzschiff‹ gerudert wird, war damals weißes Feld, durchklafft von blaugrünen Schründen. So beherrscht der Wechsel auch jenes starre Reich.

Überall hoch oben münden die Stollen verlassener Bergbaue. Von Tauriskern und Ambisonten bis zu uns späten Nachkömmlingen wurde Gold aufgesucht. Am meisten gehämmert und gepocht wurde vor drei- und vierhundert Jahren. Dann kam die Verfolgung der Irrgläubigen.

Wo das Murmeltier pfeift und der Adler kein Nest mehr anlegen will in der kalten Höhe, dort durfte immer anders gebetet werden, als es der römische Priester zuließ. Die der neuen Lehre anhängenden Knappen mußten die vereisten Berge und das Land verlassen. Noch heute hört man sie, wie der Volksmund erzählt, im Stollen unter dem Gletschereis, deren Eingang niemand sieht, ihre lutherischen Psalmen singen.

Das Gold, welches die Herzen und den Sinn aller Menschen sich botmäßig macht, wurde in den Gegenden der Freiheit aufgesucht, in denen seit Jahrtausenden, unbekümmert um die Wesen der Tiefe, das Wasser frei im Sturz oder träg als Gletscher den Abgründen entgegenwallt und wo die Tiere vom Jäger nicht erreicht werden. Tief unten liegt das Gold, über ihm Fels und Eis, darüber gehen die Wolken, und alles zusammen wird von den Sagen der Menschen eingefaßt. Wie verirrte Sonnenstrahlen auf den Hochseen, so gleiten die Geister volkstümlicher Dichtung durch das Grauen der Einöde.

Millstätter See

›Josele‹ vom Tappenkar See

»Was ist denn aus dem Josele geworden, den ich vor zwanzig Jahren in Klein-Arl getroffen habe, wo er hinten beim Tappenkar die Schafe hütete, der Philosoph, wie sie ihn geheißen haben?«
So ungefähr fragte eines Tages ein Wanderer, der dem grünen Hochsee zustrebte, welcher oben in den Tauern liegt, in den Gebirgen, welche die Quelle der Mur und der Enns trennen.
Der Tappenkar See ist von den Alpenseen Österreichs der höchste. Er ist höher als fünftausend Fuß in das Gebirge eingebettet. Denn von den Gletscherlacken und andern Quellentümpeln, die sich hier und dort im Gebiete des ewigen Schnees vorfinden, soll hier nicht die Rede sein. Aber die Reisenden, die fünf bis sechs Stunden davon entfernt auf der Eisenbahn vorüberfahren, wissen nichts davon.
Doch kommen wir auf den Josele zurück.
Er war in mancher Hinsicht eine merkwürdige Ausnahme von dem Volke, das in diesen Tälern lebt. In ihm war Verständnis für die Schönheit der Natur zu verspüren. Er machte den durchziehenden Wanderer unaufgefordert auf die Pracht eines Wasserfalles aufmerksam. Stets war sein Hut mit Blumen geschmückt, und er vermochte stundenlang, auf seinen Stab gestützt, den Blick in den Duft der Höhen zu versenken. Er trug ein Büchlein, welches ›Von der Güte Gottes‹ handelte, in einem Ranzen von ungegerbtem Leder. Manche Zeit brachte er zu, indem er die groben Lettern zu Worten zusammenfügte.
Er erzählte, daß er alle vierzehn Tage in die Kirche ging. Dort hörte er mitunter eine Predigt, in welcher wenig von der Güte Gottes, dagegen viel von der Schlechtigkeit der Menschen und der Tücke des Teufels die Rede war.

Nur mit Widerstreben dachte der Josele, so hatte er einst dem Wanderer gestanden, an die finstere Hölle. Von der Schlechtigkeit der Menschen sah er nicht viel. Die Leute von Klein-Arl hatten ihn gern und grüßten ihn alle.
Der Josele war zum Philosophen geschaffen, wenn es wahr ist, daß die Fähigkeit der Verwunderung über alltägliche Vorkommnisse eine Anlage dazu bedeutet. Er wunderte sich.
So kam es vor, daß ein Hirt plötzlich starb, bevor es dem Josele möglich wurde, einen Priester herbeizuholen. Es hieß, derselbe müsse sich einer schweren Todsünde schuldig gemacht haben, weil er unbußfertig habe sterben müssen. Ohne Zweifel sei er der Verdammnis anheimgefallen.
Zuerst erschrak Josele bei der Vorstellung, daß es auch ihm in seiner Einsamkeit einmal so ergehen könne. Dann wunderte er sich darüber, daß einem Menschen, der ihm gut war und oft sein Brot mit ihm geteilt hatte, so etwas begegnet wäre. Denn alsdann hätte derselbe schon im Dorfe gelebt und sich nicht weit von der Wohnung eines Priesters entfernt befunden. Die Reichen können zu Hause bleiben und brauchen sich nicht draußen im einsamen Hochkar ihr Brot zu erwerben. Man muß also Geld haben, so dachte sich der Josele.
Auch geschah es ihm, daß er sich trotz seiner Bücher in eine Dirne vergaffte. Sie war schön gewachsen, hatte schwarzes Haar, braune Augen, schöne Zähne und trug vom Frühjahr bis zum Herbst Blumen hinter dem Ohr. Anfänglich mußte sie sich, seiner Schilderung nach, gestellt haben, als ob sie seiner Huldigungen nicht gewahr würde. Als er aber einmal beim Nachhausegehen von einer Spinngesellschaft, während welcher er sich beim Leuchten der Fichtenspäne, die in einer Nische der Wand brannten, an ihren Zügen nicht hatte satt sehen können,

ihr in ungeschlachten Worten seine Liebe eingestand, da lachte sie, daß die Eiszapfen von den Dächern hätten fallen mögen. Nachdem sie sich erholt, hatte er von ihr zur Antwort erhalten: »Was willst denn du, Häuter, Du hast ja kein Geld!«

Also – wieder kein Geld!

In dieser Verfassung hatte der Wanderer den Josele vor zwei Jahrzehnten kennengelernt. Was war aus ihm geworden?

Der Angeredete wußte, daß der Bursche vor vielen Jahren nach Amerika gegangen und mit einigem Besitztum zurückgekehrt sei. Jetzt wohne er einige Meilen entfernt im eigenen Hause. Und er nannte einen Ort, der seit einer Reihe von Jahren gar häufig von Reisenden und Sommerfrischlern aufgesucht wird. An solchem Ort ein eigenes Haus zu besitzen, das war allerdings schon viel für einen Menschen wie den Josele, der keine anderen Einnahmen gehabt hatte als einen Viertelgulden für jedes Schaf, das er den Sommer über hütete. Und auch diesen geringen Verdienst hatte er fast ganz und gar zum Buchbinder im Marktflecken getragen, der ihm dafür allerlei bekannte Historien verkaufte.

Es sind arme Leute, die in jenen Tälern wohnen. In der Ebene zwischen dem Arl-Bach und der Enns sind viele Sümpfe, und um Altenmarkt herum steht manches der braunen Blockhäuser mitten im Schilf und in klaren, schleichenden Wässerlein. Zygnemen und ›Armleuchter‹ zittern in der Flut, die oft unter einer Schicht von grüner Gallerte unter Froschlaichalgen steckt.

In alter Zeit mag wohl dieser Grund von gewalttätigen Wildwassern zerrissen und mit Gletscherschlamm und Löß bedeckt worden sein. Noch erheben sich als Denkmäler der Tätigkeit jener alten Eisfelder in Wagrein gewaltige Schutthaufen, einstmalige Stirnmoränen.

Nicht weit davon entfernt steht auch eine Ansammlung von Holzhütten, welche der Volksmund noch heute als das ›Lappendörfel‹ bezeichnet, was auf den Kretinismus manches Insassen hindeutet.
Der Wanderer fand den Josele in der Nähe seines Hauses. Man zeigte ihm einen gesund und behäbig aussehenden Mann von städtischer Kleidung mit einer goldenen Brille auf der Nase. Er glich vielmehr einem Kaufmann als einem bäuerlichen Grundbesitzer.
Der Josele erinnerte sich recht wohl an den Wanderer, dem er vor Jahren sein Leid geklagt hatte, lud ihn ein und erzählte ihm die Geschichte der Entstehung seines Hauses.
Josele hatte, als er noch Hirt war, auf der Straße die Bekanntschaft eines Handwerksburschen gemacht, der ihm unter anderem erzählte, daß es zu Hamburg ein leichtes wäre, auf einem Schiff aufgenommen zu werden, welches nach Amerika fahre. Dort drüben aber seien schon viele reiche Leute geworden.
Das erste, was Josele tat, als er in den Markt kam, war, daß er sich beim Buchbinder eine Landkarte von Deutschland kaufte. Dann machte er sich mit einigen Groschen auf den Weg, indem er die Weisungen jenes Wanderburschen befolgte, der ihn im Betteln von Nahrung und Obdach unterrichtet hatte. Er geriet in eine Gesellschaft von wandernden Gauklern, die ihn lehrten, Werg zu essen und Feuer zu speien. Damit erwarb er sich so viel, daß er die Seestadt zu erreichen vermochte.
Auf der Elbe fand er Aufnahme auf einem Dampfschiff als Heizergehilfe. Das brachte ihm eine kostenfreie Überfahrt. In Amerika schlug er jene Laufbahn ein, auf die Tausende vor ihm gerieten. Bald war er Diener bei einem wandernden Doktor, daß heißt Scharlatan, der auf öffentlichem Platze Zähne herausreißt, bald Hausknecht in ei-

ner deutschen Bierkneipe, bald wieder Heizer auf einem Mississippi-Dampfboot. Zuletzt fiel er einem italienischen Holzspekulanten in die Hände, welcher in Kalifornien Wälder umhauen ließ. Da er als Älpler etwas vom Handwerk eines Holzknechtes verstand, so verwendete ihn dieser als Holzfäller in der Nähe von San Franzisko. Bis dahin hatte er sich ungefähr 300 Gulden erspart.

»Dort«, sagte Josele, »entschied sich mein Schicksal.« Eines Tages erblickte er die Villa eines wohlhabenden chinesischen Kaufmannes aus San Franzisko, der dort den Sommer zubrachte. Beim Anblick dieser sonderbaren Architektur wurde ihm sein Lebensziel klar, nämlich, ein solches Haus in den heimischen Hochgebirgen zu besitzen. Er wollte solche Pavillons, offene Veranden, Teekioske haben, wie er sie damals zum ersten Male sah. Daß das Klima im Pongau dazu paßt wie ein grönländischer Gletscher zu einem Nankinganzug, das kümmerte ihn nicht. Er sah jetzt nur mehr eines vor sich, nämlich ein solches Bauwerk daheim zu errichten.

Mit etwa achthundert Gulden langte er in seiner Heimat an. Sofort erwarb er einen Bauplatz und begann zu zimmern. Die Art und Weise jener luftigen Bauerei ermöglichte es, mit wenig zu beginnen und immer ein Stück an das andere zu flicken. Bald war ein sogenannter Pavillon mit Glöckchen auf dem Dache, mit Holzsäulen und offenem Gange fertig. Die Kurgäste und Sommerfrischler ergötztem sich an diesem Getriebe und beschenkten ihn. So entstand, je nachdem die Mittel nachwuchsen, immer eine Veranda nach der anderen. Denn kein Besucher verließ ihn, ohne etwas zur ›Fortsetzung der Bauten‹ zu spenden.

Mittlerweile gelangte der Wanderer mit Josele in eine Art von Allee. Dort war angeschrieben: ›Hier sind Sammelbüchsen aufgestellt!‹ In der Tat befanden sich an verschiedenen Bäumen eiserne Behälter befestigt, gleich den Sammelbüchsen in Kirchen. Alsbald gelangten die beiden zu einer Art von Triumphbogen in chinesischem Stil, auf welchem in Goldlettern geschrieben stand: ›Schnorrern ist der Eintritt verboten!‹

Der Wanderer hatte sich jetzt überzeugt, daß aus dem Josele der Hohen Tauern ein *smart fellow* geworden sei und derselbe sich an den Brüsten der Gesittung der Zukunft vollgesaugt hatte. Er konnte sich nicht enthalten, ihn zu fragen, ob er noch zeitweilig in dem Büchlein ›Von der Güte Gottes‹ lese und ob ihn noch Skrupel in bezug auf den Inhalt der Bußpredigten plagten wie damals. Der Josele antwortete mit einem überlegenen Lächeln. Der Wanderer aber zog seinen Beutel, und der Ausdruck in den Mienen des Josele, als dessen Inhalt zum Vorschein kam, läßt ihn noch bis heute darüber im Zweifel, ob er in den Augen des einstmaligen Schafhirten als Schnorrer gilt oder nicht.

Auf der Goldzeche am Zirm See

»Wen trifft es diesmal, über Weihnachten das Haus zu hüten?« sagte der Hutmann der Knappen, als sie bei einer Lampe um den mächtigen Ofen herum saßen.

Es entstand eine Pause. Niemand wollte sich zur Übernahme dieser Aufgabe melden. Die Männer sind wetterhart, aber sie gehen gern in die Heimat, die meisten haben Weib und Kind. Und wenn sie daran denken, daß kein Haus im ganzen Weltteil so hoch über den Wohnstätten der Menschen aufgebaut ist wie dieses, so überkommt sie in der Winternacht mitunter trotz aller Gewöhnung ein grauses Gefühl.

»Wen trifft's?«

Keine Antwort. Nur verlängerte Züge aus den Tabakpfeifen.

»Bleib halt ich«, sagte ein großer, starkknochiger Mann, indem er sich von der Bank erhob.
Der Hutmann besann sich eine Weile und entgegnete: »Mir ist's recht, daß der Windische Sepp heroben bleibt. Heimgehen kann er über die Feiertage doch nicht. Das ist zu weit für ihn. Aber es ist halt doch schreckbar einsam da heroben. Will ihm denn nicht einer Gesellschaft leisten?«
Aber die Frage traf nur stumme Zuhörer.
»Also bleibt der Sepp allein«, fuhr der Hutmann fort.
Gegen Mittag des nächsten Tages hörte die Arbeit in der Grube auf. Die Knappen rüsteten sich zur Abreise, um die festliche Zeit in der Heimat zuzubringen.
Man nahm ein wenig Brot und Branntwein mit auf den Weg. Da der Sepp ›gamen‹, das heißt das Haus hüten, sollte, so ließ man ihm Mundvorrat auf acht Tage zurück. Allerdings sollten die Knappen schon nach vier Tagen mit neuen Vorräten wieder zum Berge fahren. Aber es konnte schlechtes Wetter eintreten, der Gang verzögert werden – und besser ist besser.
Der vom Hutmann gefürchtete Südwind hatte sich gegen Mittag schon einigermaßen fühlbar gemacht.
Auf einmal wankte das Haus wie in einem Erdbeben. Man hörte das Klirren der eisernen Spangen und Haken, mit denen das Dach des Hauses in die nebenan ragende schützende Felswand eingelassen ist.
Wie wenn ein Geschoß unter die Knappenschar eingeschlagen hätte, flog diese auseinander. Den meisten hatte der Schreck die Zunge gelähmt, nur wenige schrien: »Die Lawine!«
Bald sahen sie, daß nicht nur über ihnen eine Lawine losgebrochen war, sondern allenthalben im weiten Halbkreis des Gletschertales. Die eine hatte die andere wachgerufen. Berge waren hinabgerollt. Die meisten lagerten über

dem Zirm See. Dort, wo im kurzen Sommer das Wasser die Felsblöcke mit dem Brande der Alpenrosenkelche widerspiegelt, dort lag es jetzt hochgetürmt von zusammengepreßten und herabgewetterten Flocken. Keine menschliche Einbildungskraft konnte sich vorstellen, daß an der Stelle dieses weißen Berges jemals ein ebenes glänzendes Becken gewesen sein mochte.

Den zu Tal gestürzten Bergen folgten in den von ihnen aufgerissenen Furchen winzige Nachzügler, unbedeutendes Schneegeröll.

Das Haus hatte keinen besonderen Schaden gelitten. Ein kleines Stück des Daches am Eck war abgerissen, und der Schornstein fehlte. Er lag jetzt auch unten in den weißen Berg eingekeilt, der sich dort erhob, wo der Zirm See flutete. Die Flut war jetzt ein unter dem Berg zersplitterter, zerriebener Haufen von Eisplatten.

Die Knappen nahmen die Hüte ab und sprachen das Gebet nach, welches der Hutmann ihnen vorsagte. So verehrten die einsamen Männer die Macht, die über allem waltet.

Nunmehr wurde der Abstieg angetreten. Jeder grüßte den Sepp und wünschte ihm einen glücklichen Heiligen Abend und gute Feiertage.

Lange schaute er den Kameraden nach, wie sie über die herabgerollten Hügel auf- und abstiegen.

Er war jetzt allein in der Wüste der Hohen Tauern, im Angesicht der Kälte und des starren Schweigens.

Als der rote Schein der Abendsonne verblich und alles zuerst fahl, dann schwarz wurde, überkam ihn aber doch ein Gefühl, welches er bis dahin nicht gekannt hatte. Es ergriff ihn die Sehnsucht nach Menschen, nach irgendeinem der dürftigsten Häuser des Hochgebirges. Dann konnte er plaudern und von der Festzeit reden.

Aber bei einem der tapferen Männer mit den wettergefurchten Gesichtern, die auf den Hohen Tauern arbeiten, kann solche Empfindsamkeit nicht lange vorhalten. Sie wich, als er sich die Lampe in der großen Stube anzündete.

Dann brannte er sich seine Tabakpfeife an und nahm dem festlichen Tage zu Ehren das einzige Buch zur Hand, welches sich in der Knappenstube befand und gewiß schon über ein Jahrhundert der Andacht gedient hatte. Man sah dies an den abgegriffenen Blättern, an deren Rändern sich die Finger in der Farbe des Grubengesteines vielfach abgedrückt hatten. Es war eine Sammlung von Heiligenlegenden.

Mit Staunen durchlas der Mann, dessen kindlichem Sinn keinerlei Zweifel aufstieg über die tatsächliche Wirklichkeit der berichteten Begebenheiten, die Seiten dieses Buches.

Oft begegnet es dem einsamen Menschen, daß ihm weit entlegene Zeiten in einem flüchtigen Augenblick zusammenzufließen scheinen. Während dieser blitzschnell durch seine Vorstellung zieht, unterscheidet er nicht, ob es ein Bild aus der Vergangenheit, Gegenwart oder Zukunft ist, was er ihm bringt.

So geschah es dem Knappen. Es war ihm, als säße er, ein Kind, in seinem Gitterbettchen und hörte die Stimme der Mutter, welche ihm vorsagt: ›Vater Unser, der Du bist im Himmel!‹

Wie verrannen die Stunden? Er verspürte es nicht. Es war nun der Augenblick gekommen, in welchem die Menschen der Tiefe den ersten Glockenhall vernahmen, der sie zum mitternächtigen Gottesdienst ruft.

Zu dieser Stunde geschah etwas Wunderbares. Es däuchte dem Einsamen plötzlich, als ob er etwas davon hörte. Und dennoch wußte er, daß dies unmöglich ist. Überrascht ging er in das Vorhaus. Dort hörte er den Hall noch deutlicher. Als er aber die schwere Tür geöffnet hatte und in der Richtung gegen das Tal hinabhorchte, blieb die Luft stumm. Kaum war er wieder in der Flur, so ließ sich der Hall abermals vernehmen, und diesmal wieder stärker.

Es fehlte wenig, und er fürchtete sich. Es kam ihm alles plötzlich so seltsam vor. Er ging wieder hinein und flüchtete sich zu seiner Lampe, als ob das eine Gesellschaft wäre.

Aber jetzt war keine Täuschung mehr möglich. Die Töne kamen aus dem Innern des Berges, aus dem Stollen, der in das Vorhaus, in die Flur mündet.

Hatten seine Gedanken schon vorher, insbesondere auch als Nachwirkung des erschütternden Ereignisses vom Nachmittag eine Richtung nach dem Übersinnlichen genommen, so überkamen ihn jetzt eindringend die Schauer einer anderen Welt. Er wagte es nicht, nach der Tür zu gehen.

Diese Mühe wurde ihm erspart, denn jetzt hallten die Tritte auf dem Gange. Schon bewegten sie sich der Tür zu. Nun wurde an das Holz und das Eisen derselben gerührt.

Die Tür öffnete sich, und während der Sepp sie regungslos anstarrte, traten drei Männer herein, alle schwarz, in Bergmannstracht, gekleidet. Sie blieben einen Schritt vor der Schwelle stehen. Hätte der Knappe seine Besinnung gehabt, so wäre ihm nicht entgangen, daß sie schier ebenso betroffen waren als er selbst. Das dauerte aber nur einen Augenblick. Dann nickten sie ihm grüßend zu und gingen, ohne ein Wort zu sprechen, auf die Lade zu, in welcher der Hutmann seine Schreibereien verwahrte.

Sepp war unfähig, ein Wort zu sprechen. Einer der Männer öffnete die Lade, suchte unter den dort liegenden Papierstücken herum und holte eine Mappe hervor. Von den gespannten Blicken seiner zwei Genossen verfolgt, breitete er ihren Inhalt auf dem Tische aus, der sich gerade unter der Lampe befand und von welchem sich Sepp zurückgezogen hatte, um den Ofen als Bollwerk zu benützen. Schweigend betrachteten sie die Papiere.

Man hätte den Flug eines Schmetterlings in der Stube vernehmen können, so still verhielten sich alle.

Niemals in seinem späteren Leben hat Sepp angeben können, wie lange dieser Auftritt dauerte. Endlich legten die drei Männer die Papiere in den Kasten zurück. Bevor sie das Zimmer verließen, nickten sie abermals dem Knappen zu. Dann gingen sie hinaus, lautlos, wie sie gekommen waren. Noch ein klirrendes Geräusch, und die Schritte entfernten sich, im Stollen verhallend.

War das Wirklichkeit oder Traum? Mag dem sein, wie immer, es war die Christnacht des armen Sepp.

Er wagte es nicht, das Lager in der Schlafstube aufzusuchen, sondern schlief gegen Morgen ermattet auf der Ofenbank ein.

Als er die Augen aufschlug, war es spät am Vormittag. Doch zeigte dies nur die Uhr an, denn draußen herrschte noch Dämmerung. Der Christtag hatte sich schlimm eingestellt. Vom Südwind war unermeßliches Gestöber über Berg und Tal hereingeweht worden, eine Schneemenge, unter welcher bereits die Unebenheiten der gestern herabgewetterten Lawinen verschwanden. Noch immer schneite es. Im warmen Winde fielen Flocken, nach der Ausdrucksweise der Bergbewohner so groß wie Leintücher. Sepp begriff, daß er von der Welt abgeschnitten war, denn bei solchem Schneefalle hätte ein ganzes Heer von Menschen mit allen Hilfsmitteln das Berghaus nicht zu erreichen vermocht.

Gegen Abend bebte die Bergwelt abermals unter Lawinen. Der Sturm riß von den Berghalden ganze Felder frisch gefallenen Schnees ab, nahm sie hoch mit sich hinauf, zerrieb sie wirbelnd in Berge von Staub und ließ sie als solche, bei zeitweiliger plötzlicher Erlahmung seiner Kraft, hier und dort in die Tiefe fallen, um sie alsbald wieder ins Tal zu jagen oder auf einen anderen Berg hinzuwerfen.

Sepp sah ein, daß man ihm lange Zeit hindurch nicht würde Hilfe bringen können. Er setzte sich demnach anfänglich die tägliche Zehrung selbst herab, aber schon am dritten Tage nahm er wahr, daß er auf diese Weise sicher verhungern müsse. Er ließ deshalb verzweiflungsvoll sein Sparsystem fallen und aß, als ob die Kameraden schon morgen zurückkehren könnten.

Aber es schneite fort, Tag und Nacht, ohne Aufhören.

Endlich wurde das dem Knappen so unerträglich, daß er das Haustor aushob und mit aller Gewalt sich einen Schacht zum Licht zu graben unternahm. Nach zweitägiger Arbeit ließ er davon ab. Die angehäuften Wehen schienen dort undurchdringlich. Lag ja doch das Tor, wie die meisten Fenster, gegen Süden, von woher es stöberte.

Nunmehr geriet er auf den Gedanken, auf der Nordseite einen Teil der Bedachung abzubrechen und dann sich durch den Schnee zu wühlen. Wider Erwarten gelang ihm dies rasch. Schon nach zweistündiger Arbeit schoß das Licht in breitem Strome herein.

Aber welch ein Licht! Es war wieder das herrlichste Wetter geworden. Keine Wolke zog über den Himmel hin. Der arme Knappe mußte die geblendeten Augen schließen.

Nun machte er sich an die andere Arbeit, einen Schacht von außen her gegen eines der Fenster zu graben, damit er am Tage einige Helle in der Stube habe. Das war von oben herab leichter, weil er sich die Stellen aussuchen konnte, an welchen der Schnee augenscheinlich weniger

dicht gegen das Haus anlag. Noch vor Mittag hatte er die Arbeit vollendet und ein Fenster erreicht.
Der Hunger quälte. Jetzt erschreckten ihn allerlei Phantasien. Er meinte, die drei schwarzen Männer hätten ihm den Hungertod geweissagt. Die Angst der letzten Tage verwirrte ihm die Sinne. Dennoch verzagte er nicht.
Wozu waren denn die Säcke aus Schweinehaut, die oben auf dem Dachboden lagen? Gewiß nicht bloß zum Erzhinabschleifen nach dem Pochwerk. Er brauchte ja nur die Borsten abzubrühen und sie in Riemen zu schneiden. Gebraten oder gesotten waren sie gewiß ein ausgiebiges Nahrungsmittel. Und gibt es ein fetteres Fett als das der Unschlittkerzen? Es war zum Braten der Striemen zu verwenden, aber auch zum Einbrennen der Suppe, falls er sie sott.
So vergingen abermals fünf Tage. Am sechsten versagte die Zunge den Dienst. Sie würgte ihm den Erzsack nicht mehr hinunter.
Nunmehr aber schwand die Kraft rasch. Fünfzehn Tage waren seit dem Heiligen Abend hingegangen, die Schwelle des neuen Jahres längst überschritten.
Es war der Abend des Dreikönigsfestes.
Indessen spähte Sepp in fiebernder Sehnsucht nach der Tiefe.
Fast dämmerte es schon. Aber es war noch so hell auf der dem Lichte wieder geöffneten Flur, daß ihre entlegensten Winkel überschaut werden konnten. Da – unmittelbar neben dem Eingang zum Stollen – was war denn das?
Ein Korb. Als ihn Sepp anrührte, klirrte es. Das war das nämliche Klirren, das er am Heiligen Abend nach dem Abgange seines unheimlichen Besuches vernommen hatte. Dieser Gedanke zuckte ihm sofort durch den Kopf.
Wein, sechs Flaschen; geräuchertes Fleisch; Brot; süßes Backwerk. Ein solches Fest der Erscheinung ist noch nie

gefeiert worden. Nicht im Schnee der Hohen Tauern, nicht bei den Gastmählern der Tiefe. Der Knappe sang die halbe Nacht fort. Ein Wanderer des Volkes der Hohen Tauern hätte glauben können, es sei einer jener ›singenden Knappen‹, einer der vor Jahrhunderten verbrannten protestantischen Bergleute, die jetzt als Geister in der Tiefe des Bergwerkes lutherische Lieder singen.
Zwei Tage später näherten sich schwarze Punkte. Es war die Hilfe.
»Ein biss'l lang ausgeblieben, Sepp«, sagte der Hutmann. »Hast dich wohl gut unterhalten?«
Am Abend erzählte der Sepp ihm seine Geschichte – den Auftritt mit den drei Männern aber zuletzt.
»Weiß alles, lieber Sepp«, unterbrach er ihn. »Schau, ich habe doch ein Vorgefühl gehabt, sonst hätte ich, wie früher, das Haus auf Weihnachten leer gelassen. Aber ich dachte mir, der Schlaufuchs, der Hutmann vom Rauriser Goldberg drüben, wird einmal die Gelegenheit benutzen und herüberkommen und unsere Pläne durchstöbern. Es ist eine alte Überlieferung, daß unsere Stollen irgendwo drüben in Salzburg mit den Raurisern zusammenstoßen. Ich hab' es immer geglaubt.
Jetzt haben wir den Beweis. Der Hutmann hat mir nach Döllach hinaus geschrieben und alles gebeichtet. Sie haben sich Wein und Essen mitgenommen, um sich bei uns da heroben einen lustigen Tag zu machen, denn sie wollten auch den Christtag über da bleiben. Schade, daß ich nicht heroben war, wir wären recht lustig gewesen. Aber die Pläne hätten sie freilich nicht zu sehen bekommen.«
Der Sepp schämte sich und wollte sich entschuldigen.
Der Hutmann aber fuhr lächelnd fort: »Brauchst dich nicht zu schämen, Sepp, war manchem Hochgelehrten auch nicht besser gegangen. Verflixte Geschichte das, so ein Besuch aus der Unterwelt. Es war ihnen aber selbst

nicht wohl bei der Geschichte, wie sie dich so haben dasitzen gesehen. Der Hutmann schreibt's, da lies!«
Nach einer Weile fügte er noch bei: »Nu, und da haben sie halt für dich einen Teil von ihrem Imbiß zurückgelassen. Den anderen Teil haben sie später mitten im Stollen verzehrt. War kein schlechter Spaß für sie – sechs Stunden her, sechs Stunden hin – immer unter der Erde! Ich denke, sie lassen's in Zukunft bleiben, auch wenn sie wissen, daß niemand daheim ist. So einen Heiligen Abend erlebt man einmal, aber nicht wieder!«

Seen in Tirol
und Vorarlberg

Von Kufstein zu den Seen im Unteren Inntal

Vom Bahnhof gelangt man zunächst auf die Innbrücke, von welcher sich ein Ausblick nicht nur auf den großen Strom, der jäh unter ihr hindurchschießt, sondern auch auf das grüne Tal mit den grauen Bergen nach Nord und Süd eröffnet. Besonders auffallend gestalten sich in dem Bilde die blau dämmernden Berge auf dem halben Wege zwischen hier und Innsbruck in der Brixlegger Gegend, im Norden der Kaiser und die almenlustigen Grenzhüter jenseits Niederndorf, gegen Westen aber der Pentling, der als grauer, doch oben noch mit Fichten bewachsener Kegel sich hier ein sehr stattliches Ansehen gibt. Die vielen schönen grünen Seen, die ringsum ganz in der Nähe diese Felsen und Wälder widerspiegeln, ahnt man nicht, wenn man auf der Brücke über dem schnellen, grünen Strom steht.

Kufstein unterscheidet sich nach außen wie nach innen wesentlich von anderen gleichgroßen und noch viel größeren Städten. Das Leben ist reger und betriebsamer, die Geselligkeit launiger als anderswo, und dumpfe Kopfhängerei wird weniger gefunden. Der Vereine ist keine geringe Anzahl. Die mannigfaltige, reiche, quellenfrische Natur, der Zufluß von Fremden, die Leichtigkeit des Verkehres unterstützen die Einwirkung, welche sichtbar auch von der Nachbarschaft eines Landes hervorgebracht wird, welchem immerhin größere Rührigkeit zuzuschreiben ist. Wer die Annehmlichkeiten, welche das bayerische Gebirg, und diejenigen, welche Tirol bietet – und dieselben unterscheiden sich in mancher Hinsicht – vereint genießen und dabei nicht an einem einsamen Orte sich aufhalten will, der wähle Kufstein als Sommerfrischort. Den malerischen Bau der alten Feste Geroldseck kann man jetzt ruhiger betrachten als in früheren Jahren, wo er manch trefflichen Mann in jahrelangem Dunkel hielt, welcher das Verbrechen begangen hatte, den Machthabern zu mißfallen. Sehr erheiternd sogar wirkt der Anblick des großen Franz-Josef-Forts, von welchem, nachdem es sechs Zehntteile einer Million Gulden verschlungen, die Steine verkauft werden. Eine gelbseidene Fahne, welche die Bestimmung hatte, die Anwesenheit hoher Würdenträger von den Zinnen des Franz-Josef-Forts herab anzudeuten, fand die Polizei als Prunkkleid eines stadtbekannten Frauenzimmers, welches sich jedoch die Mühe nicht hatte verdrießen lassen, den Doppeladler herauszuschneiden.

Ein Denkmal anderer Art befindet sich auf dem Kirchhof, für das es keinen besseren Ort gibt als einen Punkt an der Grenze von Deutschland und dem *deutschen* Österreich. Friedrich List ist hier begraben, ein Mann, der in seinem Geiste das Netz der deutschen Schienenwege entwarf und welcher es versuchte, durch die Anbahnung eines massenhaften Verkehres die Menschen eines Volksstammes einander zu nähern. Wohl dringt jetzt in sein Grab der Laut von schrillenden Erzbecken auf dem Dampfwagen, aber auch dieser saust noch immer an einem Schlagbaum vorbei. Es ist freilich keine gräfliche Ballade auf dem Hügel niedergelegt worden, unter welchem er schläft. Aber ein ehrenwerter Tiroler Dichter hat dem Kämpfer einen Nachruf geweiht, in welchem die schönen Worte stehen:

Es schlug nach Dir das Todterfüllte Eisen,
Und Deines Herzens warme Fluten sprangen,
Dies letzte Stück an Deutschland anzuschweißen.

Von Kufstein zu den Seen im Unteren Inntal

Der schönen Wege gibt es von Kufstein aus gar viele. Vier schöne Alpenseen liegen an und auf dem Gebirge, zu denen wir wegen Überfüllung des Stoffes im Buche nicht ohne Unterscheidung wandeln können: der Hechtsee, der Hintersteiner See, der Tiersee und der See von Maria Stein. Der belohnendste Weg aber von allen führt an dem Wasserfall von Sparchen in die Wände hinter dem Kaiser hinein und über die Hochalpe nach Walchsee hinüber. Dort erblickt man den Kalk in großen Bildungen und erfreut sich an dem vielgestaltigen Wasser und Grün.

Kreuzwegstationen beim Mariasteiner See

Wer von Kufstein an das Inntal hinaufgeht, sieht eine breite Mulde, deren Ränder das Mittelgebirge sind, über das sich dann wieder die hohen Kalk- und Übergangs-Gruppen erheben. Er wird nicht auf den Gedanken geraten, daß zwischen dem Fluß und dem höheren Mittelgebirge sich noch Gründe hinziehen von einer Ausdehnung, welche stundenlange Wanderungen auf ihren Erhebungen und in ihren Mulden zulassen.

Um die Natur dieser versteckten Örtlichkeiten zu schildern, wähle ich mehrere Strecken aus, welche *sämtlich nördlich* vom Schienenwege, das heißt zwischen diesem und der hohen Kalkkette, liegen, welche die Grenze gegen Bayern bilden.

Wir stellen uns in den breiten Kahn und fahren nach dem jenseitigen Ufer des Inn. Während dieser Fahrt werden wir erstaunt den Fluß betrachten, der sich wild unter einer mächtigen Felswand her, einem jener wenig bekannten Zwischengebirge des Inntales, Bahn bricht.

Ich machte diesen Weg zum ersten Mal an einem Märztage. Die Weiden hatten schon ihre Blütenkätzchen angesetzt, und nicht selten vernahm man den Gesang der

Drossel. Hier lag noch vieler Schnee, während von Landeck an bis über Schwaz hinab in der Talsohle selbst keine Flocke mehr zu sehen war. Daran mag die Drehung schuld sein, mit welcher der Strom ungefähr in der Nähe von Kundl plötzlich nach Norden umbiegt.

In geringer Entfernung vom Dorfe Agnet beginnen bei einer gelben Kapelle die Stationen des Kreuzweges, welche über einen prächtigen Waldhügel hin nach dem hochgelegenen Wallfahrtsort Maria Stein führen.

Dieses Maria Stein, auf einem Flysch-Schutthügel, hart am Abfalle des Kalkgebirges gelegen, nenne ich eine der lieblichsten Örtlichkeiten im ganzen Inntal. Die grüne Abgeschiedenheit von der übrigen Welt, die wunderliche Kirche auf dem hohen Felsblock, der kleine dunkle See, die parkähnlichen Fußwege in den duftigen Wäldern, welche überall von den Bergwassern durchrauscht werden, würden es, wäre im Gasthause mehr Raum vorhanden, in jedem anderen Lande schon längst zum Zielpunkt solcher gemacht haben, welche die Ruhe einer herrlichen Bergeinsamkeit suchen.

Die vielgerühmte Kapelle ist in der Weise auf einem gewaltigen Felsblock aufgemauert, daß, von Norden aus betrachtet, ihre Wand erst auf dem Rande des Felsens beginnt, südlich dagegen bis auf den ebenen Boden reicht. Das Wunderlichste bei der Anlage dieses Heiligtumes besteht aber darin, daß man die Kapelle selbst unter das Dach des Turmes verlegt hat, so daß man auf einer steilen Wendeltreppe zwischen dicken Mauern sechs bis sieben Stockwerke hinaufsteigen muß, um zu den Betstühlen zu gelangen.

Die Kapelle selbst ist reichlich mit Gold und zahllosen Votivtafeln bedeckt. Sie ragt hoch über das alte Freundsberger Schloß empor, welches sich ebenfalls an den Felsblock anschließt, und wird von Andächtigen zu allen Zei-

ten des Jahres viel besucht. Jeden Samstag wird ein ›Wetteramt‹ gelesen, bei welchem sich viele einfinden, denen etwas am Schutze ihrer Fluren liegt.
Am Schloß entlang steigt man auf steilem Pfade zum See hinab, welcher sich hart an den grauen Stein andrängt. Dieser See, von welchem eine Sage geht, daß er mit dem Wasserbecken der über ihm aufragenden ›Hundsalm‹ in unsichtbarem unterirdischem Zusammenhang stehe, ist im Winter schöner anzuschauen als im Sommer, weil er zu jener Zeit eine reichlichere und reinere Flut enthält. An einem Märzmorgen, an welchem die kalten Berge in die sich erwärmende Luft dampfen und das Tauwetter im Schnee knistert, dünkt dir das durchsichtige grüne Gewässer gar das Urbild eines Bergsees, wenn du es von der Klause aus betrachtest, unter welcher ihm der Bach entströmt. Im Sommer dagegen wird seine Anmut durch die Binsen und andere Sumpfgewächse beeinträchtigt, welche sich vom Ufer aus weit gegen ihn hineindrängen. Doch ist es auch da schön, in später Abendstunde hinauszugehen und über den See hinweg vielleicht ein rotes Alpenfeuer zu betrachten, welches hoch oben an der Jochwand hängt.
Die angenehmste Seite der Mariasteiner Örtlichkeit ist jener Waldweg, welcher links vom Schwarzhörndl, der Kegelalp und anderen Jöchern überragt wird. Von deren Graten schaut man in die innere Thiersee, in das zitherberühmte Landl und in das grüne Tal der bayerischen Zell, lauter Orte, welche durch den beginnenden Alpenkultus und die Ausflüge der Münchener Malerschule vor vierzig Jahren zu hohen Ehren gelangt sind.

Thiersee

Der Weg von Kufstein nach Thiersee führt durch waldfrische Voralpentäler. Der Anblick derselben ist bezeichnend für die Eigentümlichkeiten des Vorlandes überhaupt.

Bis zum ›Wachtl‹ hinein geht man meist am Bache hin. Nebenan im Wasser gewahrt man Triftrechen, in der Ferne Wälder und wolkige Berge, Holzhaufen, Kalköfen, Kohlstätten, deren Dach gleich dem der meisten Bauernhäuser und Sennhütten mit Steinen beschwert ist.

Man sieht hier so manche Szenerie, wie sie die Romanschreiber und Genremaler des Gebirges schildern: der Flieder, der sich über den Holzhaufen wölbt, der kleine Backofen im Brennesselgebüsch, die Zwetschgenbäume über den Holzzäunen, der Tümpel des Baches mit den darauf schwimmenden Hölzern, weiße Häuser auf dem Wiesenplan, ferne Rauchsäulen der Kohlenbrenner im Walde und zur Abwechslung ein Gersten-, ja selbst ein rauschendes Maisfeld in den Lichtungen.

Widerlich sind die Zementöfen, in welchen der bekannte Kufsteiner Zement zubereitet wird, mit ihrem Gequalm. Wo sich die Nützlichkeit in die Bergnatur hereindrängt, ist es mit der Schönheit allemal vorbei.

An schwülen Sommertagen treibt da auch der hohe Pendling seine Spiele, indem er bald aus dem glänzenden Gewölk hervortritt, bald sich verschleiert, bald versunken schien, bald kupferrot durch die Dünste flimmert.

Bald erreicht man den Thiersee, ein ziemlich großes, grasgrünes Gewässer. Als ich es zum letzten Male besuchte, feierten die Thierseer ihr Kirchenpatrocinium. Es wurde geschossen, und es rollte und knatterte von den Wänden über die grüne Fläche her wie von einer Schlacht. Dazu saßen einige in dem Kahn, der in einem versumpften Zufahrtskanal zum See liegt, schwenkten die Hüte und jodelten.

Von da gelangt man nach Hinter-Thiersee, wo man beim ›Adler‹ rasten mag, neben dem ein schwarzer Eisenhammer steht. Hier trifft man oft Jäger und hört manche Gebirgsgeschichte.

Ebenso munter geht es im ›Landl‹ zu, wo die Zither- und Tanzlust des benachbarten Bayern sich noch verspüren läßt. Neben dem Wirtshaus steht eine Kapelle mit roter Tür und der Jahrzahl 1685, darin ein Holzbildstöckl, wie ein Meilenzeiger. Helles Geläute dringt durch die Waldberge, und ferne Höhen schauen im durchscheinenden Sommerglast amethystfarben in die Einsamkeit herein.

Walchsee

Von der Überfuhr von Niederndorf nach Oberaudorf aus lassen sich Spaziergänge in Gegenden machen, welche viel weniger bekannt sind, als es ihre Schönheit verdient.

Geologisch betrachtet, geht man aus dem angeschwemmten Grund der Innufer auf den Diluvialschotter, der schon die nördliche Fläche ankündigt, dann über Flysch und endlich in die Torfbildung des Bodens von Walchsee, aus welcher man wieder in den Schotter des Kössener Beckens oder in den älteren Kalk des großen Achentales oder auch des armseligen Kohlentales gelangen kann.

Von dem tirolischen Ufer der Überfuhr, welches nur eine gar kleine Strecke vom Mühlgraben entfernt ist, zieht sich der Weg über grünen Tümpeln und Altwassern des Innflusses, welche alle mit jener Verflachung des Stromufers zusammenhängen, welcher Oberaudorf seine Fieber verdankt, in Steigungen und Senkungen an einer bewaldeten Bergkuppe hin. Auf den höheren Büheln (Hügeln) kann es nicht fehlen, daß schöne Blicke nach dem Laufe des Inn, über Kufstein und darüber hinaus geboten sind, welche an Schönheit der wirksamen Linien zunehmen, je mehr man sich Niederndorf und seinem von Mauerwerk überragten Bühel nähert.

Zu Niederndorf wird nicht leicht ein Mensch, der mit dem bekannten Äußeren eines Touristen in Zusammenhang zu bringen ist, am Wirtshaus vorbeigelassen, ohne daß die dicke Wirtin unter dem Tore ihm zuwinkt. Hat er nicht Eile, so kann er nichts Gescheiteres tun, als dem

Wink zu folgen. Den ›Deutschen‹ setzt man Tiroler Wein vor, den ersten, den er auf seiner dermaligen Fahrt zu sehen bekommt, wenn er den Inn entlang mit der Eisenbahn heraufgefahren ist. Mancher wird sich vielleicht weigern, weil ihn der Anblick der grauen Wände des Kaiser, ihres mächtigen Gerölls und der merkwürdigen krummen Linie, mit welcher hier das Gebirge von Osten nach Süden umbiegt, mehr landeinwärts lockt als die wohlbeleibte Herbergsmutter mit ihrem breitkrempigen Unterinntaler Hut.

Am allerschönsten nimmt sich das Inntal und der Kaiser zwischen den Zäunen aus, durch welche der Weg von Niederndorf bis zum Wirtshaus Sebi hindurchgeht. Man sieht bis in die Gegend von Rattenberg, und von den umgebenden Gebirgen gefallen sicherlich, außer dem Kaiser und seinen vielen Spitzen, vornehmlich der Kufsteiner Pendling, der Brünnstein über Audorf und die Pyramide des Heubergspitz, an dessen Fuß der grüne Walchsee inmitten eines blütenreichen Moores liegt. Selbstverständlich aber wird niemals der Kaiser außer acht gelassen, weil er durch die Größe seines Gesteins einen ansehnlichen Teil des Gesichtskreises ausfüllt und durch die Wildheit seiner Abstürze, die Abwechslung von Farben in Wäldern, Steinflächen und Schneemulden, durch die Schroffheit seiner Zacken und das Grün hochgelegener Wiesen dem Auge, welches rasch in die Alpenwelt versetzt worden ist, am meisten Gegenstände der Vergleichung darbietet.

Mit der verlassenen Straße ist auch Wildbühel fast vergessen worden. Vor Jahren, als hier noch der wackere Mann hauste, welcher jetzt im weißen Lamm zu Wörgl die entschwundene Herrlichkeit der alten Zeit beklagt, gab es da immer viel Lärm der Gäste aus Tirol und Bayernland, welche gekommen waren, sich an dem Wein zu letzen, der aus gar vielen Rebengauen des Kaiserstaates im Keller geborgen lag. Jetzt ist von solchem Treiben wenig mehr zu verspüren. Im Keller weht noch die kühle Luft und stehen noch vielfältige Fässer verschiedenartigen Weines. Doch nur selten und meist nur mehr von jenseits der Grenze kommen Gäste herbei. Darum mag der, welcher stillvergnügt eine echte Mittelgebirgslandschaft des Inntales genießen will, heraufkommen. Er wird schwerlich gestört werden in der Beschauung des Gebirges, des weiten dämmernden Tales mit dem silbernen Inn und der schweigsamen Wälder auf dem hohen Bühel. Doch wird er gut tun, sich nicht von dem schalkhaften Wirt berücken zu lassen, welcher seine Gäste gern in den Keller hinablockt. Es widerfährt ihm dort keineswegs Schlimmes an Leib und Leben, wie die Geschichten aus vergangenen Jahrhunderten von einsamen Herbergen im Walde erzählen. Wohl aber mag es ihm begegnen, daß er beim Heraufsteigen aus dem kalten Gewölbe den Schein von Sonne und Mond miteinander verwechselt und den steilen Abhang für eine Ebene hält. Dann steht der Wildbühler hohnlächelnd daneben und sagt: ›Ja, ja, das ist mein Isera, mein Traminer, mein Küchelberger, mein Ungarischer.‹

Derjenige aber, dem der Kopf frei und der Fuß sicher geblieben ist, wird den steilen Abhang, sei es der Straße, sei es des südöstlichen Pfades gegen Walchsee hin, mit vielem Behagen hinabsteigen. Wählen wir den ersten, so gelangen wir, den Bach in der Tiefe zur Linken, wieder nach Sebi hinab und zur Straße, welche hügelauf und hügelab durch lichten Wald, an Gestrüpp und Zäunen hin, zur Rechten den Jenbach, dessen Rauschen überall durch die Büsche hindurch vernommen wird, allmählich zur Wasserscheide zwischen dem Inn und der großen Kössener Aache ansteigt.

Walchsee

Gar schön ist der Weg von hier weiter nach dem Walchsee hinauf in einer mondhellen Nacht des Hochsommers. Die leichten Nebel, welche zwischen den Baumwipfeln und dem Kaiser schweben, die eilige Feuerglut des Baches zwischen den hauchenden Büschen, der rote Glanz aus mancher Schmiede, das kurz abgerissene Geläute schläfriger Rinder, die im Wald erwachend auffahren, die Sterne wie Bergfeuer auf den Jochrändern, die grünen Glühwürmer, welche auf den Farrenkräutern am Bergbach sitzen. Dies alles wird mehr Vergnügen bereiten als selbst die duftige Kühlung.

Wer nach Walchsee gehen will, kann von der Primau aus noch immer der Straße entrinnen. Wenige Schritte außerhalb der Primau schlägt er einen Waldpfad zur linken Hand ein, den verwilderten Überrest einer alten Fahrstraße. Jetzt ist es ein tauiger, schattiger Steg dem grünen Wasser des Staudinger Baches entlang, welcher von der Höhe des Brennkopfs nordwärts vom Miesberg herumfließt.

Hinter Durchholzen eröffnet sich die eigentümliche Landschaft von Walchsee. Im Hintergrunde erscheinen die mäßigen Berge von Kössen und Reut im Winkel. Die hohen Moorgräser, die braunen Durchstichseiten der Gräben und das Schilf beweisen, daß der kleine Seespiegel als die übriggebliebene Lake eines größeren Gewässers zu betrachten sei, dessen westliches Ufer an jener Stelle zu suchen wäre, an welcher jetzt die letzten Häuser von Durchholzen auf das Moor schauen. Ich nenne dieses fast verschwundene Gewässer den *Kaisersee.* Er muß einer der schönsten Seen in den Nordalpen gewesen sein, weil nicht nur der Kaiser mit seinen Schneemulden und seinem grauen Kalkgestein, sondern auch die Nadelwälder und grünen Hügelkuppen am Rande der jetzigen Moore aus seiner Oberfläche schauten.

Über die Art und Weise, in welcher der Kaisersee ausgefüllt wurde, können die Erfahrungen und Aussagen sogar der jetzigen Anwohner des Walchsees genügendes Licht verbreiten. Die Mündung des aus dem Gründl- und Baumgartenbach zusammengesetzten Gewässers, welches den See an dessen nordwestlichem Ende erreicht, hat sich seit wenigen Jahrzehnten um eine ansehnliche Zahl von Klaftern weiter in den See hineingeschoben. Die Stelle, an welcher jetzt der Fischerwirt sein Badehäuschen stehen hat, befand sich noch vor einem Menschenalter unter Wasser. Und statt der Erlen und Weiden, welche in Doppelreihen den plätschernden Bach begleiten, rankten sich hohe Algen aus dem schlammigen Grund. Das Wasser des Sees ist immer noch glasgrün und von der reinsten Farbe der Alpenbecken, als ob nicht Moore und trübe Tümpel seine Ufer bildeten, sondern er in granitener Schale läge. Am östlichen Ufer, welches von dichten Rohrbeständen gebildet wird, erhebt sich jäh eine winzige Insel, auf welcher rote Nelken zwischen den Weidenbüschen stehen und um welche der klare Grund in der Senkung mehrere Klafter gar deutlich heraufscheint. Auf diesem grünen Eiland ist vielleicht der beste Standort, um sich die Eigentümlichkeiten des Walchsees zu betrachten. Im Norden der Brennkopf und das Lochnerhorn, unten glatt abgetriebene Triften, mehr nach oben junger Wald, um die Höhen her abermals Weidegrund. Gegen Süden der Kaiser und Heuberg, an ersterem der grüne Nadelwald sich bis zum feindlichen Geröll der Schluchten hineinziehend, dieser bis zum Gipfel mit Bäumen bedeckt. Im Osten die brüchigen Wände oberhalb des Weges nach Kössen und in der Ferne die Gebirge der großen Ache, im Westen die bayrischen Alpen jenseits des Inntales, das tief unten im blauen Dufte liegt. Von der Insel aus betrachtet, setzen sich viele dieser Höhen auch in den Spiegel des Sees hinab fort, und nicht nur die grüne Pyramide des Kirchturmes, sondern auch die schneeflockigen Zacken des Kalkgebirges fließen durch die leichten Wellen.

Die vorzüglichsten Spaziergänge, welche von Walchsee aus gemacht werden können, gelten dem ausgedehnten Kaisergebirge, seinen Hochflächen und weitschauenden Spitzen. Besteigt man die Spitze des Wechsels, welchen die Bayern Geigelstein nennen, so schaut man außer einer vollständigen Rundsicht auch noch in die tiefe Schlucht der großen Ache in der Richtung gegen Schleching und Wessen hinab, und neben den Zinken der nördlichsten Alpenspitzen erscheint ein Teil des Chiemsees, des bayerischen Meeres, ein grüner Fleck in dem unendlichen blauen Meere des weithin verdämmernden Flachlandes. Die östlichsten Häuser des Dorfes Walchsee stehen hart am grasigen Ufer des Sees, der mitunter mit einer Bucht bis in die Schattenkegel der Obstbäume hereingreift. Solche Häuser sind Bilder des Friedens. Die Lichter, welche vom See auf den Rasen mit seinen Bleichtüchern um die Stämme der Kirschbäume herspielen, der blaue Rauch, welcher aus niedriger Tür über das Wasser hinzieht, die Feuerlilie in den kleinen Gärten, die Kinder, welche auf dem einen und anderen Brett spielen, das in den See hinausragt, und den Fischen zuschauen, die sich einem einsickernden Wässerlein entgegendrängen, die bunten Lappen der ärmlichen Kleider, welche auf dem alten Zaune trocknen, und über dem und unter dem allen das graue, unbewegliche Felsgebirge in der Luft und im Spiegel des Walchsees: in diesen Dingen liegt tiefer Friede und doch seltsame Bewegung. Ein wie unvergleichliches Land müßte Tirol sein, wenn viele seiner Talbecken mit solchen Wassern angegossen wären und die hohe Landschaft häufig ihr lebendiges Gegenbild fände.

Seen in Tirol und Vorarlberg

Dörcher Leben in Tirol

Der Karren, welcher da im Gebüsch an der Felswand steht, die das Kastell trägt, bezeichnet eine Spezialität Tirols.

Man betrachte sich den Mann mit dem hageren, grauen Gesichte, das verwitterte Weib in den kotigen Männerstiefeln, den bösen Hund, den Vogelkäfig am Karren, in welchem ein Kreuzschnabel sitzt, die Öffnung im zwilchenen Dach, aus welcher einige Kinderköpfe hervorschauen, die Besen, welche die Fracht und das Unterpolster bilden! Wo kommt das alles her? Was treiben diese Leute?

Im oberen Vintschgau, auf der Malser Haide, im oberen Inntal ist die Armut groß. Ehrlich und wacker kämpft der größte Teil der dortigen Bevölkerung gegen die Ungunst des Bodens, aber all ihre Rechtschaffenheit und ihr Fleiß vermögen nichts. Versiegen endlich alle Quellen, so versuchen es die Ärmsten mit einem Hausierhandel, wobei sie Wetzsteine, Töpferwaren, Obst oder auch Besen wie hier zum Verkauf bringen. Die meisten von ihnen, das darf man wohl ohne Übertreibung sagen, suchen auch unter solchem Elend sich ordentlich durchzuschlagen. Wir wenden uns zu denjenigen unter den Dörchern, so heißen die herumziehenden Karrner im Volksmunde, welche mehr oder minder zu den Landstreichern gehören.

Vor Jahren geschah es, wie in älteren Büchern zu lesen steht, öfter, daß heiratslustige Paare dieser Sippe, welchen ihre Gemeinden die Bewilligung zur Ehe versagten, sich in der Gestalt von Wallfahrern nach Rom durchbettelten, wo sie für einige Silberzwanziger den Segen der Kirche erhielten. Bei ihrer Rückkehr wurden sie dann wegen solch unregelmäßigen Vorgehens mit einigen Wochen Gefängnis bestraft. Indessen war Tirol immer ein viel zu kirchlich gesinntes Land, als daß es hätte versucht werden können, die Gültigkeit des Sakramentes anzufechten. Die in solcher Weise hintergangenen Gemeinden rafften dann einige Gulden zusammen und kauften den Ehegatten ein Wägelchen und Geschirre von Ton, mit welchen sie Handel treiben sollten. Die Gegenleistung für diese Gunst bestand darin, daß sie sich feierlich und durch Handgelübde verbindlich machen mußten, sich nie mehr in ihrer Heimat sehen zu lassen. Das Einsperren hat nun aufgehört, auch die in Rom geschlossenen Heiraten vermindern sich von Tag zu Tag, aber der Wunsch der Gemeinden, sich jene Familien, welche an Ort und Stelle keinen Erwerb finden können, vom Halse zu schaffen, ist derselbe geblieben.

Wenn man sich im Dorfe Starkenbach oder noch mehr in Schönwies, welche beide Ansiedelungen etwa eine Stunde unter Landeck am Inn liegen, umschaut, so bemerkt man mehrere schmutzige Hütten mit erblindeten oder zerbrochenen Fensterscheiben, verwitterter Tür und zerfallenem Dach, vor welcher solche Karren stehen wie derjenige, den dieser Mann neben seinem Pferde hierhergezogen hat. Von dort geht eine große Anzahl der Dörcher aus, welche auf den Landstraßen Tirols zu sehen sind. Auch das Dorf Schmelz, nahe an der Wormser-Jochstraße gelegen, ist eine Brutstätte dieser Menschen, mit der ihr Wägelchen überspannt ist, keine Lagerstätte als den Erdboden oder die Lumpen, mit welchen sie den Wagen auspolstern und auf welchen sie, in Knäueln zusammengeballt, schlafen, keine anderen Freunde als die Hunde, mit welchen sie Handel treiben.

Werfen wir uns dagegen die Frage auf, welche Landstriche vorzüglich von ihnen besucht werden, so finden wir, daß die wohlhabendsten Täler von Tirol, Etschland und

Pustertal, am meisten von ihnen zu erzählen wissen. Gegenden, in welchen es wenig ›gute‹ Bauern gibt, werden von ihnen gemieden. Ein ziemlich sicheres Mittel, sie fernzuhalten, ist auch die Erfindung, welche in neuester Zeit einige Gemeinden, besonders im Ötztal, gemacht haben. Dieselben besolden irgendeinen wackeren verabschiedeten Kaiserjäger, rüsten ihn mit Stutzen und Haubajonett aus und übertragen ihm die Pflicht, Bettler und Dörcher von Ansiedelungen fernzuhalten. Andere Hochtäler werden acht Monate des Jahres durch den Schnee verteidigt. Gar manche Ortschaft in wohlhabenderen Tälern ist ihnen jahraus, jahrein preisgegeben und muß ihre Anforderungen, deren Summe einer bedeutenden indirekten Steuer gleichkommt, rettungslos über sich ergehen lassen.
Wenn man nun einen Dörcher fragt, warum er gerade auf diese so unbequeme und ermüdende Weise sein Leben zu fristen versuche, so erwidert er, daß er an der ›Rauharbeit‹ keinen Gefallen finde, sondern daß ihm das Herumziehen die größte ›Freud‹ mache.

Aso hob mar d'Leut krod für Norrn,
Und löb'n frei lustig, frisch au,
Dar Spitzala laaft nöbmann Korrn,
Dar Krumbschnobl hongt hint'n drau.
Dar Korrn dear ist ünsar Hütt'n,
Unsar Vich ist dar Vogel und Hund,
Mar bleib'n bon find'n und bitt'n
Jo olli wiad Höcht'n so gsund.

Von solchen Freuden will nun der freilich wenig einsehen, der einem solchen Karren begegnet, an welchem der Mann und das Weib angespannt sich in der Sonnenhitze keuchend dahinschleppen. Auch das Abrichten der Kinder, daß sie lernen, wie man einen Hund mit der

Schlinge, Hühner mit der Angel, Fische mit der Hand fängt, und an welchen Kennzeichen man denjenigen, welcher etwas herschenkt, von dem mürrischen Geizhals unterscheidet, ist keine geringe Mühsal.

Die gemeinschaftliche Geburtsstätte der Kinder stellt der Karren dar. Der Gemeinden aber, deren Angehörige sie sich zu sein rühmen, sind eben so viele, als wir da Köpfe vor uns sehen. Unter anderen Bräuchen, welche die Dörcher mit den Zigeunern gemein haben, bezieht sich einer auf die Behandlung der Kinder und fällt Vorübergehenden besonders auf. Mütter säugen ihre Kinder gar oft bis in deren sechstes und achtes Jahr, und es gehört keineswegs zu den Seltenheiten, einen Buben die Tabakspfeife seines Vaters weglegen zu sehen, um an der Brust der Mutter zu trinken.

Der Geschirrhandel ist dem Dörcher das, was so vielen slawischen Spielleuten ihr Musikinstrument – ein Vorwand zu ungescheutem Bettel. Es ist fast unmöglich, auf dem Wege dieses Handels einige Kreuzer zu verdienen. Die Knauserei und Feilschsucht der Bauern sowie die Zerbrechlichkeit der Ware verschlingen den kärglichen Gewinn, der vielleicht einmal bei einer ausnahmsweise günstigen Gelegenheit erwachsen ist.

Wenn es der Patriarch des Stammes zu einem Pferd oder Esel gebracht hat, so ist es erlaubt, an einen Glücksfall besonderer Art zu denken. Vielleicht hat diese Familie beim ›Kaudern‹ (Hausieren) mit Schleifsteinen usw. einige Wochen lang gute Kunden gehabt. Vielleicht gelang es ihr, irgendwo einen Hund von auffallender Schönheit zu stehlen und dafür einen Liebhaber zu finden.

Das Kostüm der Dörcher ist in der Regel ein mannigfaltiges. Die Buben haben oft eine abgegriffene Soldatenmütze als Kopfbedeckung und manchmal Hosen, welche aus dem Fell eines Hundes verfertigt sind. Solche ziehen ihren Trägern stets eine gewisse Aufmerksamkeit von seiten aller Hunde zu. Bezüglich der weiblichen Gewänder kann nur gesagt werden, daß sie aus verschiedenen Tälern zwischen Drau und Rhein zusammengebettelt worden sind, und wenn sie neu wären, gewissermaßen eine Musterkarte von Trachten darstellen würden. Ich erinnere mich an einen Fall, in welchem das Glück in Form einer verlorenen Geldsumme auf der Straße lag. Die mitgenommene Tasche mit Banknoten hätte den Dörchern ohne Zweifel viele Annehmlichkeiten bereitet, wenn sie in ihrem Jubel nicht so voreilig gewesen wären, einen prächtigen Rappen zu kaufen und ihn vor ihren Karren zu spannen. Das Auge des Gesetzes erstaunte über solche Eitelkeit, und die verantwortlichen Mitglieder ernteten keine andere Wohltat von dem verhängnisvollen Augenzwinkern der Fortuna, als daß sie mehrere Jahre hindurch aller Fürsorge für den Karren enthoben wurden.

Reisebekanntschaften

Vor Jahren widmete ich einen prachtvollen Januartag meiner Neugierde, zu sehen, wie es hier, so nahe an der Ebene, auf der Gebirgslandstraße nach Walchsee ausschauen mag, in der Beleuchtung des tiefen Winters.
Es gibt wenige, die in diesem Monat wandern, ohne durch ihre Armut zum Fußgehen gezwungen zu sein.
Wie das knarrt unter den Schritten und wie es glitzert, wenn aus dem Fenster eines der Häuser frühmorgens Licht auf die Dorfgasse fällt! Und wie seltsam klingt der Gruß der Bauern, von denen zuweilen einer mit seiner Laterne vorüberkommt und sein ›Guten Morgen!‹ in die Finsternis hineinruft.
Aus der Kirche, deren Tür manchmal ein Eintretender öffnet, dringt Kerzenschein und Orgelklang. Der rasche

Blick fällt auf den weißen Engel, der über dem Altar schwebt. Im hellen Hause wird die Brust der Menschen zu unausgesetztem Husten gereizt, welches fast die priesterliche Handlung stört, und aus den Tennen summt der Lärm des Dreschens. Endlich war ich am Häuschen des Herrn Chirurgus links vor Niederndorf vorbei – auch aus seinem Fenster schien Licht, und ich dachte an die prachtvollen Blumenkronen seines Gärtchens – auf der freien Straße, neben welcher die Spitzen der Zäune sich kaum über den Schnee erhoben.

Als der Tag aufdämmerte, bemerkte ich, daß es ein solcher werden würde, für welchen die Tiroler das vorzüglich sinnliche Wort ›glänzende Spiegelkälte‹ erfunden haben.

Die erste Gesellschaft, welche ich antraf, waren die Wegmacher. Sie standen an den Schneemauern und mühten sich ab, das freie Geleise immer breiter zu machen. Ihre Schaufel ergreifen sie mit Vorliebe, wenn eben jemand vorübergeht – sonst stützen sie wohl die von unförmlichen blauen Handschuhen geschützten Hände untätig auf die hölzernen Schaufeln und schauen sich stumm an, wie ein Kreis von Krähen, der dort mitten im Schneehohlweg steht.

Nach langer Zeit erreichte ich einen Fuhrmann, der seinen stillstehenden Wagen anbrummte, als ob er ihn ausschelten wollte. Er hat, wie er mir erzählt, den Argwohn gefaßt, es möchte ein Teil seiner Fracht des Weines durch die plötzlich eingetretene grimmige Kälte gefroren sein.

Da sind die Schulknaben, welche nun in einem Trupp daherkommen und sich in einer unaufhörlichen Balgerei zu ihrer Morgenlektion ins Dorf fortbewegen, schon andere Burschen. Ihr Mißvergnügen besteht höchstens darin, daß sich in dieser Frostluft der Schnee nicht ballt.

Endlich aber holte mich doch ein Paar ein, dessen Ausse-

hen etwas versprach. Es waren zwei Männer in den schlechtesten Kleidern. Beide hatten ihre Ohren mit Taschentüchern umwickelt und schritten stumm nebeneinander her, wie wenn sie fürchteten, die Schutzgeister ihres Branntweinfrühstückes möchten ihnen durch den geöffneten Mund entfliehen.
Wir ließen uns in ein Gespräch ein. Nachdem ich ihnen zunächst auf ihre Fragen über meine ›Profession‹ Bescheid gegeben hatte, eröffneten sie auch ihrerseits die Perspektive, in welcher sich für sie das Treiben auf diesem Erdenrund darstellte.
Der eine war Hadern- oder Lumpensammler. Aus seinem Munde erfuhr ich, daß es für sein Geschäft keine günstigere Zeit gibt als eben diesen germanischen Eismonat. Die Sommer- und Herbstarbeit nützt die Gewänder der Bauern ab, welche von diesen so lange getragen werden, bis sie durch die Kleidergeschenke, welche um den Jahreswechsel herum stattfinden, völlig überflüssig werden. Indessen schien selbst diese glänzendste Periode seines Geschäftsbetriebes den Hadernsammler nicht davor zu schützen, daß er selbst in Lumpen gehen mußte. Die ihm jetzt gebotene Aussicht auf ein Glas Wein schien ihm ein glücklicher Zwischenfall seiner unausgesetzten Pilgerfahrt. Sein Begleiter war ein Musikant, welcher die auf Andeutung des Kalenders entstandene Karnevalsfröhlichkeit benützte, um sich in dem einen und anderen Bauernwirtshaus mit seiner Klarinette hören zu lassen. Von den Spuren fröhlichen ›Spielmannslebens‹, von welchem die deutschen Lyriker soviel zu erzählen wissen, war an dieser hageren, halb erfrorenen Gestalt wenig zu sehen. Die Honorare der Bauern beschränkten sich auf eine geringe Anzahl von Pfennigen oder Kupferkreuzern, und die Lehrsätze der Physiologen vom geringen Werte des Branntweins als Blutbildner fanden da eine exemplarische Bestätigung.

So gingen wir denn miteinander unsere Straße, ohne daß uns etwas anderes aufstieß als ein Schlitten, der so schwer mit Brettern beladen war, daß die kräftigen Rosse in Wolken von dampfendem Schweiße gehüllt daherkamen, welchen ihnen die übermäßige Anstrengung abnötigte. So ward den Tieren der Vorteil der glatten Bahn wieder durch die größere Last verkümmert, die man ihnen zumutete.

Dies waren die Bemerkungen, welche ich als klassisch gebildeter Wanderer mit meinen warmen Beinkleidern und guten Stiefeln an den vorüberziehenden Tieren machte. Meinen Genossen aber, den heiteren Spielmann, hinderte der Mangel an idealem Inhalt in seiner Erziehung, an etwas anderes im Himmel und auf Erden zu denken als an die Frostbeulen seines Fußes. Die Geschichte dieser Wunden, von welchen er mehr zu erzählen wußte als von minniglichen Mägdelein, welche in den Gesängen der schwäbischen Dichterschule fahrenden Spielleuten zuwinken, gab uns den Unterhaltungsstoff. Für die Schönheit der Winterlandschaft hatte er wenig Sinn.

Unter solchen Erwägungen, welche der Spielmann durch Schlottern der Zähne begleitete, gelangte ich mit den Genossen an die Schwelle einer Herberge, und wir schritten in die dumpfbrütende Stube.

Bauernstuben

Da hingen von der Decke Schweinsblasen herab und auf rußigen Stangen um den Ofen herum Ziegenfelle, welche trocknen sollten. Feuchte Strümpfe und ›Pfosen‹ (wollene, maschenähnliche Strümpfe) verbreiteten eine übelriechende Schwüle. Auf einem zerrissenen Lederbett neben dem Ofen lag der Hausknecht, und die Töne, die er

im Schlafe von sich gab, begleiteten zusammenklingend das Schnarren der Spinnräder, an welchen alle anwesenden Dirnen und Weiber beschäftigt waren.
Der Blick richtete sich von diesen weg gern wieder auf das Fenster hin. Draußen stand ein Brunnen, der mit Stroh dicht umwickelt war. Hyazinthen, welche man hinter das Vorfenster gestellt hatte, erschlossen jetzt, von dem zunehmenden Lichte gelockt, allmählich die blaue Blütentraube. Im Moose, welches um die Scherben herum ausgebreitet war, standen unförmliche Männlein, mit seidenen Lappen und Goldflitter behangen, welche die Heiligen Drei Könige darstellten, die dem Kinde ihre Opfer brachten.
Es wurde wenig gesprochen unter den Spinnerinnen. Alles bewegte die Hände, und selbst die Kellnerin, welche manchen Vorwand zum Feiern hätte, setzte sich, sowie das Verlangen der Gäste befriedigt war, flugs wieder hinter das Rad. In diesem Hause wird man, wie ich aus Erfahrung wußte, besser aufgehoben, als es der Stube anzusehen ist. Als ich hier einst am Abend mein Bett aufsuchte, war es mit Holzschindeln gewärmt, die man auf den Herd gelegt hatte.
Doch zurück zu meinen Genossen!
Der Frost des Spielmannes war so weit aufgetaut, daß er anfing, bei seinem Wein Scherze zu machen. Zunächst versuchte er es mit der Kellnerin, deren Schweigsamkeit ihn bald entmutigte. Meine Bemerkung, daß es jetzt doch, verglichen mit seinem vorherigen Zähneklappern, weit besser mit ihm bestellt sei, ermunterte ihn zu einem Ausfall gegen den Hadernsammler. Für diesen Mann war es vielleicht kein so großes Mißgeschick, daß er wenig zu beißen hatte, denn die von der Natur dazu bestellten Werkzeuge fehlten fast sämtlich. Darauf bezog sich der Spielmann, als er zu jenem sagte: »Du, Hadernsammler,

hast es am Jüngsten Tage gut!« »Warum?« entgegnete dieser. »Darum, weil du dich, wenn es zum Zähneklappern kommt, nicht viel anzustrengen brauchst.« Diesmal beteiligten sich die Spinnerinnen, welche wenig sprachen, aber emsig hörten, durch ein allgemeines Gelächter. Selbst ein anderer anwesender Gast, ein Bilderhändler, sah sich veranlaßt, seine bis jetzt aufrechterhaltene Würde abzulegen.

Nun bekamen auch wir seine Bilder zu sehen. Es waren Heilige oder die Schlachten von 1866. Die ersteren waren mit demselben Rot und Blau bekleidet, welches auf den letzteren Feuerbrände und Uniformen versinnbildlichte.

Vor unserem Abgang kam die Reihe der Abenteuer an den Spielmann. Es trat ein von Reif gepuderter Gendarm herein, welcher sich die Zeit seiner Ankunft von der Wirtin in seinem Patrouillenbüchlein bestätigen ließ. Das Äußere unseres Spielmannes entsprach nicht jenem Ideal eines Staatsbürgers, welches der Gendarm im Busen trug, und er hatte keine Legitimationen.

Ein in der neueren Literatur Belesener hätte die Zumutungen des Gendarmen vielleicht mit dem bekannten Zitat ›Wem Gott will eine Gunst erweisen, den schickt er in die weite Welt‹ zurückgescheucht, unser Künstler aber verlegte sich aufs Bitten. Wir vereinigten, die Wirtin mit inbegriffen, damit unsere Fürbitten. Endlich siegte in dem Gendarmen die Teilnahme, welche man der Kunst schuldet, und der Besitzer der Klarinette verließ mit uns die Herberge in der Richtung, welche er wünschte, nicht in derjenigen, welche ihm die Laune des Gendarmen anzuweisen beabsichtigt hatte. Als wir vor der Tür waren, verständigte er sich zunächst flüsternd mit dem Hadernsammler über die Anzahl der ›guten‹ Bauern, welche im nächsten Dorfe zu finden sein dürften.

Durchs Inntal zum Achensee

Wörgl ist die Station für diejenigen, welche das Brixental und die hohe Salve besuchen wollen, einen Berg, der viel gerühmt wird, weil man die schöne Aussicht von dort aus oder neben einem bergenden Wirtshaus genießen kann. Das Eis der Tauern bietet den Hauptanziehungspunkt dort oben. Die Straße nach den grünen Hängen des Brixentales verläuft zunächst in einem mächtigen Bogen, zu welchem sie beiderseits von den südlich vortretenden Bergen und der Mündung der Brixentaler Ache genötigt wird.

Da es sich jetzt für uns um die letztere handelt, so sage ich, daß ein großer Teil ihrer Biegung durch einen schönen Fußweg umgangen wird, welcher gleich außerhalb des Dorfes Wörgl durch Wiesen führt, deren hohes Gras von den zusammenhängenden Ästen zahlloser Obstbäume gegen die Sonne geschützt wird. Am schönsten deuchte mir dieser Gang am Abend eines heißen Sommertages. Das enge Tal, gegen welches aus dem weiten Innbecken der Weg hinführt und dessen dunkle Mündung immer näher rückte, versprach kühlenden Wasserhauch und duftige Schatten. Zuerst schienen die höheren Ränder des Kaiser noch silbergrau über den tieferen Wänden in die Wiesenwege herein. Dann aber, als der Tag völlig zur Rüste ging, färbten sie sich mit tiefem Rot. Manchmal sah man noch einen verspäteten Pflüger in der Dämmerung, hier und da betete ein Mensch, der seine Bürde an das Mauerwerk gelehnt hatte, mit lauter Stimme vor irgendeiner der weißen Kapellen.

Als scherzhafte Kleinigkeit sei beiläufig erwähnt, daß

etwa halbwegs zwischen Wörgl und Itter unter andern Gedenktafeln sich eine solche befindet, welche an den Tod eines Bäckermeisters aus ersterem Ort erinnert. Neben den Abzeichen der himmlischen Gewalten, welche sich eben des armen Verunglückten annehmen, nimmt sich die Inschrift gar wunderlich aus, die besagt, daß ›ihn außer seinen zahlreichen Kunden auch eine Gattin betrauert‹. Man wird schließen können, daß, wenn der Schmerz der Gattin ein großer war, sein Gebäck ein unübertreffliches gewesen sein mußte.

Das Schloß Itter ragt auf einer Waldkuppe, deren Fuß die Ache umrauscht. Die Wände hinter ihr sehen teilweise so aus, wie wenn brüchige Stürze herabgegangen wären, und das rote Geröll des Triaskalkes gleicht den Schutthalden in den Porphyrschluchten über Bozen. Unten in den Auen zwischen Fluß und Waldrand ist eine Holzlände, auf welcher große Mengen von herabgeschwemmten Scheitern aufgeschichtet daliegen. Von dort aus wird auch das Kirchlein des Dorfes Itter unter dem Schloß gesehen, zu welcher sich ein Waldsteig über den ziemlich steilen Abhang hinaufwindet. Wer Freude an kindlichen Einfällen christlicher Maler hat, der mag sich dort oben das Altarblatt betrachten, auf welchem der Engel dem nach Ägypten fliehenden Jesuskindlein seine Windeln und die Breipfanne vorausträgt. Aber weiter dem Fluß entlang sieht man Kohlenmeiler und das Treiben der Köhler im engen Tale jenseits der rauschenden Wellen. Im allgemeinen bleibt der Anblick des Tales, welches zum großen Teil mit Wald ausgefüllt ist, und des Weges, neben welchem Holzzäune halb von Farrenkräutern und Gesträuch bedeckt sind, bis zum Markt Hopfgarten hin ganz der nämliche.

Die Überlieferung verlangt es, daß wir dort beim Paulwirt einkehren, der Station für die Salvenfahrer.

Der Steig, auf welchem man auf der Höhe der Reisezeit fortwährend Maultieren mit Damen und städtischen Touristen begegnet, welche sich vorsorglich für diesen Reitsteig und die Grashalden der Hänge mit ungeheuerlichen Bergstöcken vorgesehen haben, führt bis zu einer ansehnlichen Höhe noch zwischen Wohnhäusern und Getreidefeldern hin. Der Gipfel wird über eine grasige Fläche hin erreicht, auf welcher zuletzt die Baumeinfriedung und das Gestrüpp verschwinden. Auf der Ostseite drüben sammelt sich alljährlich Stoff zu einer Lawine, deren Abgehen den Bewohnern des Brixentales das Signal ist für den Beginn ihrer Feldarbeiten.

Die Bauten oben bestehen aus einem kleinen Kirchlein und einem bescheidenen Wirtshaus. An der geeignetsten Stelle, nämlich gegen Süden hin, sind Bank und Tisch angebracht worden, von welcher aus der weite mittägliche Gesichtskreis mit seinen Gletschern ruhig genossen werden kann. Man sieht den zugespitzten Gipfel des Großglockners, häufig von Wolken umzogen, den Habicht in Gschnitz, die graue Kalkkuppe des Solsteins über der Landeshauptstadt und im Norden jenseits verwitterter Hörner das undurchsichtige dunkelblaue Meer des Flachlandes.

Von Hopfgarten aus gehen mancherlei Wege in den Pinzgau, an den Fuß eben jener Eisberge hinüber, welche auf der Salve der hervorragende Gegenstand unserer Betrachtung waren.

Trübselig und unwirtlich erschienen mir stets die Ansiedlungen des Brixentales. Diese Weiler Feichten, Hintermoosen, Vordermoosen mit ihren hölzernen Hütten, ihren wenig kräftigen Männern, ihren stumpfsinnigen Weibern, die, ihre Mistgabel in der Hand, mit Männerhosen angetan, jeden Wanderer wie einen durchziehenden Elefanten angaffen, bringen ihm ebensowenig muntere Eindrücke als die ungewöhnliche Gleichförmigkeit der breiteren Talmulde. Erst bei Kirchberg, von wo die Wasser wieder der großen Ache zurinnen und das Spartental von Süden sich öffnet, kommt wieder einige Abwechslung in die Linien der Landschaft. Zugleich zeigt sich in den Herbergen wieder jene Behäbigkeit, welche der Kitzbüheler Gegend zu einem gewissen Ruf verholfen hat.

Schwarzer See

Das Becken von Kitzbühel eröffnet sich dem Blick nicht eher, als bis man sich schon ganz in der Nähe der Stadt befindet. Bei der kleinen Schenke am ›Klausenbach‹ sieht man wohl die Wände des Hochkaiser über dem Waldgebirge, bald auch den Schwarzen See, von Wiesen umgeben, und das stattliche Gebäude des Bierkellers am Fichtengehölz, beliebten Wallfahrtsorten der Kitzbüheler Gäste, doch erst um eine Biegung des grünen Hanges erscheinen die weißen Türme.
Die Stadt Kitzbühel hat viele Ähnlichkeit mit den großen Marktflecken in Salzburg, Oberösterreich oder Bayern. Wie in jenen steht hier die vorzüglichste Häusergruppe links und rechts in einer breiten Gasse, der ersten, eigentlich einzigen der Stadt. Nicht minder ist die Reinlichkeit bemerkenswert, durch welche sich die frisch aussehenden alten Häuser von den Wohnsitzen in Landstädtchen gleicher Größe unterscheiden, welche weiter im Inneren des Landes liegen. Um diese Gegenüberstellung durch Beispiele deutlicher zu machen, führe ich Orte an, wie Sterzing oder Glurns. Fällt solche schon in Hinsicht auf die Äußerlichkeiten zum großen Vorteile der Stadt an der Großen Ache aus, so wüßten diejenigen, welche hier einige Sommer- oder Herbstmonate verweilt haben, noch weit mehr des Lobenswürdigen über die Pflege in den

Wirtshäusern zu erzählen. Es wäre in der Tat wünschenswert, wenn im südlichen Teile des Landes in solchen Dingen soviel an Notwendigem nicht vernachlässigt würde, was hier manchem als aufgedrungener Überfluß erscheint.

Kitzbühel liegt in einer prächtigen saftgrünen Mulde, aber es ist keine Landschaft im Stil des gewaltigen Berglandes. Gegen die Augenweide jedoch, welche aus dem Anblick abgerissener Wände, Schneefelder und jäher Abstürze entsteht, hat es den gewaltigen Vorteil seines unabsehbaren Pflanzenwuchses. Wohin man immer schaut, stehen Waldgruppen, ziehen sich Wege durch Sträucher und Wiesen hin, kleine Bächlein sind von saftigen Blättern, Lattich und Blumen fast versteckt, und in der weiten Runde erscheint bis zur Höhe der Schieferberge hinauf kein Fleck ohne Bäume oder frühlingsglänzende Matten. Über diese aber weht eine Luft hin, deren stärkenden und erquickenden Einfluß die Ärzte loben, welche seit einigen Jahren ihre Pfleglinge in dieses Tal schicken.

Abstecher ins Zillertal

An einem schönen Sommertag machte ich mich von Jenbach auf, um nach dem Zillertal zu pilgern.

Es waren schwüle, wolkenverschleierte Stunden, und nur selten blitzte die fahle Sonne aus einem der Altwasser des Inn, die sich hier bis Rotholz und noch weiter bis zur Einmündung der großen Zillertaler Ache vorfinden. Langsam schritt ich an dem einen und anderen lauen Teich vorüber, aus welchem die Feuerkröten ihre traurigen Rufe erschallen ließen. Drüben war das Erlendikkicht, welches Kühlung bot, in der Zaungasse aber rührte sich kein Lüftchen.

Schließlich erreichte ich Schlitters. Dort hat man noch einen ziemlich großen Gesichtskreis, indem ein schönes Stück des Inntales und der zu ihm abfallenden Kalkalpen hineinfällt. Von letzteren ragten die Jöcher zwischen Achensee und Brandenberg über den Nebel, aber es ließ sich voraussehen, daß dieser binnen kurzer Frist über sie hinausbranden würde.

Nur eine geringe Entfernung trennt diesen Ort von dem ansehnlicheren Fügen. Während ich in der Zaungasse dahinschritt, begegnete ich mehr als einem hübschen Mädchen, welches das unter den Zäunen wachsende Gras mit einer Handsichel abschnitt.

In den Gärten von Fügen, welches vielleicht als der älteste Ort des Zillertals betrachtet werden kann, ragen jetzt die hohen Pappelrosen, außen aber, an den aus Findlingsteinen erhöhten Mauern, die freiwillig angesiedelten Königskerzen.

An dem alten ›Getreidekasten‹ sowie an dem von weißen Mauern umgebenen Gerichtshaus geht man vorüber, wenn man in der Richtung gegen Zell wandert.

Hier und dort kennzeichnen zwei Pappeln von ferne ein Heiligenbild, das zwischen ihnen steht, und mancher Seitenbach, der aus den mürben Tonschieferhängen des westlichen Gebirges herabkommt, deutet eine Reihe von Eschen an, die sich längs seiner Ufer durch die Matten hindurchzieht.

Bis zu den ›Asten‹, den Zillertalischen Voralpen, hängen die Nebel herab. Von dort ab donnert es fort und fort, und die Erscheinungen des Gewitters haben sich mit denen eines Landregens in ein langwieriges Einvernehmen gesetzt.

Vor dem Regen hört man kaum das Rauschen der Bergströme, die, wie beispielsweise der Finsingbach, in fest gezimmerter Arche nach dem Tale geleitet werden. Eisenoxydhäutchen bedecken regenbogenschillernd manches

Sumpfwasser und werden von den schweren Regentropfen durchschlagen.
An einem dieser Gräben erhebt sich ein Kreuz mit der Inschrift:

Sieh im Tempel der Natur
Des großen Gottes Spur:
Willst du ihn noch größer sehen,
So bleib beim Kreuze stehen.

Entkleidet man diesen Satz des dogmatischen oder kirchlichen Gewandes und denkt man an manche Wunderdinge, welche menschliche Liebe und Hingebung geschaffen hat, so mag allerdings die Eispracht des hohen Ingent-Kars, welches an Sonnentagen hierher leuchtet, von ihnen verdunkelt werden.
Saubere Dörfer wie Ed, Finsing, Uderns, auf dessen rotem Kirchturmdach metallene Ziffern von den Erbauern sprechen, unterbrechen diese Bilderreihe. Man sieht dann statt Moor und Wald wieder schmucke Holzhäuser mit luftigen Altanen, von Blumenschmuck geziert.
Donner und Regen verhindern nicht, daß wir aus dem Walde oder aus fernen, vom Regen verschleierten Weidegründen Jubelrufe der Hirten hören.
Wenn man sich Zell nähert, tritt das westliche Gebirge schärfer an den Ziller heran, der Wald und die ihm entfließenden Quellen sind ganz nahe an dem hochwogigen Gletscherstrom, aus dessen grauer Flut es silbern aufblitzt. Weiter geht's nach Mayrhofen. Dieses liegt an der Grenze des Tonschiefers, welcher die Vorberge bildet, und des Walles aus Gneis, aus welchem die eistragenden Höhen der ›Gründe‹ aufgebaut sind. Als Grenzort nimmt es zur Hälfte noch am lieblichen Aussehen der ebenen großen Talsohle teil, weil um seine Mauern üppig Obst gedeiht und die Maisfelder rauschen, zur anderen Hälfte aber hat derjenige, welcher gegen Süden schaut, den le-

bendigen Eindruck, daß er an der Schwelle gewaltiger und von den bisher genossenen weit verschiedener Schaustücke stehe.

Zu allen ›Gründen‹, die sich hier fächerartig in die Hochgebirge hineinziehen, stürzen donnernd Wasser heraus, welche die Zillertaler Ache zusammensetzen. Das Auseinandergehen der einzelnen Strahlen dieses Fächers sieht man sehr gut von Finkenberg aus, wohin wir auf unserer Wanderung ins Dux gelangen.

Man kann hier, wo vier ziemlich unwegsame Täler sich abzweigen, niemals gehen, ohne Trägern und insbesondere Trägerinnen zu begegnen, welche den Verkehr der einsamen Gegenden mit den Ansiedlungen heraußen vermitteln.

Da ist ein Weib, welches sich vom kurzen Wege bereits so angegriffen fühlt, daß es am grauen Stilluper-Bache den Durst zu löschen Wasser schöpfen muß – dort ein anderes, welches Frühobst langsam in das rauhe Tal hinaufschleppt. Ein drittes trägt ›schlechtes Mehl fürs Vieh‹ nach irgendeiner ›Asten‹ (Niederalm) und treibt dabei noch eine Ziegenherde, ein viertes müht sich um fünfzig Kreuzer ab, die Vorräte des Krämers in Dux um einen Tragkorb voll Kaffee, Zucker und dergleichen zu vermehren.

Wir nähern uns jetzt dem Engpaß, der Zillertalischen Via Mala, Klamm der Dornau, welche sich der Zemmbach, den man unter den Talgewässern wohl als das bedeutendste ansehen kann, durch das Urgestein gebrochen hat.

Auf weichem Fichtennadelboden, den hier und dort Heidelbeergestrüpp bedeckt, an anderen Stellen wieder Wurzeln wie schwarze Schlangen durchziehen, gelangt man zu einem Vorsprung, von welchem aus derjenige, der sich über die letzten Wurzeln hinausbeugt, in die Flut hinabblicken kann, welche den Donner durch Berg und

Tal grölen läßt, indem sie sich zwischen hausgroßen Gneisblöcken zerschlägt. Da steckt ein vom Berge herabgewetterter Stamm mitten im Abgrund der Wasser, von Schaum umkocht, und über das Sprühen des Schaumes ragt ein großer, von Flechten rostfleckiger Felsen empor, der trieft.

Ein anderes Bild! In den Schlund wallt von hoch oben, von den Rändern des Ostufers, oft in Rauch auf den Absätzen und Terrassen aufgelöst, ein Wasserfall. Er reißt eine breite Straße mitten durch weiß blühende Büsche, die sich zitternd an die Felsen anklammern, dann gerät er auf sanfter geneigte Platten, wo schon stärkere Bäume Halt gefunden haben, deren Wurzeln er wie mit einem Spitzengewebe zudeckt, während die Wipfel der nämlichen Bäume von den Nebeln der Klamm umschleiert werden.

In der Spinnstube

Wir versetzen uns in einen dunklen, schneereichen unterinntalischen Dezemberabend.

Um zu erfahren, wie sich hier die Geselligkeit gestaltet, gibt es keine bessere Gelegenheit, als uns eine ›Kunkel‹, eine Spinnstubengesellschaft, zu betrachten, wo die ›Kienleuchten‹, der Holzspahn, noch die Stelle der Talgkerze vertritt. Ich will eine solche Szene getreu nach der Erinnerung wiedergeben.

Der Rauch biß die Augen wund, doch die jungen Dirnen wollten davon nichts verspüren, um so mehr die alten Weiber, welche fortwährend über Schmerz in den Lidern klagten. Untertags hatten sich die Spinnerinnen abwechselnd durch Gesang, Gebet oder allerlei Gespräch ihre einförmige Arbeit gewürzt. Es waren von den Alten zum hundertsten Mal ihre früheren Bekanntschaften, von den Jungen untereinander die gegenwärtigen ausgetauscht worden – aber allmählich wurde auch das zu eintönig, und man sehnte sich nach irgendeiner Abwechslung. Wenn auch die Spinnräder so emsig surrten, wie es in einer Fabrik nicht lebendiger zugehen kann, so spähten doch die Augen sehnsüchtig nach der Stubentür, ob nicht noch irgendein Besuch komme.

»Es ist jetzt schon sechs Uhr, heute kommt kaum noch jemand, es wird heute recht langweilig werden!« seufzte die Gradl-Urschl, eine noch junge Dirne.

»Aha, sind dir schon wieder die Mannsbilder im Kopf?« sagte keifend die alte Fuchs-Lisi, eine der strengsten Tugendwärterinnen der Mädchenrunde. »Wär's nicht am Ende gescheiter, wenn ihr einen Rosenkranz beten möchtet?«

Ein alter Bauer, der rauchend auf der Ofenbank saß, nahm für die Dirnen das Wort: »Betet lieber für euch, ihr alten Hummeln, und um einen baldigen glücklichen Garaus!«

Die Jungen steckten kichernd die Köpfe zusammen, die Alten aber schrien wirr durcheinander.

Nach einer Pause begann die Platsch-Miedl: »Jetzt ist gar die alte z'rütte Moidl auch gestorben, die Hexe. Wenn die nicht eine gewesen ist, so hat's gar nie eine gegeben auf der Welt. Sie hat das Wetter immer vorausgesagt, wenn man sie in der Frühe darum gefragt hat. Kein Mensch hat jemals bei ihr Hühner gesehen, und doch hat sie immer Eier verkauft. Ihr Viehstand war nicht groß, ein paar Kühe und hier und da ein Schwein – das war alles. Von zu Haus hat sie kein Geld gehabt, und von ihrem Mann kann sie nichts geerbt haben, und dennoch sind keine Schulden da. Im Gegenteil, man hört, ihre Tochter soll eine ganz schöne Ausstattung von der Alten erben. Nun, da meine ich, da ist's doch augenscheinlich, daß sie mehr gekonnt hat als gewöhnliche andere Leut'. Es wird ihr dafür wohl ihr Lohn in der anderen Welt nicht ausbleiben. Für unser Dörfl ist es nur gut, daß es von der Hexe erlöst worden ist. Ich will ihr eigentlich nichts Übles nachreden; es ist meine Gewohnheit nicht, ich will lieber ganz schweigen, als andere ausläuten, aber was wahr ist, kann man ja doch sagen, und eine Hexe ist sie gewesen, sonst hätte sie nicht soviel zusammengebracht, denn gut gelebt hat sie ja doch auch.«

»Jetzt wird mir's aber zu viel!« polterte der Alte auf der Bank und schlug mit der flachen Hand darauf, daß die Spinnerinnen erschreckt aufschrien.

»Ich habe die selige Moidl lange vor euch gekannt, denn ich bin noch älter als ihr, ihr alten Raspeln, und da sage ich euch, daß es immer eine gescheite Dirne war, und manche von euch hätte bei der ihrer Lebtage in die Schul' gehen können und jetzt noch nicht ausgelernt. Von ihrem Vater, den ich recht gut gekannt habe, hat sie eine gute Erziehung genossen, wie gar kein anderer im ganzen Tal. Seid ihr denn gar so dumm, daß ihr glaubt, es sei jemand schon deshalb ein Zauberer, wenn er das Wetter vorausbestimmen kann? Und meint ihr, ein Weibsbild sei eine Hexe, wenn es alles, was es anfangt oder beginnen will, geschickter anpackt als andere Trotteln, die nicht mehr gelernt haben als der Ochs, der zum Ziehen gezwungen wird?«

Die Weiber schauten einander verwundert an, der alte Bauer aber ließ sie nicht zur Antwort kommen, sondern fuhr in gereiztem Tone fort: »Wie die Moidl alt war, litt sie an Gicht und anderen Gebrechen, und ist es da nicht sonnenklar, daß sie bei Luftveränderungen Schmerzen verspürte und in ihren alten Tagen, wenn das der Fall war, allerlei sonderbare Redensarten gebrauchte? Wie benehmt euch denn ihr, wenn's euch einen Riß durch den Leib tut, lacht ihr da etwa?«

Die Weiber steckten ihre Köpfe noch mehr zusammen, der Sprecher aber fuhr mit einem höhnischen Ausdruck um seine Mundwinkel fort: »Ich meinte doch, es gibt allenthalben noch mehr Leute in der Welt, die einen alten Beinbruch, vernarbte Wunden oder Gicht im Leibe haben und die imstande sind, den Witterungswechsel gleich mehrere Tage vorauszusagen. Sind das vielleicht alle miteinander Zauberer oder Hexen? Und außerdem, daß die alte Moidl mit solchen Dingen geplagt war, hat sie von ihrem Vater Beobachtungsgabe und scharfen Verstand geerbt und allerlei gelernt, wovon ihr keine Ahnung habt. Was aber ihre Hauswirtschaft anbelangt, so handelte sie eben überlegt und besonnen, und darum wurde ihr jede Arbeit zum Segen. Auch war sie unermüdet fleißig und hatte an der Wirtschaft ihre Freude.«

»Ja«, antwortete die Fuchs-Lisi, »das lass' ich mir schon gefallen, aber damit werden doch so leicht nicht ein paar hundert Gulden erspart, wie sie die Moidl ganz gewiß hinterlassen hat.«

»So«, sagte der Bauer, indem er eine mächtige Tabakswolke vor sich hinblies, »also bei euch muß jemand etwas geerbt oder gar durch einen Vertrag mit dem Zweispitzigen gewonnen haben, wenn er seiner Tochter ein paar hundert Gulden hinterlassen soll. Der kleinweis ersparte Kreuzer wird auch zum Gulden.«

»Aber wie ist's denn nachher mit den Eiern?« sagte die Fuchs-Lisi.

»Da muß ich nur gerad' über euere schreckliche Dummheit lachen. Schaut euch doch nur einmal das Haus der Moidl an, wie es außerhalb des Dorfes liegt. Habt ihr noch nie etwas von solchen Hennen gehört, die ihre Eier verlegen?

Auch ist es bekannt, daß die Hühner ebensogut wie andere Tiere durch schmeichelhafte Worte, durch Brotkrü-

mel und durch Abfälle angelockt werden. Ist die Verstorbene in eueren Schafsköpfen alleweil noch eine Hexe?«
Die alten Weiber ließen beschämt die Köpfe hängen und erwiderten nichts auf diese barsche Ansprache.
Dem Bauern aber konnte man die Freude ansehen, daß ihm die Ehrenrettung seiner Jugendbekanntschaft so rasch gelungen war. Er klopfte seine Pfeife aus, wünschte allen gute Nacht und verließ die Stube.
Ein Schweigen offenbarer Beschämung folgte seinem Abgang. Wer weiß, wie lange es sich fortgesetzt hätte, wenn nicht wenige Augenblicke darauf der Kuhhansl gekommen wäre, dessen Eintreten mit einem allgemeinen Freudenschrei begrüßt wurde. Denn der Kuhhansl war ein beliebter Erzähler, und die Kunst des Erzählens wird in den Kunkeln höher als jede andere geschätzt. Der Kuhhansl war aber erst zu einem Vortrag zu bestimmen, als man ihm ein Stück Kautabak anbot. Darauf begann er im Geschmack der Spinnstuben eine Räubergeschichte zu erzählen, von welcher ich den Leser verschonen will.

Achensee

Der Ein- oder vielmehr Aufgang zum Achensee ist durch eng zusammentretende Berge versteckt, welche bei Jenbach den Nordwall des Inntales darstellen. Niemand denkt daran, daß jenseits dieser Schlucht ein weites Alpental mit einem der schönsten Seen der deutschen Berglande sich auftut. Nur die Bäche, welche zwischen Steinblöcken und über triefende Holzrinnen durch das weit zerstreute Dorf rauschen, lassen eine Fülle der Wasser hinter den Bergen ahnen. Diese Traufen und Sturzbäche, welche mancherlei Räder treiben und besonders bei den großen Eisenwerken ihre frische Kraft üben, geben dem Ort ein eigentümliches Leben. Es klopft, es pocht, es hämmert unter dem Fall der ungetrübten Wellen. Noch ein anderes Leben führen diese aus dem See mit in das friedliche Tirolerdorf; denn ihrem Fall entlang zieht sich die Menge der Reisenden hin, welche über den tiefen See in den Bergen vom bayerischen Hochland nach Tirol wallfahrten oder umgekehrt. Der See oben schickt mit seinen Fluten auch die Fremdlinge herab.

Tirol hat auch noch andere schöne breite Flußtäler, vor allem das Pustertal und das reiche Etschland von Meran bis zu der Klause von Verona. Sie bieten gar freundliche Perspektiven, den raschen Strom in der Mitte; überall schauen weiße Kirchtürme aus dem Grün, und ihr Feiergeläute klingt harmonisch zu dem Schellen der Herden. Der elegische, etwas einförmige Ton, welcher in das Bild dieser langgestreckten Täler gemischt ist, macht die wahre Tiroler Landschaft. Man spürt etwas von der Schwermut, welche eine abwechslungslose Erhabenheit leicht hervorbringt. Doch genug hiervon! Wenden wir uns dem nördlichen Gebirgsstock zu, der, an Gestaltungen unendlich mannigfaltiger, das Gewaltige gern neben das Liebliche und den starren Tod gern neben lebensvolle Farben stellt. Das Wasser vor allem hat sich hier als Bildner der Landschaft bewährt.

Immer lauter wird das Rauschen, je weiter wir auf der Straße, die sich steil in die Schlucht hinauf hebt, uns von der Sohle des Inntales entfernen. Wer sie im Winter begeht, muß auch jeden Augenblick den Holz- und Kohlenschlitten ausweichen, welche ohne Zugtier mit rasender Geschwindigkeit herabschießen. Auch der Postillon, der brave Toni, der die Post von Achenkirch nach Jenbach fährt, läßt dann auf der Berghöhe Pferd und Fuhrwerk stehen, nimmt seine Briefschaften zu sich, besteigt einen kleinen Handschlitten und saust mit diesem die schiefe Ebene hinab.

Links entwickeln sich, je höher wir hinaufkommen, immer mehr sichtbar die Wüsteneien auf dem Hochscheitel des Stanzerjochs. Zu unserer Rechten senken sich die Abhänge der Kirchenspitz gegen unsere Straße herab. Hart an ihrem Fuße, von unserem Wege aus unsichtbar, ruhen in der Kirche des Dörfchens Eben die Gebeine der frömmsten aller Dienstmägde, der heiligen Notburga. Vielleicht mehr als diese würde uns dort der Fernblick nach Süden anziehen; da könnten wir die eisigen Mauern sehen, welche Sommer und Winter durch unverwüstlich das grünende Zillertal umstarren. Von hier aus ließe sich schon eine Studie über die ungeheuren Eisrinden machen, welche man in den porösen kluftreichen Kalkalpen nicht kennt. Drüben auf dem kristallinischen Gestein dauern sie aus und senken sich oft genug als schreckliche Verderber bis ins Tal herab.

Neben an der Straße führen allerlei Holzwege auf die Jo-

che, gleich in den dichtesten Schatten der Wälder, die, vom feuchten Dunst des hinabstürzenden Baches angesprüht, üppig grünen. Es sind meist riesige Tannen, die da am Wege stehen. Bald kommt eine Mühle, mit alten Bilderbogen beklebt und auf allen Seiten von perlenden Wassern umschäumt. Es ist der Weißenbach, der hier vom Joch dem Kasbach entgegengeeilt ist. Was letzteren betrifft, so kann man sagen, daß er plötzlich aus dem Boden kommt, wie die Wasserfälle am Walchensee. Er ist eben auch, wie jene, durch den höhlenreichen Kalkboden aus dem Seebecken durchgesickert.
Endlich, wo die ersten ärmlichen Häuser des Weilers Maurach stehen, haben wir die Höhe erreicht. Vor uns blinkt die südöstliche Bucht des Achensees. Wir sind von Jenbach fünfzehnhundert Fuß heraufgestiegen. Es ist dies gerade der schönste und durch seine Alpenufer am meisten malerische Teil des Sees. Links drüben schimmern die weißen Häuser der *Pertisau*, vor allen das stattliche ›Fürstenhaus‹; über ihnen steigen zerrissene Kegel und Grate zu der luftigen Höhe von weit über achttausend Fuß hinauf.

Blick vom Rabenspitz

Allmählich tut sich um die westlichen Felsenecken des Rabenspitz herum der Blick über den ganzen See auf. Da liegt das dunkle, wellenbewegte Wasser in der gewaltigen Felsenwanne. Man hat unsern See oft neben den Königssee gestellt, und es ist nicht zu leugnen, daß einzelnen seiner Partien, wie die Aussicht auf den Hintergrund der Pertisau und auch auf die Felsgrate, die zwischen dem Sonnwendjoch und dieser Bucht liegen, der erhabene Charakter, welcher die Ufer des Königssees auszeichnet, nicht ganz abgesprochen werden kann. Aber schon ein Blick auf die Höhenverhältnisse lehrt uns, daß die Ge-

birgswelt, in deren Höhlung der Bartholomäussee flutet, einen andern Eindruck machen muß als die Felswände, zwischen denen der Achensee liegt. Am Königssee ist alles großartiger, wilder, öder, gefährlicher, und der Achensee mag in seiner Gesamtwirkung zu ihm in dem Verhältnis stehen wie Vorberge zur hochalpinen Landschaft. Namentlich das Theater, welches für die Szenen aller Schrecken der Alpenwelt im Süden des Königssees gegen den Funtensee und das Steinerne Meer zu in die Wolken aufgerichtet ist, fehlt dem Tiroler See ganz. Auch das menschenscheue Schweigen jenes versteckten Wassers kennen die Ufer des Achensees nicht.

Pertisau

Die Pertisau ist der schönste Punkt des Achensees, und der Achensee ist der besuchteste See Tirols. Gegen Nachmittag, wenn die Sonne über den Schneefeldern des Triftenauerkopfs, des Falztumer- und Sonnenjochs, des Schneekogels und Pfaunsjoches steht, über der Talmulde ein blauer Duft liegt und der See draußen auf seinen Wellen vor dem ›bayerischen Wind‹ sprüht, da ist es ein hoher Genuß, sich am Strande der frischen lebendigen Seeluft, der Rosendüfte des Ufergartens und der Fernsicht auf die blinkenden Joche zu erfreuen. Hast du dabei die purpurne Flut des Pomarolo oder Isera, der feurigsten Traube Tirols, in wohlgefüllter Flasche neben dir, so bist du in ein Bad der Verjüngung getaucht, in welchem Glanz, Duft, Wärme in gesteigerter Potenz strömen.
Der Achensee wird von zwei Winden bewegt, dem Nord- und dem Südwind. Ein anderer kann wegen der Felswände im Osten und Westen seine Ufer nicht berühren. Der erste heißt der bayerische, der zweite der warme, auch der Landwind, weil er vom ›Land‹ (Tirol) herein-

weht. Jener kommt meist am Morgen, dieser nachmittags, dann spät am Sommerabend wieder der Südwind. Dieselbe Erscheinung bemerkt man auf fast allen größeren Seen der Alpen und Voralpen. In letzteren heißt der Südwind Bergwind. Der Grund muß in der ungleichen Erwärmung der Luftschichten liegen, welche die aufsteigende Sonne teils auf den kalten Jochen, teils in der dichten Atmosphäre der wärmeren Täler und Ebenen hervorbringt. Diese schwimmen übereinander hin und gleichen sich aus, und mit der Regelmäßigkeit der Tageszeiten drehen sich auch die Winde.

Aber ich muß doch sagen, daß, wer einmal hier ist, besser tut, sich jenseits des Inns umzusehen. Im Süden des Ziller- und Duxertales, die so nahe sind, warten seiner andere Genüsse und Belehrungen über das Wesen eistragender Alpen.

Das schönste Panorama

Wer in der Nähe einen Punkt sucht, von dem er alle Eisspitzen Tirols mit einem Blick überschauen kann, der steige drüben am Eingang des Zillertales bei Fügen auf das Kellerjoch. Den Eindruck, welchen ihm da die unendliche Welt der Alpen machen wird, vergißt er nie.

Für diejenigen, welche den Achensee in seiner ganzen Ausdehnung sehen wollen, empfiehlt sich der Weg zu Schiff nach Norden. Denn wer auf der Straße drüben geht, verliert die Gesamtwirkung, welche Wasser und Gebirg im Verein miteinander hervorbringen. Da er hart an dem einen Felsgestade geht, sieht er nur das andere. Wer aber auf dem See schwimmt, hat den Anblick der beiden Mauern. Wir dagegen setzen, da wir am Ufer drüben mancherlei zu sehen haben, geraden Weges über.

Die schönste Stelle am See ist unstreitig die, wo die von Jenbach heraufkommende Straße sich mit einem Ruck nach Norden wendet. Von dort aus sieht man noch die Gebirge des Inntales; das Stanzerjoch, die Pertisau und ihren großartigen Hintergrund hat man zur Linken, und vor Einem wallt die blaue Flut gegen Süden heran. Die drei Veduten zusammen sind das wahre Bild des Sees. Nur von hier aus sollten Maler ihn aufnehmen, und dies ist, wie ich bemerkte, auch schon öfter geschehen.

Von einem hart am Ufer stehenden Hause, das auf den ersten Blick das ehemalige Jägerhaus verrät, zieht sich dieser Weg gegen das Nordende des Sees fort. Links der See, der sofort in die Tiefe von drei- bis vierhundert Fuß abfällt und die größten Abgründe noch mit unheimlicher Klarheit zeigt, rechts die Legföhren und die Alpenrosen der Felswand, die in dichten Büschen bis an die Straße herabreichen.

Man erinnere sich, daß wir uns mehr als dreitausenddreihundert Fuß über der Meeresfläche befinden. Oben auf diesen Wänden, die sich vom Spieljoch und der Kotalpe herabziehen, bemerkt man nicht selten Terrassen und Absätze, welche mit Festungsmauern und zinnentragenden Schutzwällen viel Ähnlichkeit haben. Auf einem dieser Felsenabsätze hockt in manchem März die gefürchtetste Lawine des Achentals, die sogenannte Haselbacherin. Es ist dort eine jähe Wand und unter ihr eine tief in den Felsen eingeschnittene Furche, welche im Sommer von herabgeschlämmtem Gries bedeckt ist.

Auf der Westseite des Sees fallen die Wände noch steiler und deshalb noch kahler und unfruchtbarer in den See. Viele Streifen, herabgeschossene Gießbäche und Steinrutschungen bezeichnend, sind in den Rücken des Seekor eingegraben, welcher den See von seinem Nordende bis zur Pertisau begrenzt. An manchen Stellen hat der Kalkschutt an seinem Fuße ganze Hügel gebildet; einem solchen Hügel entspricht immer eine besonders tiefe Furche, die sich von der Jochhöhe gegen sie herabzieht. Solche Furchen sind die Rinnsale für die Wasser der sommerlichen Gewitterstürme und die Rutschbahnen der Frühlingslawinen. An den gerade über dem Wasser auf den untersten Felsenplatten aufgehäuften Geröllhügeln sammeln sich diese dann, bis sie, aus turmähnlicher Höhe sich überstürzend, den Schaum der kalten Wasser aufpeitschen.

Gasthaus ›Zur Scholastica‹

Jetzt tritt die Ostkette der Felswände etwas vom See zurück, die Straße gewinnt Raum, und nach wenigen Schritten stehen wir vor der Schwelle des weitbekannten Gasthauses ›Zur Scholastica‹.

Begeben wir uns in den Sommerpavillon, gegen dessen Mauern die Wellen des Sees unsere Tafelmusik machen, und ruhen aus.

Unsere Tischgenossen bilden eine bunte Gesellschaft. K. K. Offiziere, Professoren aus Innsbruck, norddeutsche Touristen, Münchener Vergnüglinge, Studenten und Maler und einige vom unvermeidlichen Wandervolk der Vereinigten Königreiche besetzen die langen Tafeln. Wir befinden uns unter einem Dach, welches einem der berühmtesten, vielleicht dem berühmtesten Gasthaus Tirols angehört.

Die Wirtin ist eine noch hübsche Frau in rüstigem Alter. Sie stellt einen fast untergegangenen Typus dar, in welchem die Wirtin und die Hausfrau mit gleicher Auszeichnung vertreten sind. Die Geschäfte des Waldes, Feldes, Gartens, der Viehzucht, des Bienen- und Fischhegens versteht sie nicht minder als das Amt der Küche, welches der ausgezeichnete Ruf ihres Hauses und die Anwesenheit vieler vornehmer Fremder oft zu einem schwierigen macht. Auch ist sie eine Heilkünstlerin, und die meisten

Bauern des Achentales holen sich lange zuvor bei ihr Rat, ehe sie Zuflucht beim Arzt suchen. Doch ist das selbstverständlich bei ihr keinerlei Art von Pfuscherei oder Spekulation, sondern nur eine Gelegenheit, ihr freundliches, hilfsbereites Wesen zu betätigen. Auch der Verfasser dieses Büchleins ist ihr für die Geschicklichkeit in Behandlung einer schweren Wunde, die er sich auf einem der Joche des Achensees holte, zu herzlichem Danke verpflichtet.
Das Album, welches die verständige Wirtin schon vor geraumer Zeit auflegte, war dazu bestimmt, die Niederlage dichterischer Ergüsse, poetischer Reisereminiszenzen, und – was besser ist – künstlerischer Skizzen in Bleistift, Federzeichnungen und Wasserfarben zu werden. Denn es sind immer Maler am Achensee. Neben abgeschriebenen Stimmungsgedichten, zartgefühlten Sensationsversen und auch andächtigen Bemerkungen über die Güte und Weisheit des Schöpfers – welch letztere das Album meist protestantischen Konsistorialräten und auf der Hochzeitsreise begriffenen Knechten Gottes verdankt – fand man auch hübsche Zeichnungen und anmutig illustrierte Anekdoten. Eine lange Reihe bekannter Schriftsteller und Künstler hatte das Buch mit den munteren Schöpfungen des Augenblicks geziert.

Die ›Habergais‹

Es wird Abend, und wenn wir noch einen Spaziergang in die Waldstrecke machen, welche sich an den Vorbergen des Unnütz hinziehen, sehen wir vielleicht im tieferen Dunkel schon eine oder die andere der Eulengattungen flattern, welche hier das zoologisch ungebildete Volk unter dem gemeinsamen Namen ›Buhi‹ zusammenfaßt. Auch der ›Quickezer‹, ein etwas fabelhaftes Tier, dessen

Stimme in der Dämmerung oder Dunkelheit nichts Gutes bedeutet, scheint mir zu den großäugigen Vögeln zu gehören, welche die klassifizierende Wissenschaft unter die Genera der Stix, Surnia, Ulula unterbringt. Sie alle sind Einwohner oder häufige Gäste des versteckten Tales. Der gefürchtetste von allen Fittichträgern ist aber im Achental die ›Habergais‹. Es ist das derselbe Vogel, der im übrigen Süddeutschland ›Ziegenmelker‹ genannt wird. Die Habergais hat eigentümliche Sitten: auf den lockenden Ruf des Sennen kommt sie aus dem Walde bis auf das Dach seiner Hütte geflogen. Setzt sie sich aber dort nieder, so schlägt sie mit den Flügeln und stößt so unheimliche Töne aus, daß es dem Unbedachtsamen, dessen Stimme sie gefolgt war, ganz weh zumute wird. Und nicht mit Unrecht – denn ihre Anwesenheit bringt den Rindern schlimme Krankheiten. Wenn sie sich einem Menschen gar auf die Schulter setzt, so muß dieser sterben, wenn er nicht noch überdies Schaden an seiner Seele nimmt. Denn die meisten sagen, die Habergais sei eigentlich nichts anderes als der böse Feind selbst. Wer im Frühjahr am Abend ihre Stimme im Wald hört, fürchtet und bekreuzigt sich, wie wenn an einem Donnerstag der Adventszeit plötzlich ein ›Perchtel‹ zum Fenster hereinschaute. Diese ›Perchteln‹, Stammkinder der alten Göttin Perahta, werden auch in unserm Bayern öfter gesehen. Ich mußte deshalb in meinen ›Voralpen‹, wo ich ihnen manchmal begegnete, eingehender über sie berichten.

Hexen am Achensee

Zwischen dem Gasthaus ›Scholastica‹ und dem langgestreckten Dorfe Achenkirch wohnen mehrere Frauen, die der Volksmund als Hexen bezeichnet. Ich darf keine nähere Andeutung, sondern höchstens den Rat geben, sich darum nicht zu bekümmern, wenn der Fragesteller keine achselzuckende Zurechtweisung empfangen will. Wer sie mit aller Gewalt kennenzulernen wünscht, braucht sich nur einen Schemel von neunerlei Holz machen zu lassen. Auf diesen Schemel setze er sich in der Kirche während der Christmette der Heiligen Nacht rückwärts und schaue in dem Augenblicke, in welchem der Priester den Kelch zum Zeichen der vollbrachten Wandlung emporhebt, zwischen seine eigenen Beine durch nach dem Altar. Da sieht er diejenigen, welche Hexen sind, auf dem Kopf in den Betstühlen stehen. Dabei muß er sich aber hüten, seiner Neugierde zu lange zu frönen; denn die Hexen merken es gleich, und ihr guter Freund, der Teufel, traktiert ihn mit furchtbaren Maulschellen aus der unsichtbaren Luft.

Interessanter als die Hexen sind manche Persönlichkeiten des Achentales. Wie in vielen so eingeschlossenen und abgelegenen Tälern haben sich auch in diesem abgerundete Originale entwickelt.

See-Einsamkeit

Den Weg am öden Gestade, an das unablässig die Welle rollt, geht selten ein Mensch. Ein Jäger vielleicht, in brauner Joppe mit Gewehr und Bergstock, die Pfeife mit dem übelriechenden Soldatenknaster im Mund, oder ein Knecht, der einen mit Streu beladenen Schlitten zieht, sind die einzigen, denen wir begegnen. Draußen schießt manchmal der braune Seeadler in die Welle und verschwindet mit einem blinkenden Schuppenträger in den blauen, widerhakigen Krallen. Unmutig flattern die Seeschwalben an den beschneiten Ufern über die finstere Flut. Hier und da liegt ein alter, halbverfaulter Stamm im Wasser, laichenden Fischen ein willkommener Zufluchtsort. Die Alpenrosenbüsche, die im Juli den felsigen Strand mit purpurnen Stäußen schmücken, ragen nur mit ihren Spitzen, oft vom weißen Berghasen benagt, aus der dichten Schneedecke. Die Bergföhre, die hier bis ans Wasser herabsteigt, wird aber von dieser nicht gedrückt; denn niedrig und leicht vom Winde bewegt, schüttelt sie sich die frostige Last bald vom Leibe, daß es aussieht, als ob nur blinder Zufall einige spärliche Flocken über sie ausgestreut hätte.

Der unter den Felswänden gegen die Brücke zu immer höher angehäufte Schnee trieb mich endlich wieder in meine Behausung, zur viellieben Scholastica zurück. Ich nahm am viereckigen Kachelofen Platz, an dem einige nasse Socken der Holzknechte zum Trocknen aufgehängt waren, zündete mir eine ›Havanna‹ zu vier Neukreuzer ö.W. an, fuhr in der Probe des Südländers fort und betrachtete mir, was in der festlichen Stimmung des Tages vorging. Die Kirche, deren Feste sonstwo belebend und erheiternd auf das Volksleben einwirken, hat hier einen kargen, fast asketischen Geist unter die Leute gebracht. So sieht man den Hausvater, der jetzt in anderen Gegenden des Vaterlandes, selbst wenn er wenig besitzt, in freudevoller Tätigkeit für die Überraschung seiner Lieben tätig ist, hier schweigend im dumpfen Zimmer sitzen und große Rosinen aus kleinen ausklauben, zur Bereitung des ›Kletzenbrotes‹, des einzigen Luxus, welchen er zur Feier des herrlichen Festes kennt. Denn der Heilige Abend, zwar in allen katholischen Ländern ein Fasttag, ist doch hier von besonderer Strenge, und wenn man die gedrückten Gesichter der Mägde betrachtet, die im Lichte des ergrauenden Tages stumm an den Spinnrocken sitzen und ihr Rädchen schnurren lassen, so möchte man sich eher in den Buß- und Bettag eines Arbeitshauses versetzt glauben als in eine Zeit, welche unserm Andenken so teuer ist. Es ist eine Zeit goldener Märchen, aus welcher noch dem verlassenen Manne die Bilder des Weihnachtsbaumes, seiner lächelnden Eltern, die längst entschlafen sind, und ihrer gutgemeinten teuren Geschenke winken – einer Zeit, die er dazu noch im Glanze der weihevollsten Stunden seines sinkenden Lebens, der Stunden seiner Jugend, sieht.

Nur das strenge Fasten und die Mitternachtsmesse in der kalten Kirche machen hier die Weihnacht. Statt des liebelächelnden Christkindes, das sich unsichtbar in geschmückte Häuser niederläßt und Geschenke spendet, sieht das Tiroler Kind bloß den goldbedeckten Priester am Altar und hört in der Finsternis die Glocke, welche sonst um diese Stunde der Nacht nur erschallt, wenn Fluten und Lawinen Verderben und Tod drohen. Draußen ›beim Land‹, das heißt in den größeren Tälern Tirols, besonders im Inntal, wo durch Eisenbahnen und sonstigen Verkehr fremdartige Sitten in das alte Rhätien hereingeschleppt werden, sieht man wohl hier und da einen lichterglänzenden Baum. Doch ist das immer noch vereinzelt und wird auch von gewisser Seite, der nicht nur diese Lichter zuwider sind, nicht gern gesehen.

Lostage

›Auf der Alma ragt a Haus
Still und öd ins Tal hinaus;
Drin im Haus mit munterm Sinn
Wohnt eine schöne Sennerin.
Die Sennerin singt manch ein Lied,
Wenn durch das Tal der Nebel zieht,
Und da ertönt's durch Luft und Wind:
Auf der Alma, auf der Alma gibt's koa Sünd'.‹

Neugierig kehrte ich zu meinem zeitweiligen Asyl zurück, und beim Lichte der hochhängenden Steinöllampe gewahrte ich eine Erscheinung, der du in Tirol nicht häufig begegnest, einem Zitherspieler. Es war ein armer Bursche aus dem Inntal, der im Sommer draußen in Bayern als Zimmermann gearbeitet hatte und jetzt heimging, um sich durch seine Musik während der Zeit des herannnahenden Faschings ein wenig Geld zu verdienen. Wohl spielte er noch allerlei Stücke, aber keine mehr zum Singen, zum Beispiel den Marsch vom alten Radetzky und ein paar Walzer von Strauß. Zwei tridentinische Hausierkrämer benützten die fröhliche Stimmung zum Auslegen ihrer Waren, Messer, Scheren, Pfeifenköpfe und Taschentücher. In gebrochenem Deutsch, dem mühsam erlernten österreichischen Dialekt, der auf welscher Zunge sonderbar gehackt klingt, laden sie die Umsitzenden ein. Aber bei Burschen und Mädchen verfangen heute derartige Sachen nicht, denn der Sinn, ganz besonders der letzteren, ist heute auf etwas anderes gerichtet. Haben doch schon manche während des Gebetläutens Eierdotter ins Wasser gegossen und sich aus den Figuren, welche die zerrinnende zähe Flüssigkeit zu bilden schien, Vorstellungen von den Schicksalen des kommenden Jahres gemacht. So bedeutet z. B. ein Turm, daß man in die Stadt heiraten wird, geflammte Zacken einen Hausbrand, ein Kreuz gar den Tod. Wollen wir wünschen, daß sie schöne Dinge gesehen haben, denn um die hübsch gewachsenen Mädchen wäre es jammerschade. Wie anmutig haben sie die Köpfe mit dem rund zusammengeflochtenen Haar zu dem Spinnrocken geneigt, während das gemeinschaftlich gesungene Almenlied sie in der traurigen Stube erheiterte. Wenn sie sich dann vor der Christmette das Gesicht waschen, ohne es sich wieder abzutrocknen, wie es an diesem Abend ein alter Brauch erheischt, so hoffen wir, daß es ihnen in der Kirche der künftige Ehemann abtrocknet, denn sonst wird es, glauben sie, der Tod tun. Endlich ward zur Christmette aufgebrochen. Draußen hallen von der fernen Kirche die Glocken durch die Finsternis. Die Polizei, welche die Fackeln nicht liebt, es könnte durch Wehen der Funken der Schnee Feuer fangen, hat die Laternen doch nicht einzubürgern vermocht, und so geht es denn durch die rabenschwarze Nacht, in welche unsere Kienhölzer ovale Lücken reißen, auf dem knarrend festgefrorenen Boden vorwärts. Hier und dort eilen Funken von den Bergen herab; es sind die Fackeln, die von den Bauern hochliegender Höfe getragen werden. So mag einst der einsam lebende Germane zum Opfer des Jul gewandelt sein; es war für ihn ein nicht minder freudiges Fest wie für den Christen die Weihnacht. Freute er sich doch der Wiederkehr der Sonne, die sich seinen verschneiten Wäldern näherte, um sie langsam und unter unendlichem Kämpfen mit dem Frost unserer harten Erde, aber doch endlich sicher aus dem erdrückenden Schlaf zu wecken.

Das feierliche Amt war bald zu Ende; vor dem gegenwärtigen Gott heben sich die Knie dieser Mühseligen, und nun erinnern die einfallenden Akkorde der Orgel an die Heimkehr nach den kalten Tälern, aus denen erst eine neue Weihnacht die Andächtigen wieder zur Mitternachtsstunde in das Haus ihres Herrn rufen wird.

›Es kam ein Licht in die Finsternis, aber die Finsternis hat es nicht begriffen!‹ dachte ich mir, als ich wieder draußen in der klaren Luft und unter den ewigen Sternen war.

Vom Achensee nach Innsbruck

In der Gegend von Schwaz, wohin wir jetzt auf unserer Wanderung stromaufwärts gelangen, dürfte wohl die Gelegenheit am nächsten liegen, mit einigen Worten derjenigen ›Arbeiter‹ von Tirol zu gedenken, die des Wanderers Pfad am seltensten durchkreuzen: der Bergknappen. Der Anblick des Schotters und die Spuren von Aufrichtung durch menschliche Hände, welche man auf dem Tonschiefergebirg von Schwaz sowie auf den Kalkschichten jenseits Jenbachs wahrnimmt, veranlassen uns zu einer kleinen Betrachtung über die Eisen- und Kupfergruben, die hier in die Berge hineinführen, sowie über das Tun und Treiben der Bergleute im Tirolerland zu alter Zeit. Es ist bekannt, daß nicht leicht mit irgendeiner anderen Betriebsamkeit des Menschen soviel seltsame Überlieferungen, soviel Märchen und Fabeln zusammenhängen als mit dem Bergbau. Schon der Beginn desselben, nämlich die Auffindung von Erz, wird in der Regel mit irgendeiner seltsamen Begebenheit verknüpft.

Sagen der Bergleute von Schwaz

Der Röhrer Bühel ist ein Berg, in welchem früher eine der reichsten Gruben auf Pfahlerz und Kupfer aufgeschlossen war. Ein Schacht davon reichte sechshundert Fuß unter die Meeresfläche hinab und machte so diese Gruben zu den tiefsten in ganz Europa. Über den Ursprung dieses Bergwerkes wird erzählt, daß am St.-Michaelstage 1539 drei Bergleuten träumte, daß an diesem Orte ein Schatz vergraben liege. Als sie erwachten, mach-

ten sie sich sofort an die Arbeit, während welcher das schönste Silber- und Kupfererz zum Vorschein kam.
Das reiche Bergwerk am Falkenstein zu Schwaz entdeckte nach der Sage ein Stier, der mit seinen Hörnern den Rasen aufstieß und einen reichen Erzgang bloßlegte. Die Zeit dieser Entdeckung wird in das Jahr 1448 verlegt.
So viel ist sicher, daß auf diese Entdeckung hin die Lust am Bergbau im ganzen Lande sich bedeutend hob. Man begann überall auf dem Gebirge zu ›abenteuren‹, wie damals der Ausdruck für bergmännische Untersuchung lautete.
Der Reichtum des Landes mehrte sich bald so, daß derselbe auch nach außen hin, nämlich in seinem Münzwesen, allgemeinen Ruhm erlangte. Große Münzstücke von Silber oder doppelte Guldengroschen, welche man nachmals Thaler nannte, wurden zuerst in Hall geschlagen, und ihre Jahrzahl 1484 beweist, daß sie höheren Alters sind als die bekannten böhmischen Joachimsthaler, aus deren abgekürzter Bezeichnung der Name Thaler entstanden ist. Das Silber hierzu kam aus Schwaz, dessen Gruben damals von einer Fuggerschen Gewerkschaft bearbeitet wurden. Im Tale entstanden neue Flecken und Dörfer, und die alten Ansiedelungen nahmen an Zahl der Einwohner wie an Wohlstand zu. Fremde Kaufleute drängten sich zur Beteiligung an den Gewerkschaften herbei.
Einen noch viel höheren Aufschwung nahmen diese Werke im Anfange des sechzehnten Jahrhunderts. Es werden sogar einmal, sicherlich aber irrtümlich und höchst übertrieben, dreißigtausend Menschen in den Schwazer Bergwerken gezählt.
Neben dem Silber wurde sehr viel Kupfer gewonnen, und hauptsätzlich diesem Umstande ist die Häufigkeit eherner Bildsäulen zuzuschreiben, die man aus jener Zeit im Inntale findet. Jetzt ist Schwaz, wie alle diese Werke,

insbesondere auch die in den Tauern, bedeutend zurückgegangen, und von der ehemaligen Blüte seiner Minen ist nicht viel mehr zu verspüren.
Wenn auch keine Dokumente vorliegen, so kann man doch immerhin dem Bergbau in Tirol ein ansehnliches Alter zuschreiben. In den Tauern sind Spuren vorhanden, welche annehmen lassen, daß man weit hinter das Erscheinen der Römer in Noricum zurückgreifen müsse, wenn man an die Erschließung der ersten Stollen denkt, und es liegt kein Grund vor, dergleichen nicht auch für Tirol vorauszusetzen.
Es kann hier nicht die Rede davon sein, auch nur annähernd eine Skizze tirolischen Bergwesens zu geben. Ich bescheide mich, einige Sonderbarkeiten mitzuteilen, die mit seinen Metallen und Edelsteinen in Verbindung stehen. Malachitsteine findet man prachtvolle in den Gruben von Schwaz. Der Malachit, der dort gebrochen wird, ist teils grasgrün wie derjenige, der aus Rußland zu uns kommt, manchmal auch blau. Auch Granaten werden in den Ausläufen des Zillertales gesammelt. Wunderbar scheint die Überlieferung vom ›Kristalloch‹ zu Wattens. Dort befindet sich eine Höhle mit ungeheuerlichen Kristallstücken, welche wegen der Unzugänglichkeit ihrer Lage allein durch den Sonnenschein in der Ferne sichtbar sind. Selbstverständlich fehlt oder fehlte es auch hier, sowenig wie in den Tauern, an Leuten, die sich mit dem Auffangen von Goldkörnern in den Bächen befaßten. Man glaubte damals, daß die Körner bei abnehmendem Monde am leichtesten gefunden werden.
Selbstverständlich fehlt es in der Nähe von allen diesen Gruben und Erzgängen nicht an Bergmännlein, welche mitunter mit dem Menschen verkehren, mitunter aber auch sich hartnäckig im Erdinnern verbergen und ihre Schätze für jeden unnahbar zu machen wissen.

Maiernigg.

Seen in Tirol und Vorarlberg

Der Salzsee

Das enge Salztal, wohl auch Halltal genannt, welches sich ober Absam zwischen dem Spekkor und dem Zunderkofel in das graue Kalkgebirge hinein erstreckt, gibt ein Urbild der landschaftlichen Erscheinungen des nördlichen Kalkgebirges. Über den Buchen und Ahornen des Tales ziehen sich die Legföhren in das weiße Geröll hinauf, in welchem, gar nicht sehr hoch über der Talmulde, die letzten Spuren grünen Pflanzenwuchses verschwinden. Weiter oben ist alles steil, grau, oft blendend weiß, abgewaschen, verwittert, jäh und kahl.
An einem Sommermorgen machte ich mich nach dem Salztal auf. Die Luft lag so tauig und verklärt da, daß die Kalkwände vor meinen Augen und der felsige Eingang des Tales, welcher scheinbar in eine enge Schlucht leitet, mir dunkel und hart entgegentraten. Dort, wo der Weißenbach zu einer Klause aufgestaut ist, erkennt man die türkischblaue Färbung der Wasser, welche aus dem Kalk kommen. Die Arbeiter, welche an einer verfallenen Brücke oder an den Stämmen der Wasserleitung zimmern, der glitzernde Strahl, welcher, der Gefangenschaft entledigt, unbändig aus einer der bloßgelegten Röhren rauscht, die Rauchsäule, die sich vom Feuer der Männer erhebt, das fromme Bild an der Felswand über dem Brunnen, welches die vorübergehenden Bergleute zur Andacht in den feuchten Schatten ruft, das sind Bilder, welche dem Gedächtnis oft wiederkehren. Endlich erreicht die weiße Straße das Berghaus.
Die ›Berger‹ lieben es, wenn man sich ihnen mit dem alten Spruche ›Glück auf!‹ nähert. Ihre Kleider stellen eine geognostische Musterkarte des Gesteins im Berginnern dar. Krusten von Kalkschlamm und Salz bedecken den Rücken und die Füße. Es ist selbstverständlich, daß wohl

niemand im Berghause gewesen sein wird, den sie nicht in die Nacht ihrer Gruben hinabgezogen hätten.
Der Führer schreitet voran, der Fremdling atmet den brenzligen Rauch der flackernden Ölflamme, welche bald die überrieselten Wände erhellt. Es herrscht in der Grube weder Winter noch Sommer, sondern die Luft bleibt jahraus, jahrein unveränderlich und ohne die geringste Schwankung etwa zehn Grad über dem Gefrierpunkt. Um den Zug der heraustretenden und eindringenden Strömung, deren Wettkampf eine völlige Windsbraut bewirken möchte, abzuhalten, haben die Bergleute in geringer Entfernung vom ›Tag‹ eine ›Wettertür‹ angebracht.
Vom Eingang an ist der Stollen eine Strecke weit gemauert. Nach einem gewölbten Teile folgen abwechselnd die rauhen unbedeckten Wände des Gesteins, dann wieder Strecken, welche mit Brettern und Balken ausgezimmert sind, damit das Salzgestein der Wandungen nicht, von der eindringenden Luft angefeuchtet, gefahrbringend zerfließe. Überall aber zieht sich auf dem Boden eine mächtige Asphaltröhre hin, durch welche die Wasser zum Tage laufen.
In der Ferne wanken manchmal dunkelrote Sterne, die Grubenlichter der Arbeiter, welche still mit ihrer Hacke das Gestein von den Wänden ablösen. Schritt für Schritt heimelt es den Wanderer mehr an in den finsteren Gängen, deren erste Erscheinung ihn vielleicht abschreckte.
Endlich gelangt man zu einem Orte, an welchem die Berger eine Ruhebank angebracht haben. Die Tür neben derselben erschließt einen senkrecht abfallenden Abgrund, in welchen man auf etwa hundertundsechzig Staffeln hinabsteigt. Ein Berger hat eine Anzahl von Lampen angezündet, die den großen Salzsaal erhellen. Denn es ist ein mächtiger, gewaltiger Saal, den wir nunmehr erreicht haben. Die Lampen in der weiten Runde leuchten in ein

stilles Gewässer, durch welches er zum größten Teile ausgefüllt wird.
Der nun folgende Vorgang kann nicht vergessen werden. Man wird eingeladen, auf ein Schiff zu treten, welches am Ufer liegt, die Fahrstangen setzen sich in Bewegung, das Wasser plätschert, und du dringst auf ihm weiter in die Nacht hinein. Aus scheinbar unermeßlicher Tiefe schwankt, von der Bewegung der Wellen angeregt, der Widerschein des weiten Lampenkreises. Die Höhe dieses Saales steht in keinem Verhältnis zu seinem Umfang. Denn nur wenige Fuß über den Köpfen der Seefahrer zieht sich die ebene graue Decke des Salzgesteins hin, nicht eine Wölbung, sondern eine feuchte, nur durch geringe Rauheiten unterbrochene Fläche. In der Mitte des Sees zieht sich von der Decke eine breite graue Gesteinsmasse zum Boden des Sees herab, welche aus Gips und anderen Kalken besteht, die das Wasser nicht auflöst und die ohne Zweifel den Tragbalken der weiten Decke darstellt. Schließlich werden die Lampen eine nach der anderen ausgelöscht, und der Fremdling unternimmt einen Rundgang um das Gewässer, an dessen Gestaden er vorher hingefahren ist. Nur mehr von der streifenden Lichtsäule des einzigen Öldochtes beleuchtet, wird der schwarze Spiegel, dessen Ende nicht mehr abzusehen ist, sicherlich ein nicht minder seltsames Bild darstellen als der Lichterkranz in der zitternden Runde, der aus der Tiefe zum Nachen heraufschien.
Vom Berghaus wird gewöhnlich zur ›Franzenssäule‹ emporgestiegen, einer weißen Pyramide, welche auf einem Vorsprung der ins Inntal abfallenden Kalkkette zum Andenken an die Tatsache errichtet wurde, daß erwähnter Kaiser einmal sich zu jenem Punkt hinauffahren ließ. Es ist das wohl einer der am meisten lohnenden Gänge auf das Kalkgebirge des Inntales.
Da wird der breite Zickzackweg vom Berghaus zur Joch-

höhe von breiten Geröllströmen durchsetzt, dort überschattet ihn die Wettertanne, hier bilden Alpenrosenbüsche seine Ränder. Das Denkmal ist eine Pyramide von etwa drei Klaftern Höhe. An den abschüssigen Rand, der mit übereinandergelegten Fichtenzweigen verwahrt ist, vortretend, gewahrt man unten die weißen Städte Hall und Innsbruck, den Zusammenschluß der Sill und des Inn, die dunklen Linien der Brücken, die das schillernde Wasser durchschneiden, die Dörfer Thaur im weiten Obstanger, Absam mit dem Gnadenbilde, den Turm des hochgelegenen Judensteins und zahlreiche andere Ansiedlungen.

Innsbruck

Ehe wir nun unseren Weg weiterhin durch die Täler und über die Höhen fortsetzen, müssen wir einen Augenblick bei der Hauptstadt des Landes verweilen.

Von den Tiroler Städten hat Innsbruck das am meisten ›moderne‹ Aussehen. Man findet dort zwar Gebäude, welche das bürgerliche und behäbige Wesen des Mittelalters zur Schau tragen, andere, die ihrer Bauart nach als Wirtshäuser an irgendeiner Straße des Berglandes stehen könnten, und dann wieder Zinshäuserstraßen, deren Charakter unsrer Nützlichkeitsperiode wohltuend zusagt. Indessen wird zu Innsbruck das allzu moderne, glatte, aufklärerisch-nüchterne Aussehen der neuen Stadtteile durch manche mittelalterliche Staffage, insbesondere durch viele Kutten, denen man begegnet, angenehm abgeschwächt.

Die erste der Innsbrucker Sehenswürdigkeiten bleibt ohne Zweifel das Ferdinandeum, eine Sammlung der verschiedenartigsten Dinge, welche sich auf die Geschichte, die Kunst, die Natur des Berglandes bezieht. Vom antiken Amor, welchen man bei Schlitters im Zillertal im Boden fand, bis zur Kanone, welche Innsbrucker Studenten den Piemontesen abnahmen, von den Schnitzereien der Grödener Bauern bis zum farbenblendenden Selbstporträt der Anna Knittel, der berühmten Tochter des Lechtales, von der Rosendrossel und Tannenmeise bis zum Alpensegler und Steinadler, von der Jochviper bis zur Gemse erblickt man da gar viele Gegenstände beisammen, deren Anblick oft durch jahrelange Wanderungen im Lande nicht errungen wird.

Viele Belehrung bietet den Freunden der Pflanzenkunde der Botanische Garten. Dort findet sich manche Blüte, welche nur auf Höhen heimisch ist, die nicht jeder Fuß erklimmt.

Wenn man alles dies gesehen hat, dann mag man immerhin in die Hofkirche gehen und sich die metallenen Männer und Frauen um das Grabdenkmal des Kaisers Maximilian betrachten und die silberne Kapelle mit der Bildsäule der schönen Welser und den treuen Andreas Hofer, die marmorne Gestalt, an deren Fahne niemals der grüne Kranz fehlt. Auf das goldene Dachl hinzuweisen ist nicht nötig, weil dessen Anblick niemand entgeht.

Ich für meinen Teil habe immer die Berge und die Pflanzungen und Stromufer, in welche sie so gewaltig herabschauen, als die anziehendste Merkwürdigkeit Innsbrucks betrachtet. Es ist nicht überall zu sehen, daß man, aus den Straßen einer Stadt ansteigend, erst durch Gärten, dann durch Wälder, Wiesen und Alpentriften endlich zu beschneiten Höhen gelangt, von welchen aus man die fernsten Spitzen des Vaterlandes erblickt, und dem Strom, der, aus ihren tausend Gewässern sich sammelnd, erst in der unabsehbaren Weite des blauen Flachlandes dem Auge entschwindet.

Von Innsbruck zum Piburger See

Wir sind nun von Innsbruck auf die Telfser Flur gekommen, wollen aber, bevor wir von ihr aus im Inntale weiter aufwärts schreiten, nachsehen, wie der Übergang von Ober-Leutasch her ins Inntal ausschaut.
Man gelangt zunächst auf eine Hochfläche, in welcher saftgrüne Birken und Krummholz stehen, die Primeln blühen und die Holztauben girren. Im Frühsommer wundert man sich nicht wenig über die zunehmende Entwicklung des Pflanzenwuchses, je mehr man sich abwärts steigend dem Inntale nähert. Die Kirschbäume stehen hier schon mit roten Früchten da, wenn draußen an der Isar sich kaum die Blüten entfalten.
Vom Birkenmoor und der Hochfläche geht es durch tief eingerissene Furchen und Gräben, die von unten nach oben dreieckig-keilförmig auseinandergehen nach den Falten, in denen die Häuser mit den schönen Bäumen stehen.
Hier sind aber nicht nur die anmutigen Idyllen dieser Ansiedelungen, sondern auch Szenen der Zerstörung zu sehen – sei es, daß sie in Waldverwüstung durch Menschenhand, sei es, daß sie von den Bächen und dem durch sie herabgeschwemmten weißen Kalkgeröll hervorgebracht wurde. Die Klamm des Mundi mit ihrem wilden Wasser gehört ohne weiteres zu den bedeutendsten Schaustücken des Alpenwalles zwischen Innsbruck und Landeck.
Von der Grauen Wand, die viele Absätze, Terrassen und Bänder hat, geht an Nachmittagen mancher Donnerhall ins Tal herab. Mehlweiß staubt es hier und dort auf. Es ist

nicht immer leicht, dem Schall nach, der sich in den Klüften vervielfältigt, den Ort rasch aufzufinden, an welchem die Lawine den weißen Staub abwirft.

Weidachsee

Ein Spaziergang zum nahegelegenen See oder in den Wald unter der grauen Kalkwand zeigt uns die blauen Anemonen vor dem ein wenig schäbig gewordenen Grün des vorjährigen Alpenrosenlaubes, die bewegliche Jugend vor dem ›gut erhaltenen‹ Alter.

Hier bricht ein Bach, von dem wir im Sommer niemals etwas gesehen haben, von einer kleinen Felsspalte lustig herab. Da, wo er sich zum ersten Mal im sumpfigen Humusbecken des Waldbodens ausrastet, haben sich in der trüber und lauer gewordenen Flut gelbe Dotterblumen angesiedelt.

Endlich erreicht man den vom Eis befreiten Weidachsee. Auf dem weißen Schotterhaufen, der vom Kalkberg zu seinem Gestade herablangt, blüht die blaurote Alpen-Linaria und von oben über den Grat herein hängt der flimmernde Flockenschleier eines dort vorüberwandelnden Unwetters, hell und blendend, wie man sich den Schleier eines ›saligen Fräuleins‹ vorstellen möchte. Vom heiteren Himmel fallen Tropfen herab, desto höher duftet das waldige Seeufer.

An vielen Stellen umgibt schwarzer Torfboden den See. Über einen Streifen solchen Grundes ist eine Baumleiche hingestürzt und langt noch weit in den See hinein. Der graue morsche Stamm wird vom seichten Wasser der breiten Uferränder umspült. An seinem äußersten Ende steht ein Mann, die Harpune, das heißt eine mit eisernen Zacken beschlagene Stange, stech- oder wurfbereit in der Hand, um einen der laichenden Hechte, die gerne ins seichte Wasser kommen, damit zu erlegen – eine Staffage von Frühlingsbeschäftigung der Menschen. Und drüben, jenseits des Sees, liegen Überreste von Lawinen und reichen bis zum Wasser. Der Fischer mit seiner Harpune steht gerade mitten drinnen im zitternden, wassergespiegelten Abbild der weißen Lawine.

Gestalten der Landstraße

Auf der Landstraße in Richtung auf den Piburger See hatte ich einen Begleiter bekommen. Dieser Bursche, aus dem Pitztal gebürtig, hatte während des Sommers ›draußen‹ einen Handel mit Spielwaren getrieben und oblag nun der angenehmen Beschäftigung eines ›Wintergrafen‹, wie man diejenigen nennt, deren Herrlichkeit mit dem letzten Guldenzettel verweht, den sie von ihren Sommerreisen mit nach Hause bringen. Die Monate Februar und März sind den Wintergrafen schon gefährlich, weil es mit den Schätzen des Sommers zur Neige geht. In seiner Jugend war er zu Imst Kellner gewesen, handelte dann mit Geißkitzen hinab nach Innsbruck, und in noch späterer Zeit schleppte er die ›Herrgötter‹ auf einer Kraxe über die Jöcher, um bei den Bauern Hausierhandel zu treiben. Er war ein schlauer Bursche und wußte auch guten Bescheid über die Anforderungen, welche der Kunstgeschmack der Bauern an seine ›Herrgötter‹ stellt. Dies zu erläutern stelle ich meine eigenen Erfahrungen neben die seinigen.

Als ich eines Tages mit einem befreundeten Maler durch das Etschland wallfahrtete und dieser in den braunen Bauernhütten die wunderlichen Gestalten und Kreuzbilder sah, die Penaten des Hauses, so wünschte er sehnlich, diese oder jene über alle Maßen seltsame, von Rauch und Fliegen geschwärzte Figur mit nach Hause zu nehmen. Dieser Wunsch aber begegnete den größten Schwierigkeiten. Der Bauer würde es für eine Sünde halten, ein solches Bild herzuschenken und es zu verkaufen, in dessen Angesicht er vielleicht geboren wurde und das sein Vater in seiner Todesstunde in der ersterbenden Hand hielt.

Da kam uns der Zufall zu Hilfe. Ein welscher Herrgotthändler kam eben des Weges mit nagelneuen Heilanden und Kreuzbildern. Da kam mir der Gedanke, ob sich auf dem Wege des Tausches nicht erreichen lasse, was gegen bares Geld unmöglich schien. Die Vorliebe des Bauern für Buntes, Glänzendes und Neues schien uns von guter Vorbedeutung. Aber wir täuschten uns.

Nur in einem einzigen Falle brachten wir es so weit, daß uns ein Bauer unter den vielen Bildern, welche er besaß, ein einziges gegen ein anständig gearbeitetes Kreuzbild des Welschen gab. Gegen die neuen Bilder kamen Einwendungen, die für die Sinnesart der Bauern bezeichnend sind.

Dem einen war der neue Christus, nachdem er ihn eine Viertelstunde lang bedächtig in der Hand gewogen, nicht ›schwar‹ (schwer) genug, der andere meinte, ein Christus ohne ›Inri‹ tauge nichts. Diesem war er zuwenig mit Blut bedeckt, und jener sagte insbesondere, die Beine seien nicht ›genug aufgeschlagen‹, womit er die großen Wunden meinte, welche bei echten Schöpfungen gleich unter dem Knie angebracht sind. Auch mit der Behauptung, dieses und jenes Bild sei schon zum ›Versehen‹ gebraucht worden, suchte man unseren Lockungen sich zu entziehen. Einen ›Heiligen Geist‹ aber, jene hölzerne Taube, die an einem Faden über dem Eßtisch hängt, zu bekommen, war vollends ein Ding der Unmöglichkeit.

Ganz dieselben Kanones christlicher Kunst entwickelte mir nun hier mein Pitztaler. Doch tat er es mit dem Bewußtsein eines Menschen, welcher die Torheiten anderer zu überschauen glaubt und nicht, ohne fortwährend beizufügen: ›So wollen es die Bauern!‹

Nicht unerwähnt will ich lassen, daß sowohl dieser Mensch als eine große Anzahl von Bauern und Dirnen, welche uns entgegenkamen, sich durch Gesichtszüge bemerklich machten, welche in Verbindung mit den dunklen Augen es ohne Zweifel lassen, daß hier die deutsche Sprache von Leuten geredet wird, deren eigentliches Wesen romanisch ist.

Piburger See

Von allen Seitentälern des Inntales, ja Nordtirols überhaupt, wird keines soviel von Fremdlingen heimgesucht als das der Öz oder der Öztaler Ache, das am Fuße der Gletscher, welche den Grenzwall gegen das selige Etschland bilden, anhebt und sich in einer Länge von etwa zwölf bis vierzehn Stunden an den Inn hinauszieht.
Der Baumeister des Öztales hat die künstlerische Regel der Steigerung nicht außer acht gelassen. Zerlegen wir sein Werk in drei Teile, so haben wir zuerst einen fruchtbaren Baumgarten, in welchem nur das Donnern wilder, eisig hauchender Wasser und hier und dort ein kleiner, von bedeutender Höhe herabglitzernder Eisblink an die Mächte des Hintergrundes erinnern; im zweiten Teil, der vom ›G'steig‹ bei Öz bis Zwieselstein reicht, finden wir die Denkmäler der Wasserverwüstung an Berg und Tal; in der dritten, dem Gurgler- und Ventertal, nahen wir den Geheimnissen der stillen Eiswelt.
Bei dem Weiler Ebne empfängt uns die Ouvertüre des großen Schaustückes, welches Öztal heißt: zur Linken der hohe Achenkogel, auf dem ein kleiner Ferner wie eine polierte Silberplatte gleißt, Nußbäume mit glänzenden Blättern, der kalt hauchende Sturz, rote Kirschen im Fruchtgeäst, flüsternde Maisfelder, Felsblöcke, von Blumen und Erlen bedeckt und von grauem Eiswasser umdrängt, klare Tümpel, von Vergißmeinnicht umrandet, und daneben Flachs, dessen Blumen wie jenes von Himmelblau gesättigt sind und den Augen der ›saligen Fräulein‹ gleichen; aus moosigen Felsspalten quellende Brunnen.

Die Musik zu dieser Szenerie bildet das Tosen der Ache, mit welchem sich jeder andere Laut vermengt und verwirrt.

Im Dorfe Öz findet man manches idyllische Genrebild. Hier der blumenumrankte Zaun und die weiße Mauerpforte, die Wiesen mit den weißen Dolden, das Gärtchen mit brennroten Verbenen und Bohnenblüten, dort der schattige Obstanger mit seinen Bienenstöcken und den im hohen Grase sich herumtreibenden Hühnern sind mir lieb geworden.

Umhausen, welches um achthundert Fuß höher, schon in der von mir aufgestellten zweiten Abteilung des Tales liegt, ist um ein beträchtliches kühler. Seine stattlichen zum Teil bemalten Häuser, und unter ihnen die gleichfalls zu preisenden Herbergen Marbergers stehen in Fruchtgärten, die nicht mehr so üppig sind wie die um das warme Öz. Vielleicht kann mein Geschmack an wärmeren Sommerfrischen mit demjenigen, der die Leute auf kurzgrasige Hochflächen treibt, wohin sie einen Koffer mit Winterkleidern mitnehmen, ein Kompromiß eingehen, indem wir uns auf Umhausen vereinigen. Im Verzeichnis der Tiroler Herrlichkeiten wird niemals sein Wasserfall vergessen. Es ist auch ein ›stäubender‹ ›Stuiben‹-Bach, der in der Entfernung einer halben Stunde herabstürzt, und der Wanderer bemerkt schon eine Stunde, bevor er Umhausen erreicht, die weiße Wolke und hört den feierlichen Gesang der Geister.

Sein Staub verwandelt auf zweihundert Schritte den Boden in Sumpf, gute Kleider werden in zwei Minuten durchnäßt, und durch die herumgewirbelten Wassertraufen entsteht eine Verdunstungskälte, vor welcher sich zarte Wanderer hüten mögen.

Wenn man weiter in die Höhe schaut, so raucht es auch dort oben überall, wo seitlich weggeschleuderte Massen zwischen Klippen zerschlagen werden. Denn Schwindel erregend ist die Gewalt, mit welcher die Wellen sich im Bogen in die Luft vordrängen, es zuckt im Rauch von silbernen Lichtern auf, und einem Pfeil gleich sausen die Wasser über den Rand des Abgrundes im Schwunge hinaus.

Oberhalb Öz liegt ein stiller See im Gebirge, zu welchem die Sommergäste gern in einer Stunde emporsteigen.

Gleich hinter dem Gärtchen des Cassianwirtes zieht sich der Pfad gegen Westen, und man gelangt zu einem großen Glimmerblock, nahe am Hange des mit Lärchen bestandenen Berges. Auf ihm erhebt sich ein Bildstöckl, welches zu andächtigen Gedanken anregt, zu gleicher Zeit aber den Weg zum See hinauf andeutet.

Wo sich der Wald lichtet, erreicht man eine winzige Hochfläche, auf der sich sofort das Dörflein Piburg den Augen vorstellt.

Auch hier reicht bis über das Fenstergesims hinauf der stahlblaue Eisenhut, und die Luft der Hochfläche verwehrt den Früchten ihr Gedeihen nicht, welche halbreif am unbewegten Ast hängen. Vom Boden des gelben Kornfeldes oder des dem Wald abgerungenen Kartoffelackers erschallt der Ruf der Wachtel. Neben dem Felde ist etwas Grünes, und dieses Grüne ist der See. Ringsherum steht Nadelwald, aber aus der nächsten Nähe des Wasserrandes sind die Geschlechter der Fichten vertrieben worden. Jetzt schlagen die kleinen Wellen des Gewässers gegen Erlen, Schilf und kahle Blöcke. So grasgrün ist die Wasserfläche, daß es nicht zu verwundern ist, wie die Heuschrecke in mächtigem Satz von der Wiese in sie hineinsprang.

Das Zurückspringen gelingt ihr nicht. Ruckweise sucht sie sich auf der glatten Fläche gegen das Land zurückzuschieben. Jetzt hat aber das Idyll ein Ende, und das Wesen der Dinge schnellt sich in einem silberglänzenden Blitz empor und bereitet, als Fisch gestaltet, diesem Geschöpf den Untergang.

In dieser unteren Gegend des Öztales herrscht überhaupt, wenn man sie mit dem rauheren Wesen der oberen Talstufen vergleicht, das Idyll vor. Die schönsten Bilder sind am ›G'steig‹ und bei Habichen, immer in der Nähe der Ache.

Oft müssen zwei, die sich der Ache nähern, alle Kraft der Lunge aufwenden, um die wechselseitigen Worte zu verstehen, das Tosen aber hat die den Fruchtbäumen holden Geister keineswegs verscheucht. Die grimmen Zwerge dort oben lassen die Stein- und Schlammströme herabrollen, welche, wie beispielsweise hier im Bereich der ›Farstrinne‹, vor Östen die fünf Häuser zerschmettert haben, welche kaum noch über den Schotter emporragen. Jeder von den glänzenden Fernern ist ein Unhold. Hier fällt der Schweiß der Mühseligen auf die rohen Blöcke, welche zersprengt und fortgeschleppt werden, um den Boden wieder für Halme frei zu machen. Die wenigsten dieser Menschen besitzen ein Bett, in welchem sie nach der Mühsal schlafen können. Der Tücke des Fernerglanzes aber und dem Elend, welches von dort ausgeht, steht das unzerstörbare Leben des Grundes entgegen. Hier verbreitet, von Bienen umsummt, eine Linde weiten Schatten. Ein Block von der alten Moräne aus der Eiszeit steckt ganz und gar unter einem Schlehdorn, der zugleich grüne und blaue Früchte trägt, womit er sagen will, daß des Lebens kein Ende ist.

Schwabenkinder

Ich wanderte auf winterlicher Straße in Richtung Landeck. Welche wunderliche Gesellschaft kommt da herab? Es sind ihrer wohl ein halbes hundert Gestalten. Vorsorglich weichen sie nicht einen Schritt von den Schneemauern gegen die Mitte der Straße zu. Sie lassen die Steine, welche aus den erweichenden Lawinenteilen von oben herabkommen, in lustigen Bogensätzen über ihre eigenen Köpfe hinwegfliegen.

Eine Schar von Kindern ist es, welche den Galgenbühel herabkommt. Ihre Gesichter haben sich unter der Wechselwirkung des Sonnenlichtes und der Eiskörner, die ihnen der Wind ins Gesicht trug, halb mit rötlicher, halb mit blauer Färbung überzogen. Die Buben stecken die Hände in ihre Hosentaschen, die Mädchen halten sie gehöhlt vor den Hauch ihres Mundes. Alle gehen gekrümmt, als ob sie mit den Köpfen ein Hindernis vor sich herzuschieben hätten. Keines der Kinder überschreitet in der Anzahl seiner Jahre das Alter, welches zwischen acht und dreizehn liegt. Mitten unter ihnen ragt aber ein stämmiger erwachsener Bursche hervor.

Ich wurde nun auch gewahr, daß mich der Zufall hier einer jener Kinderscharen entgegengeführt hatte, welche im Märzmonat aus den ärmsten Tälern von Tirol hinauswandern nach den Ebenen Deutschlands, um sich durch leichte Arbeit den Sommer über durchzuschlagen und die Eltern der Sorge um die große Suppenschüssel zu entheben.

Der Anführer der Truppe war der Vertrauensmann, welchen die Eltern zweier Dörfer gewählt und bezahlt hatten, um die Kinder wohlbehalten nach Ravensburg in Württemberg zu bringen, wo am Josephitage (dem 19. März) der große Markt stattfindet, zu welchem die Bauern von weit und breit zugereist kommen, um sich von den kleinen Fremdlingen solche auszuwählen, die ihren Absichten entsprechen.

Dieser große starke Bursche grüßte mich und meinte, es sei heute ein wenig mühsam für die ganz Kleinen auf dem glatten, eisigen Wege. In der Tat schauten mich manche recht trübselig an, mit ihren dünnen Kleidern und ihrem kleinen, zwilchenen Säcklein voll gebranntem Mehl. Der Zugwind, der manchmal das Inntal heraufkam, machte diese zu einem ungeeigneten Platz für das Ausrasten der Kinder. Da auch ich auf dem Wege nach Landeck war, so schloß ich mich dem Trupp an.

»Was tut Ihr mit den Allerjüngsten, die Ihr habt? Zu welcher Arbeit mögen die zu gebrauchen sein?« fragte ich den Führer.

»Ja, sehen Sie, lieber Herr, der Arbeiten gibt es gar mancherlei. Die Bauern kennen es gleich auf den ersten Blick, wozu einer tauglich ist. Die da hinten zum Beispiel (er deutete auf mehrere der Kleinsten, deren Gesicht auch am meisten blau war), die werden gleich vorgeholt und gefragt, ob sie Gänse hüten wollen. Andere aber, wie der Dicke dort mit dem weißen Haar, der bekommt schon eine Arbeit, wo er mehr aufpassen muß, wahrscheinlich eine Herde Schweine zu hüten. Die Mittleren müssen mengen, das heißt, daß man neben den Ochsen geht, die Arbeiten beim Geschirr und ähnliches, Aufsicht auf die Rinder beim Feldbau.«

»Ist es wahr«, fuhr ich fort, »daß es da zugeht wie auf einem Sklavenmarkt? Ich habe gelesen und gehört, daß die Kinder dort betastet und befühlt werden, um ihre Stärke zu prüfen.«

»Ach Gott, nein!« entgegnete der Bursche. »Die schwäbischen Bauern sind viel zu gute Leute, als daß sie mit den Kindern so wie mit dem Vieh umgingen.«

»Und was bekommt ein Kind für den Sommer, den es draußen zubringt?«

Statt der Antwort rief er einen etwa zehnjährigen Burschen her, der keck in die Welt schaute.

»Nu, Joos, sag einmal, wieviel du voriges Jahr bekommen

hast, ob dir nichts abgegangen ist und du zufrieden warst mit der Behandlung des Bauern.«
»Wohl«, entgegnete der Bursch, mit einer fast trotzigen Miene. »Ich hab' gemengt, war von Josephi bis Martini bei meinem Bauern, habe zwanzig Gulden bekommen und ein doppeltes Gewand, und gefehlt hat mir gar nie etwas. Mein Bauer war gut, und ist mir's dort leicht besser gegangen als daheim.«
»Wer hat dich denn voriges Jahr hinausgeführt?«
»Meine Mutter«, entgegnete Joos unverdrossen. »Wir waren so gar arm, wie wir fortgegangen sind. Die Mutter hatte nur dreißig Kreuzer, aber wir haben uns doch nit gefürchtet. Wir haben es gemacht wie jetzt und sind auch immer bei den Bauern über Nacht geblieben, und wo wir hingekommen sind, haben wir etwas zu essen bekommen. Zwölf Tage waren wir auf dem Weg von Oberinntal bis ins Schwäbische hinaus.«
»Hast du denn nicht geweint«, fragte ich, »wie eure Mutter von euch Abschied genommen hat, in Ravensburg?«
»O nein«, antwortete er, »die Mutter hat auch nicht geweint. Jeder von uns bekam einen guten Bauern und hat uns gleich ein jeder eine Wurst gegeben, der Mutter aber einen Gulden Drangeld. Sie hat den Bauern gebeten, er möcht' gut gegen uns sein, und zu uns hat sie gesagt, wir sollten uns brav aufführen und nicht vergessen, was uns der Herr Pfarrer als Lehre auf den Weg mitgab.«
»Bist du dann noch denselben Tag über in Ravensburg geblieben?«
»Nein. Wir fuhren noch am Vormittag fort. Am Abend sind wir auf seinem Hof angekommen, der im Badischen liegt. Am nächsten Morgen war ich schon bei den Ochsen und auf der Arbeit.«
»Habt ihr sonntags ausruhen dürfen?«
»Ja, da habe ich gar nichts zu tun gehabt, als im Stall füt-

tern und in die Feiertagsschule gehen. Das Füttern habe ich erst recht gelernt da draußen.«
»Und Not hast du keine gelitten?«
»So gut haben wir's zu Haus nicht wie da draußen. Alle Tag hat's Knöpfli (Mehlklöße in Schmalz abgebräunt) gegeben und wöchentlich zweimal Fleisch.«
»Kommt es gar nicht vor, daß einer von euch vom Bauern weg wieder nach Haus läuft?«
»Wohl, das schon. Wenn einer gerade zu einem bösen Bauern, so einem rechten Knochen kommt, der ihn schlecht behandelt. Und auch die, welche Heimweh kriegen, springen davon.«
»Ja, wie können sie denn eine so weite Reise machen, wenn sie gar kein Geld in der Tasche haben?«
»O je«, rief Joos, »jeder Bauer läßt sie gern mitessen und in der Stube schlafen.«
Alles was der Knabe sagte, freute mich wegen des schlichten Tones und der offenbaren Wahrheit. Wenn er auch, wie er nachher selbst gestand, nicht ohne Tränen aus dem Hause seiner Mutter gekommen war, so hatten jetzt doch die freie Bergluft und der gesunde Blick auf die Notwendigkeit glücklicherweise jede unnütze Empfindsamkeit unterdrückt.
»Sehen Sie, lieber Herr«, unterbrach hier der Führer der Kleinen unser Gespräch, »die Leute da draußen sind zehnmal wohlhabender als bei uns in Tirol. Sie können gar nicht wohlfeiler wegkommen für das Vieh hüten und solche Arbeiten, als wenn sie eines von unseren Kindern nehmen. Wollten sie einen von ihren eigenen Leuten dazu anstellen, sie müßten ihm weit mehr bezahlen, denn bei ihnen hat das Geld viel weniger Wert als bei uns in Tirol. Dann sind auch diese Kinder in der Kost nicht heikel. Sie sollten die roten, pausbackigen Köpfe sehen, mit denen sie im Herbst zurückkommen.«

Ich verabschiedete mich von diesen Kindern nicht ohne Bewegung. Sie suchten ermüdet verschiedene Häuser auf, wo sie von barmherzigen Leuten gut empfangen wurden. Während ich am nächsten Morgen noch lange in den Federn lag, schritten sie schon wieder durch das Dunkel des eisigen Morgens dahin.

Gnadenbild ›Maria im Finsteren‹

Nach Landeck gelangen wir über die Brücke, welche, über den Inn gespannt, die beiden Teile des stadtähnlichen Dorfes verbindet.

Noch können wir in der Nähe der Brücke im westlichen Teile Landecks ein Bauernhaus besuchen, ein graues Gemäuer, in welchem sich die älteste Kirche dieser Ansiedelung befindet, deren Ursprung in das frühe Mittelalter hinaufreicht. Diese bildet jetzt einen seltsamen Anblick. Ihr Raum ist mit den anstoßenden Stuben, in welchen die Bauern ihre Hantierung treiben, links und rechts verwachsen, und nur ein kleines Gitter trennt sie auf einer Seite von einer Rumpelkammer, in welcher Kohlköpfe, aufgeschüttete Gerstenhaufen, Äpfel und Riemenzeug wirr durcheinanderliegen.

So ändern sich die Zeiten.

Von Landeck aus ist der erste Gang, welcher angetreten werden muß, zur Wallfahrtskirche ›Maria im Finsteren‹. Nicht wegen des Andenkens der Wunder, welche das Bild verübte, führe ich den Fremdling zu ihrer Höhe, sondern wegen des Blicks nach dem Tal, der hier gar mannigfaltige Erscheinungen zusammenfaßt.

Der Name Maria im Finsteren entstand wegen des dunklen Waldes, der vor vielen Jahrhunderten diesen Berg bedeckte. Das Wunder, welches Veranlassung zu ihrer Erbauung gab, geschah im Jahre 1266 und ist durch mehrfache Bilder verherrlicht. Auf einer gemalten Tafel sieht man einen Bauern und eine Bäuerin mit ihren zwei Kindern, welche vor der Verfolgung eines Wolfes und eines Bären hier unter einer mächtigen Fichte im Dickicht des Waldes Schutz finden. Die Bildsäulen dieses Bauern und seines Weibes stehen auch auf dem Hochaltar der Kirche, und draußen ragt noch die Fichte, der einzige Baum des verschwundenen Waldes, an welcher abermals eine Tafel die Begebenheit verkündigt. Doch wird man immer wieder zu dem geschnitzten Schrein auf dem Altar Oswald von Schrofensteins zurückkehren und noch lieber auf die freie Berghalde, auf welcher eine milde Wintersonne liegt. Dort unten ist die Felsenklause, von welcher aus der große Fluß sich gegen Osten wendet, dort vermischt ihre Wellen die Sanna mit ihm, die aus Tälern kommt, in welchen romanisches Volk deutsche Zunge und deutsches Wesen angenommen hat.

Von Landeck zum Lüner See

Ein Prachtstück ist der Letzer Wasserfall bei Landeck, den ich in einer warmen Sommernacht besucht habe. Der Mond schien nicht in die Talsohle, sondern bildete nur einzelne gelbe Lichtinseln ziemlich hoch an den Kalkwänden. Auf der anderen Stromseite ziemlich weit oben brannten Feuer auf den Wiesmähdern, wo das Galtvieh gehalten wird. Vor den Häusern nahe am Sturze sangen Burschen und Mädchen in die laue Nacht hinein. Sie saßen unter Obstbäumen, und mit ihren Stimmen vermengte sich das Summen der herabschäumenden Flut. In den weißen Felsen drinnen zitterten die Stege, auf welchen man sich in den zylinderförmigen Tobel vordrängt, und der Sprühregen des an wenigen Stellen vom Mondlicht getroffenen Sturzes. Eben jene Stellen, in welchen er, sonst ziemlich vor Nacht unsichtbar, aufleuchtend zuckte, erquickte in der Schwüle.
Die Straße zwischen Landeck und Pians hat sehr viele Eigentümlichkeiten. Zur Rechten heben sich die Obstgärten hinan, und auf dem Mittelgebirge wallen die Rauchsäulen von Dörfern und Gehöften.
Besonders schön ist die Einmündung des Paznauner Tales mit der alten Veste Wiesberg, deren Geschichte in so viele Jahrhunderte zurückreicht. Wenige Täler sind so reich an Sagen und märchenhaften Überlieferungen, an diabolischen Zaubergeschichten und Wunderglauben als Paznaun, Silbertal und Verwall, die Klüftungen, welche auf dieser Seite der Rosana sich in jene Gebirge hineinziehen, welche man die Gruppe der Silvretta genannt hat. Im Osten erblickt man den Tschürgant, ganz in jener ver-

wunderlichen und geometrisch genauen Pyramidengestalt, wie er von den Innufern zwischen Landeck und Imst aus gesehen wird.

Von dem von zwei Bergwassern umrauschten Wiesberg an gelangt man in ein enges Hochtal, dessen Sohle von der Rosana und der Straße ganz und gar ausgefüllt wird.

Zwischen Strengen und Flirsch ist die Landschaft reich an Bildern.

Oft staut sich das Wasser an vorspringenden Kanten der schwarzen Schieferfelsen. Von sanfteren Stellen des Ufers dagegen neigen sich die Früchte der Heckenrosen über die Wellen.

Der Westhimmel ist vom Rande an bis ziemlich hoch hinauf von der weißen Mauer einer Nebelschicht abgeschlossen. Und hoch über dieser steht der gewölbte Teil eines Regenbogens, ein Portal, von dem nur die Wölbung übriggeblieben, dessen Seitenflächen aber unsichtbar geworden sind. Wohin das Portal führen mag? Offenbar in jenen überirdischen Silberglanz noch halb verschleierter Gipfel, welche auf dem Meer der Nebel schwimmen.

Flirsch mit seinem gründachigen Turm bezeichnet eine kältere Stufe des Stanzertales; durch das breitere Hochtal sausen die Winde vom Arlberg.

Die Straße geht nun eine Strecke eben durch den Wald gegen St. Anton hin, wo eine stattliche Herberge ist, die dringend als Standort denjenigen empfohlen werden soll, welche die noch wenig erforschten Höhen der Umgegend und die Schönheiten einer bedeutenden Gebirgswelt kennenlernen wollen.

Unmittelbar hinter St. Anton beginnt der Aufstieg zum Arlberg.

Sagen im Stanzer Tal

Am Eingang von Verwall steht das letzte Haus, Stadlen genannt. Weiter hinein zu findet man noch eine Kapelle auf dem ›Kalten Eck‹, welches durch das Treiben vieler Hexen und Zauberer berüchtigt geworden ist.

Einmal nun kam der Priester von Stanz in das Haus Stadlen, um die entlegensten seiner Pfarrkinder zu besuchen. Die Tochter des Hauses wurde von ihm scharf ins Gebet genommen, denn er konnte sich nicht erinnern, sie jemals in der Stanzer Kirche bei sich zum Beichten gesehen zu haben. Das Mädchen leugnete nicht, daß es nicht nach Stanz beichten gegangen war. Doch behauptete es, daß das Christusbild in der Kapelle am ›Kalten Eck‹ ihm die Beichte abhöre und es losspreche. Der geistliche Herr glaubte nicht daran und wollte sehen und hören. Da wurde er von der Jungfrau in die kleine Kapelle geführt. In diesem Augenblick brachen einige Sonnenstrahlen durch das Fenster herein, das Mädchen nahm seinen breitkrempigen Hut ab und hängte ihn an einen derselben. Nun zweifelte der Priester nicht mehr.

Nicht weit von Stadlen findet man am Felsen hoch über dem brausenden Bach eine rundliche Vertiefung und unter derselben eine Furche, die sich bis in den von Wassern durchtosten Schlund hinabzieht.

An diesem Gestein wollte vor nicht gar langer Zeit eine Hexe ihr eigenes Kind zerdrücken. Es fand sich aber, daß der Stein weicher war als das Mutterherz, der Felsen nachgab und das Kind gerettet wurde. Doch blieb der Eindruck deutlich sichtbar, ebenso aber auch derjenige, den die Hexe hervorbrachte, als sie vom Teufel in den Abgrund gezerrt wurde – jene Rinne über dem Tobel.

Am Eingang des Paznauner Tales, in geringer Entfernung von der Landstraße, erhebt sich die Burg Wies, von zwei

Wildwassern umbraust. Auf dieser hauste ein Seigneur, welcher eine überaus liberale Anschauung hinsichtlich seiner lehensherrlichen Rechte hegte. Von ihm hörte ich folgende Geschichte: Eines Tages lud er drei seiner Hörigen ein und bewirtete sie zu deren ungemessenem Erstaunen mit einem üppigen Mahle. Nachdem es beendet war, sagte er zu einem Bauern: »Nimm diesen Brief, laufe, was du kannst, bring ihn nach Pians zu dem und dem und komm bald zurück!« Zum andern sagte er: »Leg dich auf das Ruhebett und schlafe!«, und den dritten lud er ein, mit ihm im Obstgarten auf und ab zu gehen.
Nachdem die drei Bauern wieder zusammengekommen waren, ließ er ihnen die Bäuche aufschneiden, um nachzusehen, was am vorteilhaftesten auf die Verdauung gewirkt, die rasche Bewegung, die langsame Bewegung oder die Ruhe.
Überall glänzt es vom Eis der Gletscher, und es ist kein Wunder, daß sich die Einbildungskraft der Menschen mit diesen Stätten des Grauens beschäftigt. Nachstehende Geschichte, die zu Petnau in aller Leute Mund ist, beweist es.
Solange im Frühjahr das Vieh sich auf den Voralpen aufhält, müssen die Leute des Dorfes sich der Reihe nach um dasselbe kümmern, weil *ein* Hirt nicht ausreicht, es zu beaufsichtigen. Nun traf es sich, daß ein Bauer am Fronleichnamstage seinen Sohn aufforderte, die ›Hirtenreihe‹, die an ihm war, zu übernehmen. Der Bube weigerte sich dessen, weil er an einem solchen Tage nicht auf dem Berg bleiben, dagegen unter den Schützen bei der Prozession paradieren wollte. Nur nach vielen Bitten und sogar Drohungen fügte er sich. Doch verließ er das Haus mit den Worten: »Ich gehe ins Teufels Namen und komme nicht wieder!« Draußen erhängte er sich an einer Wettertanne, und es versteht sich von selbst, daß es geistert, sowohl

bei der Tanne, welche die weidenden Rinder vermeiden, als auch im Hause, wo man ihn oft im nämlichen Gewand, in welchem er sich auf den Weg gemacht hatte, im grauen Mantel und spitzigen Hut, neben der Herde sitzen sah. Eines Abends nun holte ein Bauer, der vom Landecker Markt zurückkehrte, auf dem Schaaner Moos einen Kapuziner ein. Dieser erkundigte sich über Petnau und befrug insbesondere, ob es dort keine Geister gebe. Der Begleiter erzählte ihm die Geschichte von dem Buben und der Wettertanne, und der Mönch verlangte eine genaue Beschreibung des Hauses. Im oberen Dorfe trennten sie sich. Der Mönch setzte seinen Weg fort, der Bauer ging heim, um zu schlafen. Aber es litt ihn nicht im Bett, seine Neugierde war durch die seltsamen Fragen des Klosterbruders viel zuviel erregt worden.
So schlich er sich denn vor das Haus und sah in der Stube Kerzen brennen, alles beten und den Kapuziner vor einem Kreuz auf dem Tische. Endlich standen alle auf, der Hausherr ergriff eine Blendlaterne und ging mit dem Mönch hinaus in die Nacht.
Die Leuchte gab so viel Licht, daß der hinten nachschleichende Späher alles wahrnehmen konnte, ohne selbst bemerkt zu werden. Er verfolgte sie bis auf die blaugrünen Eisgerölle des Riffler Ferners. Dort wurde der unstete Geist hineingebannt, und seither ist Ruhe zu Petnau.

Funkensonntag am Arlberg

Zum Frühlingsanfang wird am Arlberg alljährlich der ›Funkensonntag‹ gefeiert. Dann brennen auf den tief verschneiten Bergen wie im Tale bei einbrechender Dunkelheit eine Menge von Feuern. Man nennt dieselben ›Funken‹. Das Anzünden derselben ist eine alte heidnische Feier, das Fest des zunehmenden Lichtes. Wie von so vie-

lem, was an die alten Götter und den alten Glauben erinnert, ist aber auch von diesen Flammen im Bewußtsein des Volkes die wahre Deutung verlorengegangen. Man meint jetzt, die ›Funken‹ leuchten zur Erinnerung an eine furchtbare Pest, welche einst den größten Teil der Bevölkerung des Landes hinwegraffte.
So ist es auch mit der Hauptgestalt, welche bei diesem Brauch vorkommt. Es ist eine Strohpuppe, welche wohl ursprünglich den Winter bedeutete, wie es bei ähnlichen Bräuchen, dem sogenannten ›Winterverbrennen‹, anderweitig auch wirklich der Fall ist. Hier aber nennt man die dem Flammentode geweihte Figur ›die Hexe‹.
Kinder sammeln den ganzen Tag über bei den Gemeindeangehörigen Stroh, Heu und Holz und schichten das alles um eine Tanne herum auf. Oben wird ›die Hexe‹ befestigt. Nachdem sodann die Kinder eine Weile, angezündete Fackeln schwingend, um den Haufen herum getanzt haben, gibt der Schullehrer ein Zeichen, und derselbe wird in Brand gesteckt. Wenn sodann die Gestalt von der Flamme erreicht wird und auflodert, so ertönt ein ohrenbetäubendes Geschrei: ›Die Hexe brennt!‹, und der Fakkeltanz wird noch ungebärdiger. Nun ist das große Licht, der große ›Funke‹, wirklich tatkräftig geworden, wenn auch in diesem rauhen Berglande die Frühlingszeit noch wenig von den verwandten Erscheinungen in milderen Gegenden zeigt. Dort, am Rande des Bergwaldes, aus welchem der Ruf des Kuckucks dringt, dampft ein Schneefeld in die mild gewordene Luft hinein, und hier an dem Haufen von Scheiten, hinter welchem, durch Schatten vor Abschmelzen geschützt, noch ein hingewehter Schneewall sich erhalten hat, erkennt man die Mächtigkeit der winterlichen Niederschläge und die Gewalt, welche trotz alledem der vordringende Frühling dem kranken, mürrischen Alten schon angetan hat.

Lüner See

Zwischen dem Bodensee und dem Arlberg dehnt sich ein Bergland hin, welches in allen Schönheiten, die man von den Hochalpen erwartet, mit den berühmteren Nachbarländern sich vergleichen darf. Bludenz ist der Standort für denjenigen, der nach den Richtungen der Windrose in die vielfachen Korridore eindringen will, die nach den Schaustücken führen. Von dort kann man binnen wenigen Stunden zum Rande der Gletscher oder in waldduftige, von Wasserstürzen durchfeuchtete Talgründe, auf Spitzen von endloser Fernsicht und auf heimliche Hirtenböden gelangen. Vom stillen Hafen des ›Kreuz‹ aus werden solche Fahrten noch behaglicher, wenn man der erquickenden Gastlichkeit gedenkt, die den Rückkehrenden erwartet. Wohin soll man zunächst seine Schritte richten? denkt der Fremdling, der von jenem Hause aus in das weite grüne Tal schaut und dem die Falten nicht entgehen, welche seine Hänge unterbrechen, Einklüftungen anzeigend, die sich gegen die innersten Herrlichkeiten hinaufziehen. Und hat er sich für das Brandner-, das Klostertal oder Montafon entschieden, dann beginnt die Verlegenheit des Reichtums erst, denn in diesem zweigen sich die Hochtäler ab. Er kann durch das Brandnertal zum tiefblauen Lüner See, dem Spiegel der Eisfelder auf der Scesaplana, durchs Gauertal zum Drusentor oder zum Essigwirt nach Pattenen und auf die herrliche Fermunt-Alp, oder von Schruns ins Silbertal, oder zum hohen Piz Buin, zu den Eiswüsten der Übergänge ins Engadin – kurzum, nach Örtlichkeiten pilgern, deren namentliche Anführung allein einen Band füllte.

Für den ganz Bequemen gibt es die Eisenbahn. Sie bringt ihn nach dem gartenreichen Feldkirch, wo Rebengelände sich um braune Stadtmauern ziehen, Rosen und Efeu vor einsamen Erkern wuchern und Springbrunnen dort plätschern, wo einst die Öde mittelalterlicher Gräben klaffte. Sie bringt ihn hinüber durch die Buchenwälder von Nendeln zur breiten Riedau des Rheins – dann erblickt der Reisende von seinem Waggon aus die vielen Burgen der alten Vögte zwischen Buchs und Sargans, deren Trümmer jetzt auf die Eisenbahn und den freien Verkehr der Völker herabschauen. Von dort bringt ihn der Dampfwagen in kurzer Frist nach Ragaz und zu den Schauern der Taminaschlucht, der schönsten ›Klamm‹ in den europäischen Hochgebirgen; oder er fährt in einem Wagen nach Schruns, nach Latz und Nütziders, nach Blumenegg und Nenzing, ja von dem letztgenannten Orte aus kann er sogar rasch in den Himmel kommen, freilich nur in den ›Nenzinger Himmel‹, wie das Gamperdonatal wegen seiner herrlichen Triften vom Volke genannt wird.
Das prächtigste Hochalpenbild gewährt der Lüner See. Jetzt ist ein bequemes Unterkunftshaus an sein Gestade gebaut, und ein Kahn trägt den Wanderer über die Flut, die weit mehr als tausend Fuß über das Meer erhaben ist als der Gipfel des Feldbergs im Schwarzwald.
Dies ist ein gefeiter Ort alpenländischer Sage. Allerlei Geister bewohnen seine unergründliche Tiefe. Auch im benachbarten Schwarzen See des Saminatales hausen Gestalten längst vergangener Tage. Gern steigen sie um Mitternacht aus den dumpf rauschenden Gewässern.
Nicht minder hat der Zauber des hochgelegenen Waldunasees die Einbildungskraft der Menschen angeregt, daß sie unsterbliche Weiber mit grün-blonden Haaren und hellen Augen in seine Abgründe versetzte.
Nicht zu vergessen ist, daß uns der Mensch in Vorarl-

berg, wenngleich nicht so sehr in Liedern und Romanen, bei deren Schöpfung leider meist Unwissenheit und schöngeistige Überspanntheit sich beteiligten, gefeiert, als das östliche Nachbarvolk, ebenso mächtig anzieht wie die Natur des Landes. Es ist ein kräftiges und kluges Geschlecht. Die sauberen Häuser, die Bestellung der Felder, die Reinlichkeit der Kleidung bekunden es. Den Fremdling mutet die Wirklichkeit selbst der entlegeneren Täler an, und es denkt wohl so mancher Sommerwanderer mit Freuden an den Löwen in Schruns oder auch an das bescheidene Rößl in Gaschurn.

Wohl hat man in neuerer Zeit den Bregenzer Wald in die Mode gebracht, und auch ich habe an mehr als einer Stelle auf seine merkwürdigen Täler hingewiesen, in welchen sich die Natur der waldreichen deutschen Mittelgebirge mit jener der Hochalpen zu einem erfrischenden Ganzen vereinigt. Aber den südlichen Tälern, die vom Kloster- und Illtal sich gegen Mittag bis zu den Engadiner Pässen hineinziehen, gebe ich weitaus den Vorrang. Dort ist die Poesie dieses Ländchens, von den eisblinkenden Höhen, auf denen einst die märchenhafte Jungfrau Silvretta, ihren Namen der Wildnis hinterlassend, von dem Alpenlande Abschied nahm, um dem Lande der Zypressen und der Rosen zuzueilen, bis zu den Obsthainen von Vandans und Schruns herab, von den umwetterten Höhen der Drusen- und Sulz-Fluh bis zu den grünen Auen der Ill um Straßenhaus oder Frastanz, vom Piz Buin bis zur Frauenkirche von Rankweil, die von steiler Höhe über Wälder von Fruchtbäumen und über die glänzend reinen Wohnstätten eines fleißigen Volkes schaut.

Von Reutte zum Heiterwanger- und Plansee

Die Landschaft um Reutte, welche man von der Lechbrücke zu Füssen aus betrachtet, ist ein unvergleichliches Bild der Voralpenwelt. Der vielgestaltige Boden mit seinen tannigen Büheln (Hügeln), aus welchen sich die grünen Wellen des Stromes herauswinden, hinter denen die mächtigen Kalkgebirge emporragen, gegen Norden gewendet, die sonnige Ebene, die weiten Fluren und die blauen niedrigen Hügel im fernsten Gesichtskreis. Das alles bedeutet jenes fröhliche Land vor dem Eingang der Berge, farbenbunt, mannigfaltig, jäh abwechselnd, dessen Wesen zu der Natur der Dinge dort jenseits der harten Wälle in einem Gegensatz steht wie der launische Frühling zum Sommer.

Es gibt wenige Orte in Tirol, die von allem Anfang an so anheimeln wie Reutte. Wer längere Zeit bleibt, empfindet den Eindruck mit jedem Tage angenehmer. Viel mag dazu der Mittelpunkt beitragen, den die gebildeten Einwohner für ihren Verkehr im Posthaus finden. An manchem Abend wurde beispielsweise im hellerleuchteten Saal ein Schießen mit Zimmergewehren veranstaltet, an welchem sich nicht nur wackere Schützen, sondern auch schöne Schützinnen beteiligten. Den Männern verflossen viele Stunden in ihrem Leseverein, einer Anstalt, welche in Tirol von den einflußreichen Mächten als eine Pflanzstätte verderblicher Neugierde und ein Bruthaus umziemlicher Gedanken betrachtet wird. Auch in dieser Hinsicht unterscheidet sich Reutte gar sehr von anderen Marktflecken des Landes. Hier wird der Fremdling Regentage über den Büchern, die er auf der Post findet, wohl hinzubringen vermögen.

Heiterwang, das nächste Dorf auf dem Weg von Reutte nach Ehrwald, liegt am Fuße des vielgenannten weitschauenden Thaneller. Man lobt die Aussicht auf dem Gipfel, der indessen an Höhe gegen einige seiner Nachbarn, Hohe Munde, Wettersteingebirge und selbst die Sonnenspitze über Lermoos, ziemlich zurückbleibt.
In mattem Schneeglanz, vom Tauwind überhaucht, hoben sich heute die Giebel über die Fläche des Heiterwanger, der südlichen Fortsetzung des Plansees, die unter Eis und tiefen Schneeverwehungen vergraben lag und einen Vorübergehenden, der sich nach dem Seespiegel umsah, höchstens dadurch auf dessen Vorhandensein aufmerksam gemacht hätte, daß auf einer ansehnlichen Strecke weder ein Baumwipfel noch ein Zaunpfahl noch ein Felsblock aus dem weißen Grunde emporragte. Ich wollte es anfangs selbst nicht glauben, daß der tiefgrüne Wasserabgrund zwischen den Bergen, der mir aus der letzten Sommerreise gegenwärtig war, so gänzlich unter dem öden Winter versunken sein sollte. Doch ein armes Weib, welches eben in einem Tümpel von Schneewasser einige Lumpen wusch, half mir über meine Zweifel hinweg. »Gerad' dort unter den Fichten ist der See!« sagte sie, indem sie auf denjenigen Teil des Tales hinwies, in welchem kein Gegenstand die tiefe Schneedecke unterbrach. Ich erinnerte mich an einen sommerlichen Gang zum größeren Plansee, der sich nördlich an den Heiterwanger See anschließt. Auf jenem Wege lernt man die eine und andere Eigentümlichkeit kennen, welche im grünen Grenzgebirge den Wanderer erfreuen. Da ist beispielsweise eine Alpe mit Ahornbäumen. Ein Anblick, dem in den südlicheren Berggebieten nichts Vergleichbares entgegengestellt werden kann: Ahorne, weitschattende, mit den großen grünen Blättern, werden schwerlich auf irgendeinem Weidegrunde zwischen der Zillertaler Ache

und den Jamtaler Fernern gefunden. Zwischen den Ahornbäumen aber stehen die braunen Häuser der Sennen, nicht armselige Hütten, sondern wohlgezimmerte Ansiedelungen, und neben ihnen strömt langsam in Windungen ein Bach, glasklar, daß die Kiesel des Grundes glitzern und der rasch vorüberschreitende Wanderer mit Lust die Herden betrachtet, die sich an seiner Flut erlaben. Und sie sind nicht gering an Zahl, die Hornträger, die Pferde und die Füllen, welche sich im fetten Lattich seiner Ufer stehend tränken. Die ›Gatter‹ und ihre Eingangstore, welche den Grund versperren, sind wohl verwahrt, daß nicht Eindringlinge sich am Mahle beteiligen oder Flüchtlinge in den Bergen verlaufen und auf eignem Fuß Sommerfrische halten.
Am neugierigsten sind die Roßherden. Füllen, die von den zweibeinigen Quälern noch die beste Meinung haben, kommen zutraulich heran und trollen ihnen nach. Staub, Schweiß und Peitsche, knechtische Marter sind ihnen unbekannt. Und nebenan grasen die abgearbeiteten Mütter.
Graues Wurzel- und Stockwerk verschwundener Stämme sowie rauher Luftzug künden das Joch, dessen jenseitiger Hang zum Ammerwald und zum Plansee abstürzt. Dort erleichtert der Pfad das Absteigen durch Dutzende von Windungen. Nur Baumwipfel und graubraune Höhen erreicht der Blick.
Eine Einsamkeit umwebt die Mulde, wie weit und breit nicht mehr. Ein schier endloser Wald beschattet den Pfad, der vom See ins Ammergau führt. Bevor aber dieser sausende Tannengrund erreicht wird, fehlt es nicht an Schmuck in der Öde. Wasserfälle rauschen nieder, und üppiger gedeihen die Blüten. Noch zur Zeit der Sonnenwende duften Maiglöckchen an den feuchten Buchenhalden.

Der Plansee wird durch einen Engpaß erreicht, eine Miniaturschlucht mit niedlichen Felskulissen mit vortretenden und zurückgebogenen Wänden, offenbar von einem Wasser durchgerissen und zur Pforte geschaffen, dessen Überrest der grüne Bach ist, der da eilt, um seinen kurzen Lebenslauf im See zu beschließen. In geringer Entfernung von diesem Tor, bis zu welchem vielleicht einst seine Flut vordrang, liegt der See.

Die Bücher berichten von ihm, daß er der zweitgrößte des Berglandes Tirol sei und einen ›friedlichen, aber düsteren Eindruck hervorbringe‹, welchem sich jeder Fremdling nach der empfangenen Anweisung hingeben mag.

Freilich trifft in dieser Hinsicht das Kommando der roten Führer mit der Wirklichkeit zusammen: es gibt unter den größeren Wasserspiegeln aller Alpen keinen öderen. Erst auf dem Griesener Wege indessen, an seinem Ostufer, geht uns die landschaftliche Bedeutung solcher Verlassenheit auf: der Säuling und die Reutter Berge schauen starr auf die Fläche herab, bald grün, bald blau wallt die Flut über weiße Untiefen und dunkle Abgründe, menschliche Laute werden nicht vernommen.

Auch mag es nicht ohne Reiz sein, sich der Flut in der hölzernen Herberge zu erfreuen, welche man nunmehr in sie hineingebaut hat. Oft erzittert sie von den Schlägen der Wellen, wenn der Westwind sie antreibt.

Vor den Fenstern liegt es dunkel. Dem einsamen Zecher bietet der Anprall und der rote Wein, das feste und doch schwanke Haus im Wogenschlag Stoff zu lyrischer Betrachtung. Dunkle Zukunft und durchsichtige Gegenwart, schwarze Seefernen und klare Uferwellen umgeben das zitternde Menschenwerk.

Auch dem Idyll, welches kundige Städter in den Alpen aufsuchen, wird entsprochen. Wenige Schritte vom See entfernt strecken Säue ihre Köpfe aus dem Verschlag, in welchem sie zu körperlichem Gedeihen herangezogen werden, und selbstzufriedene Wiederkäuer betrachten, im Gras gelagert, leidenschaftslos die grüne Seefläche. Dem gebildeten Wanderer rate ich, an den Forellenbächen, durch duftige Buchenwölbungen, an Wasserfällen und anderem Hausgerät der Bergriesen hinab zum Griesenpaß und dann zum Ehrwald zu gehen, und ich füge bei, daß er seinen Pfad nach den Fernseen fortsetzen möge, die so grün sind wie das Grün im Tautropfen, wenn ihn die östliche Sonne durchstrahlt.

Haldensee

Von Schattwald bis Weißenbach am Lech hinab ist eine der anziehendsten Landschaften in unseren nördlichen Bergen. Bald sind es die gewaltigen Pyramiden der ›Roten Flühe‹, die zum ersten Mal beim Weiler Katzensteig sichtbar werden und sehr viele Ähnlichkeit mit den Türmen der Dolomiten, den ›drei Zinnen von Lavaredo‹ in den Venetianer Bergen haben, und der ›Gimpel-Berg‹, bald die Wasserrinnen, die weiß das Gestein herab durchfurchen, irgendein rotes Feldkreuz sich im Tümpel des Baches spiegelnd und das allgewaltige Sausen des Flusses, der durch Kalk sich talwärts seinen Weg bricht.

Von einem Mann, der an einem dieser graublauen raschen Bächlein nach Forellen fischte, wurde ich zum weißen Kreuz in Nesselwängle gewiesen, welches eine vorzügliche Herberge und den Vorüberwandernden zu empfehlen ist. Von dort gelangte ich bald zum Haldensee, der gerade vor den grauen und sehr steilen Wänden des Gimpelberges eingebettet liegt. Von diesem schönen See ist kein Abfluß wahrzunehmen. Ringsum umgibt ihn Wald, von grünen Furchen der Holzschläge steil durchzogen, und auch auf den Rasenbrustwehren, welche die Straße gegen ihn abgrenzen, gedeihen junge Tannen. Damals wurde zumeist das Gehör von diesem Alpenbild in Anspruch genommen: denn von überall her toste es, aus den Schneefeldern über dem Wald quirlten die Wasserstürze gerade in sein Becken herab.

Nachdem ich das lange, auf einen mit gelben Flechten rostfleckig gesprenkelten Straßenstein gelehnt, betrachtet hatte, machte ich mich wieder auf und gelangte bald in die jähe Schlucht, durch welche sich die Straße mit dem Fluß gegen Weißenbach und den Lech hinabsenkt. Da sieht man zur Linken das brüchige Gestein wie Weinbergterrassen abgestaffelt zum Schutz der Straße, damit das lockere Gestein nicht von Gewitterregen auf dieselbe hinabgeschwemmt werde. Oft sieht man in den vom Fluß durchtobten Tobel hinab und auf die Holzknechte, die das zu flößende Holz mit Stangen von Felsenhemmnissen frei machen, aber auch in die Ferne und auf die blauen Wälle des Lechtales.

Auf erhabenen Felsblöcken über dem Wasserabgrund hängt der bleiche blutende Christ; Maikäfer schwirren um die eben sich entfaltenden Blätter des Vogelbeerbaums, die Männer rufen aus der Tiefe, den Lärm des Wassers überhallend.

Nach diesen Bildern kamen die breiten Kiesauen des Lechs, die Straße erreichte das breite Flußtal, in welchem das ärmliche Dörflein Weißenbach liegt, die erste Post, wenn man von Reutte dem Fluß aufwärts entgegengeht.

Ein ländliches Trauerspiel

Unter mancherlei Geschichten von den Schicksalen Einheimischer, die ich zu hören bekam, insbesondere von Wildschützen- und Schmugglerabenteuern, die wegen der Nähe der wildreichen bayerischen Reviere und der Grenze nicht gar selten sind, erschien mir keine so seltsam als die eines armen Buchbinders, Michael Mantl aus Reutte. Dieser war auch Bauer und Dichter und hatte den wichtigsten Teil seiner Erlebnisse selbst in Versen geschildert.

Mantl war so fromm erzogen worden wie die meisten seiner Landsleute und kannte als junger Mann kein höheres Ideal, als Meßner in einem Kloster zu werden. Zeitweilig dachte er sogar daran, selbst ein solches zu gründen, teils durch Aufopferung all seiner Habe, teils durch Einsammlung frommer Spenden. Tagelang war er damit beschäftigt, einstweilen Holz und Stämme herbeizuschleppen, welche als Baustoff für sein Kloster ›Zur ewigen Anbetung‹ dienen sollten. Indessen, mag die Veranlassung wo immer hergekommen sein, diese Absicht blieb unausgeführt, und Mantl lernte zu seinem Unglück ein Mädchen aus Lermoos kennen, Rosina Hundertpfund, der zuliebe seine Gedanken die weltliche Richtung nach Hochzeit und Heirat nahmen. Rosina, nicht minder fromm wie er, willigte zwar in die Heirat ein, machte aber einen eigentümlichen Vorbehalt. Es war nicht so sehr eine sogenannte ›heilige‹ oder Josephsehe, (eine ziemlich häufige Sitte), über welche sie sich einigten als vielmehr eine hinreichend große Anzahl von Tobiasnächten, deren Wesen ich dem Leser zu erklären überlasse und nur bemerke, daß hier die Parteien des Vertrages für eine *beschränkte* Zeit vorerst jene Verpflichtung übernahmen, welche ihnen die ›heilige‹ Ehe für *immer* auferlegt. So wurden also Michael Mantl und Rosina Hundertpfund ein Paar.

Nun kommt der bedenklichste Teil der Geschichte.

Nach einiger Zeit des Zusammenlebens drängte Mantl auf die Aufhebung des besagten Vertrages. Seine Gattin wies ihn voll Entrüstung zurück, und ihr Verhältnis blieb wie zuvor. Mantl sah ein, daß er, wenn auch nur in Gedanken, gesündigt habe, und wurde frömmer, als er je gewesen war. Die öffentliche Meinung aber bezeichnete jene Entrüstung der Hundertpfund als Koketterie; denn es ist erwiesen, daß kurze Zeit später unzweifelhafte Eröffnungen, die nicht minder den Vertragsbruch zum Zweck hatten, von ihrer Seite ausgingen. Mantl war aber nun einmal wieder völlig Asket geworden, und so kam es, daß seine Gattin ihm

plötzlich bei Nacht und Nebel davonging und sich in das Haus ihrer Eltern zu Lermoos begab.
Mantl beschreibt in seinem Werk vorerst den Schmerz, den ihm die Entfernung seiner Gattin bereitete. Tage und Nächte saß er vor ihrer Tür, er bestürmte Gemeindevorsteher und Seelsorger. Umsonst. Rosina ließ sich nicht erweichen. Einmal nur gelang es ihm, ins Haus einzudringen, aber was er vorerst fand, war nicht Rosina:

Es war die alte Base,
Sabina Hundertpfund,
Die hinterm Ofen saße,
Auch schlafend und zwei Hund.

Es kommt aber doch zu einer vorläufigen Verhandlung, die durch eine ihm feindlich gesinnte Person wieder unterbrochen wird:

Doch ach, was nun erschiene,
Es kam mein ärgster Feind,
Genannt des Rafflers Trine,
Die aus der Kirch erscheint.

In der Tat zerschlug sich alles durch die Dazwischenkunft dieser Raffler. Mantl machte sich nun schmerzerfüllt wieder auf den Weg nach seinem verwaisten Haus. Der freundliche Dekan von Reutte und andere geistliche Herren versprachen ihm ihren ganzen Einfluß, die hartnäkkige Entflohene zur Rückkehr zu bewegen. Umsonst. Der verlassene Gatte mußte nach wie vor allein in seinem Hause walten und alle Geschäfte besorgen:

Ich koch, ich wasch, ich fege,
Und scheue keine Müh,
Und darf wohl sein nicht träge,
Bei Kälber und vier Küh.

Wieder ging er nach Lermoos zu den Angehörigen seiner Frau, zum Pfarrer, zu einer Menge von ihm genannter Personen. Endlich scheint seine Geduld erschöpft, er sucht die Ungetreue zu vergessen:

Sie ist nicht mehr zurückgekehrt,
Rosina, meine Liebe,
Doch dieses Lied aufs neu mich lehrt:
Verwirf doch solche Liebe!
Vergiß dies Herz und laß sie drein,
Such dir ein schöneres Leben,
Es gibt ja viel der Mädchen fein,
Die schöner dich umschweben.

Auf der Seite seines Büchleins, auf welcher diese Strophe steht, macht Mantl eine auf dieselbe bezügliche Anmerkung, die das schlimme Licht, welches eine derartige Äußerung auf seine Sitten werfen könnte, wieder aufhebt.
›Der Verfasser ersucht den Leser, diesen Vers nicht zu mißdeuten, indem er darunter nur ein friedliebendes, ordentliches Dienstmädchen versteht.‹
So blieb die Sache, alle Mittel, Rosina umzustimmen, erwiesen sich vergeblich. Da kommt unserem Buchbinder die Reue, und er gibt sich selbst die Moral seiner Abenteuer:

Will allen noch mitteilen,
Erfahrung sonderbar:
Man soll nicht übereilen,
Den Gang zum Traualtar!

Damit schließt das Buch.
Allein die tragische Entwicklung ließ nicht lange auf sich warten.
Einer der Angehörigen des Mädchens suchte der Geschichte dadurch ein Ende zu machen, daß er ihm mitteilte, Rosina sei abgereist und nach Amerika ausgewan-

dert. Da zu jener Zeit, wie noch heute, viele Tiroler nach Peru zogen, hatte die Nachricht nicht viel Unwahrscheinliches. Aber nun zeigte sich, daß er mit seinem schließlichen Widerwillen gegen die geliebte Hunderpfund sich selbst betrogen hatte. Flugs ging er nach Hause und machte alle seine Habe zu Geld. Das Schiff aber, mit dem jener Auswanderungstrupp in die neue Welt befördert werden sollte, war schon abgesegelt. Mantl besann sich nicht lange und nahm einen Platz auf einem Dampfschiff, welches die langsame Fahrt des Seglers weit überholen würde, wie man ihm sagte.

So war es auch. Als er in Lima anlangte und beklommenen Herzens nach jenem Schiff fragte, erhielt er die frohe Nachricht, daß es noch nicht angekommen sei. Nun wartete er Woche um Woche. Endlich kündigten die Signale sein Einlaufen an. Mit welchen Gefühlen er an den Strand stürzte, den ersten Tiroler um sein Weib befragte, wie er entsetzt von einem seiner Landsleute nach dem anderen vernehmen mußte, daß es gar nicht auf dem Schiff gewesen sei und niemand etwas von ihm wisse!

Die Lage Mantls war schrecklich. Er sah, daß er betrogen worden war. Indessen waren seine Mittel durch die bedeutenden Kosten der Überfahrt auf dem Southampton-Dampfer und das lange Warten in der teueren Hafenstadt so geschmälert worden, daß der Arme nicht mehr daran denken konnte, nach Reutte zurückzukehren.

So ging er weit landeinwärts und arbeitete zuletzt in einem Bergbau. Vor etwa fünf Jahren gelangte die Nachricht in seinen Heimatort, daß er von Indianern erschlagen worden sei. Rosina Hundertpfund aber ist noch heute wohlgenährte Köchin bei einem geistlichen Herrn im frommen Vaterland.

Von Ehrwald zum Seeben- und Drachensee

Hoch in den Ehrwalder Gebirgen, dem Wetterstein-Zugspitz-Stock gerade gegenüber, liegen zwei Seen eingebettet, deren Gestade selten vom Fuß eines Sommerreisenden betreten werden. Man nennt den einen den Seeben-, den anderen den Drachensee. Man kann vom Gaistal oder auch von Ehrwald aus zu ihnen emporsteigen.
Aus der Schale der Seen fällt ein Wasserfall, der ›Seebensturz‹, ein langer Strahl, der tief sich in die Wände eingeschnitten hat und sie rückwärts durchsägen wird bis zum See, aus welchem er rinnt. Dann wird die Flut tief in ihrem Bette sinken.
Gestern war unheimlicher Schimmer in der Luft. Überirdische Lichtfäden zitterten um die Berge, Böses verkündend wie die Glanzrosen auf der jugendlichen Frische des Hektischen. Heute wühlt der Sirocco oben in den Dünsten, vielfarbige Schatten lagern in der schwülen Luft, Regen und Sturm stehen bevor. Dennoch wollen wir den Wanderstab nicht in der Ecke der Wirtsstube stehenlassen.
Bescheiden gehen wir am Rande ›des Mooses‹ zur Ehrwalder Alp. Das ›Moos‹, das zwischen Ehrwald und Lermoos liegt, soll vor undenklichen Zeiten ein Wald gewesen sein, was verschiedene Baumstämme beweisen, die beim Ausstechen von Gräben gefunden worden sind. Dann dürften die ringsum liegenden Hochtäler ihre Seen in den Kessel ausgeleert und einen einzigen See gebildet haben, der sich allmählich einen Abfluß durchs jetzige Loisachtal schuf und schließlich ganz verschwand, von seinem einstigen Dasein nur durch die noch bestehende

Moorfläche Zeugnis gebend. Die Bewohner der Nachbarorte freilich erzählen eine ganz andere Genesis. Vor Zeiten, sagen sie, da war die Ebene zwischen Lermoos, Biberwier und Ehrwald gar fruchtbar und schön, und von *einem* Acker wurde mehr des Getreides geerntet als jetzt vom ganzen Moos. Aber das war den Leuten von dazumal noch immer nicht genug, und fortwährend dachten die Ältesten und Weisesten nach, wie wohl der allgemeine Wohlstand noch zu heben wäre. Endlich hatte auch einer das Richtige herausgebracht und sprach zur schleunigst versammelten Gemeinde also: »Wir senken das Weizenkorn alljährlich in den Schoß der Erde, und siehe, es wächst auf und bringt hundertfältige Frucht, der winzige Apfelkern wird zum mächtigen Baum usw. usw. Darum habe ich in langen Nächten mir es zusammengedacht, daß auch des Eisens teuere Metall aus unserer Erde erwüchse, wenn wir gleich dem Samen die Nadeln unserer Weiber in sie versenkten.«

Rauschender Beifall belohnte den Allweisen, und alsbald war groß und klein daran, ›Nadeln zu stupfen‹, und alles freute sich schon der kommenden Ernte. Aber Mond um Mond verging, und noch zeigte sich nicht das geringste Keimen an der Oberfläche. Wieder saßen die Ältesten und Weisen beisammen, um Rat zu halten, und wieder sprach der Allweise: »Meines Erachtens ist die Trockenheit am Mißwachs schuld.« Und alle stimmten bei: »Es ist zu trocken.« Nun ging's mit Spritzkannen und Wassergefäßen hinab zu den Äckern, und begossen wurde und wieder begossen, tagaus, tagein, bis keiner mehr im Sumpfe zu stehen vermochte. Eisen aber ist keines gewachsen, und die Nadeln rosten tief im Grunde und warten eines Altertumsforschers, der sie für wer weiß was ausgeben wird. Wer aber ungeschoren die Gegend zwischen dem Goubi-Joch und dem Wetterstein passieren

will, der hüte sich, von den ›Nadelstupfern‹ zu sprechen! Am liebsten schaut man rechts hinauf in die Hochschale, den Riesenbecher mit dem ausgezackten Rand, der auf der Nordseite gegen uns her eingestürzt und abgebrochen ist, weshalb auch hier der Wasserfall abstürzt.
Dieser Wasserfall hat sich, wie erwähnt, einen tiefen Kamin in den Wall eingefressen. An den verwetterten Rändern stehen Fichten und umragen die kleinen vor sie hingesprühten Mulden, wie oben die hohen Steinsäulen um die großen Wasserbecken stehen.
Menschliche Bewegung ist in der Gegend der Ehrwalder Alpe wenig zu sehen. Hier und da mag wohl ein Pechler vorüberkommen, der eine zylinderförmige Masse Harz von roher Baumrinde umwickelt nach den Ehrwalder Pechhütten hinabzieht, oder ein schmutziger Senne, der seinen rußigen Käskessel zum Ausbessern ins Tal trägt.
Auf dem breiten Boden der Ehrwalder Alpe steht eine Menge von Ställen für die Rinder und Kühe. Daneben fehlt das Feldkreuz und die kleine Kapelle nicht, auch nicht große Felsblöcke, hier und dort über die Flur hin verstreut. In die Zwischenräume mancher dieser Felsblöcke haben Lärchen ihre Wurzeln eingekeilt, und als Hintergrund des Bildes stehen die Wände da mit ihren Geröllhängen und winzigen Grasflecken, oben von Wolken und Regenschauern in den endlosen Raum hinein aufgelöst. Wie erwähnt, steigt der Weg von hier zur Seeben-Alpe durch ansehnlichen Wald an, der mitunter von Geröllströmen und Gräben jäh unterbrochen wird. Die Alphütte selbst steht wie immer in einem Schmutzsumpf, dessen Untiefen vom Dickicht der gelbblütigen ›Almpletschen‹ verdeckt werden.
Der Kuhhirt hat sich vor dem Regen zur Feuerstätte in die Hütte zurückgezogen, während der ›Schafler‹ draußen auf den Geröllhalden seinen Pflegebefohlenen nach-

geht, um sie mit Salz zu versorgen und zu spähen, ob sich keiner von ihnen in den Klüften des Kalkes verloren habe.
Von der Seeben-Alpe ist es nicht mehr weit zum gleichnamigen See. Auf dem Wege dahin sieht man auf den Schuttfeldern noch manchen weißen Überrest alter Lawinen, der mit großem schwarzem Tor die Wasserader andeutet, welche durch ihn hindurchfließt. So wird es immer wilder gegen den Hochsee hin. Eine geraume Strecke, bevor der Seespiegel selbst erscheint, glitzert sein Abfluß, ehe er sich zum großen Sturze abbiegt, durch spärliche Fichten.
Der Seebensee ist ein tiefgrünes Becken, rings, gegen den Strand hin, von einem breiten hellgrün-gelben Band umgeben. So zeigen sich die Farben ja bei schier allen diesen Hochseen. Weiter gehören ins Bild die Legföhren des Ufers und einige um ihr Dasein kämpfende Lärchen, der weißliche Weg hart an der Flut, der Ausfluß, der sich träg durch morsche Baumstämme durchkämpft, Schneekare oben im Geschröff, Geröllrisse, sich in den Schnee hineinspiegelnd, und allgegenwärtiges Geklingel weidender Rinder.
Oben durch ›Kamine‹ herab haben sich im Frühjahr Lawinen in die Eisdecke des Sees hineingewälzt, welche sie sicherlich zerschlagen haben wie ein Steinwurf den Spiegel. Jetzt sind von diesen Lawinen nur mehr die Haufen des Schotters übrig.
Schaut man nach Norden, zur Lücke im Schalenrand, durch die wir hereingestiegen sind, so sieht man die Zugspitze und die Giebel der Wolkenungetüme, die deren Gestalt nachahmen, und vor dieser Wandelbewegung der Berge und Wolken Uferbäume, hart vor dem Hintergrund derselben ausgeschnitten.
Der Seebensee wimmelt von Forellen. Häufig sieht man

die Jäger und Wildschützen, die in den Bergen nach Wild jagen, ihre Gewehre an den Scharen von Fischen versuchen, die über den gelbgrünen Boden der seichten Uferstellen hinhuschen.
Vom Seeben- zum Drachensee ist ein steiler Aufstieg. Mächtig sind die Umwallungen, die Felsterrassen, die Staffeln, in denen sich der Kalk erhebt.
Der Drachensee ist in steile Ufer tief eingebettet. An seinem Rande herumzugehen vermöchte nur ein verwegener Kletterer. Sein Wasser ist eisig kalt und schwarz von Ansehen. Während das Wolkenheer über ihn, vom Sturm gejagt, hinflieht, ringelt sich die finstere Fläche. Weitere Gesichtstäuschung: man sieht von der Umwallung dieses Gewässers aus den Seebensee in der Tiefe liegen. Dieser erscheint dann aber nicht mehr tiefgrün, sondern in der Mitte purpurn, vom grünen Bande seichter Ränder umgeben.
Im Regensturm und in der Wolkenflucht gibt es wundersame Farben auf den Höhen. An den grauen Wülsten kleben smaragd- wie malachitgrüne Flecke, winzige Grasinseln in der Verwitterung. Ein Bach summt leise von einem Schneefeld herab, kümmerliche Legföhren zittern; sonst ist alles laut- und regungslos um den See, in dessen von der Älplern gemiedenem verderblichem Wasser kein Fisch sich rührt. Vielleicht haben Abflüsse aus dem bleihaltigen Gebirge die Flut verderbt.
Links oben sieht man eine steile Geröllhalde, die sich in einen engen Spalt verliert. Durch diese hohe Kluft kann man ins Inntal hinüberklettern, das man, nicht ohne einige Mühsal, über jähe Schuttfelder hinab, in der Nähe des waldigen Obsteig erreicht.

Über die Fern-Seen, den Mitter- und Weißensee, nach Imst

Von der nördlichen Umwallung des Inntales, welche durch die oft geschilderten Kalkalpen gebildet wird, führen mehrere Wege zum Fluß hinab, drei Fahrstraßen und zahllose Übergänge, die nur der Hirt, der Jäger oder der Bergfreund aufsucht.

Die drei Fahrstraßen sind: diejenige, welche vom Tegernsee ins Achental geleitet und bei Jenbach herabkommt; die mehr erwähnte von Mittenwald in Bayern nach Zirl und sodann die von Reutte oder Garmisch über Lermoos und an den Fern-Seen vorüber, über den Fernpaß nach Nassereith angelegt ist, von wo aus man nach Imst oder Miemingen gelangen mag.

Allen drei Straßen kommt große landschaftliche Schönheit zu, und ich darf nur die Erinnerung an den blauen Achensee wachrufen. Auf letzterer Route begeben wir uns diesmal ins Inntal.

Die Zugspitze, der Schneefernerkopf, oder eigentlich die von ihnen abstürzenden Wände sind von Lermoos, Ehrwald und Bieberwier aus mindestens ebensogut zu betrachten als von den anderen Talböden, zu welchen sie abfallen. Insbesondere das Wiederglänzen des Abendrotes an den nackten Karen dürfte hier besondere Wirkung hervorbringen.

Den Glanzpunkt dieser nach dem Inntal führenden Fahrstraße aber machen die Seen aus, von welchen die größeren auf der Nord-, die kleineren auf der Inntaler Seite des Passes eingebettet liegen.

Zuerst gelangt man an den Mitter- und den Weißensee,

der mancherlei kleinen hellen Tümpel nicht zu gedenken, die sich nach langwierigem Regen in moosigen Vertiefungen des Waldes breitmachen. Es ist schwer, von dem wundervollen Grün eine Vorstellung zu geben, welches dem Wanderer aus den Seetiefen entgegenstrahlt.
Wenn man an einem warmen Frühsommermorgen hier vorübergeht, so wird man schwerlich der Versuchung widerstehen, in einem dieser am Gestade von mächtigen Fichten und Lärchen überschatteten Gewässer zu baden. Kommt man dagegen an einem klaren Abend von der entgegengesetzten Richtung her, so wird ein unbeschreibliches Widerglühen der von roten Strahlen getroffenen Gipfel der Sonnenspitze und der Silberleiten aus der Flut heraus den Beschauer entzücken.
Im Winter sind die Seen des Fern nicht minder schön zu betrachten. Im goldenen Winterlicht gleißen die Becken unter der Sigmundsburg, die schneelosen, aber gefrornen Abhänge erwärmen sich allmählich, und leise Nebel zittern von ihnen auf durch die klare Luft. Durch das dünne Eis scheint es so tiefgrün heraus wie aus der ungebundenen Welle. Die grüne Fläche ist frei oder bedeckt, je nachdem sie von den Strahlen der Sonne erreicht oder vom Schatten der Fichten überdeckt wird, in deren dichte Bestände sie sich hier und dort hineinkrümmt.
Es ist, als ob menschliche Kunst durch Zusammenstellung aller Schönheiten, die Berg, Wald und Wasser in anmutigem Nebeneinander zu bieten vermögen, hier einen Alpenpark ohnegleichen geschaffen hätte.
Auf der Höhe angelangt, werden wir uns ungern von dem Anblicke der Seeflächen trennen. Noch einen Blick auf das grüne Wipfelmeer, auf die Fichtenwölbungen, und dann hinab, durch das öde Gurgl-Tal den sonnigen Geländen des Inn entgegen!
Die neue Straße über den Fernpaß, welche die Steigung

in mehreren gewaltigen Schlangenlinien bewältigt, ist eine Musteranlage, wir ziehen es aber doch vor, die verfallene alte Straße zu gehen. Sie ist kürzer, und man überschaut von ihr die beiden Seen, welche auch auf dieser Seite den Paß zieren, besser.

Es tut einem bei dem Bild, welches vor uns liegt, die Wahl weh, welche Seite des Passes für die schönere zu halten sei. Waren es drüben die vielfarbigen Dolomite mit ihren Schneeflecken, die Spiegelungen dunkler Zakken und heller Wolken im Wasser, welches die Gegenstände nur in den ihm selbst eigenen Farben, Blaugrün, Malachitgrün, wo tief, Gelbgrün, wo seicht, entgegenstrahlte: so sind es hier von drohenden Wolken überlagerte Jöcher, jenseits welcher der Lech fließt, die von kunstfertigen Gestrüppanpflanzungen und eingeschlagenen Pflöcken gegen Lawinen und durch ein festes Bett gegen den Wildbach geschützte neue Straße; der grüne Fernsteinsee mit gelben Inseln, der weiße Schaumbach, der jäh hineinstürzt, die alte Straße, auf welcher wir hoch über der Talsohle gehen, an vielen Stellen zerbröckelt und zur Hälfte hinabgestürzt, so daß der Zeitpunkt als nahe vorausgesehen werden kann, an welchem niemand mehr über sie hinzuschreiten vermag, und schließlich mitten im See über seinen blaugrünen Buchten hoch auf waldiger Kuppe die alte Sigmundsburg, vielleicht die am meisten malerisch gelegene von allen Trümmern des Berglandes, und schließlich die herrliche Veste Fernstein selbst, die einst den Paß sperrte.

Von dieser alten Klause Fernstein, unter deren Torbogen sich einst die Straße hindurchzog, ist nicht mehr alles übrig. Wir sehen, wenn wir von der Paßhöhe auf der halb in die Tiefe gestürzten alten Straße hingehen (von welcher die Landschaft viel besser überschaut wird als von der neuen aus), ein Trümmerwerk, einen Turm, einen Bogen,

abgebröckeltes Gemäuer, Terrassen, die einst der Verteidigung dienten und in welchen jetzt Gemüse grünen.
An Nassereith vorbei erreichen wir auf dieser Route den alten Markt Imst, den Deutschen durch Scharen von Vogelhändlern bekannt, welche vor Jahren von hier aus alle Länder durchzogen und wohlabgerichtete Drosseln und Kanarienvögel herumtrugen. Die Imster hatten den Ruf, den Vögeln allerlei Melodien beizubringen, deren Namen so vielfältig waren wie die ›Weisen‹ der weiland Meistersänger. Am meisten sprach man von dem ›Waldschall‹ der Imster Drosseln. Indessen wird ihnen von den Klügeren nachgeredet, daß späterhin gar häufig die Ware vom Namen gedeckt worden sei und daß die Händler, welche nach Norden reisten, ihren schwindenden Vorrat an gelehrten Schreiern stets wieder durch Aufkäufe an dem Ort ergänzten, an welchem sie sich eben befanden. So würde ihr Geschäft demjenigen zu vergleichen sein, welches die Zillertaler Handschuh- und Teferegger Teppichhändler getrieben, welche die Welt mit Erzeugnissen durchreisten, die an hundert Meilen weit von ihren heimischen Tälern entfernt hervorgebracht worden waren. Indessen ist es dem Imster Vogelhandel ergangen wie vielen anderen ähnlichen, einst auf bestimmte Orte beschränkten Betriebszweigen. Die große Abnahme der Singvögel in Tirol, mag ihren Teil dazu beigetragen haben, auch die höhere Kunst der Gesangslehrer mit diesem oder jenem fast ausgestorben sein. Der vorzügliche Grund aber wird, wie ich mir denke, in der wechselnden Laune der Welt liegen.
Eine andere wirkliche Merkwürdigkeit des jetzigen Imst, deren Wert auf geistigem Gebiete liegt, wird selbstverständlich weder erwähnt noch besucht. Ich meine den alten Luterotti, welcher vor vierzehn Jahren zu Innsbruck einen ansehnlichen Band ›Gedichte in Tiroler Mundart‹

herausgab, auf deren Titelblatt er in seiner bescheidenen Weise nicht einmal den Namen setzte. Welche Bedeutung diese Erzeugnisse für die Kenntnis der Sprache und der verborgensten Eigentümlichkeiten des Volkes haben, geht daraus vor, daß dies gründliche und gelehrte Wörterbuch der Tiroler Mundart die Sammlung gar häufig als authentische Quelle für dieses oder jenes Wort oder irgendeine Redewendung angibt und sie zitiert, wie ein Lexikograph des alemannischen Dialektes Hebel, einer des plattdeutschen die Werke von Fritz Reuter herbeiziehen müßte. Bei mancher Pièce dieser merkwürdigen Dichtungen steht allerdings Luterotti nur zu Gevatter, andere sind von ihm unmittelbar der Überlieferung im Volksmunde nachgeschrieben, wie etwa:

Bald ma koan Raam hat,
Kann ma nit rüarn,
Wenn ma koan Knecht hat,
Bleibt oan koa' Diarn.

und ähnliche Ausflüsse populärer Weisheit; die meisten aber verdanken ihren Ursprung jener Mischung von selbsterworbener Kenntnis des Volksgeistes in den Bergen und dichterischer Begabung, welche bewirkt, daß seine Gedichte einen ganz anderen Eindruck machen wie so manche verifizierte Aperçus über volkstümliche Redensarten und mühselig in Rhythmus gebrachte Anekdoten.

Der Tschirgant, welcher sich neben Imst zu einer ansehnlichen Höhe erhebt, ist einer jener zahlreichen Berge des Alpenlandes, von denen niemand sagen kann, wie er eigentlich aussieht. Von hier aus betrachtet, erscheint er als eine Wand, als eine Kuppe, als ein rundlicher Bergrükken; von Standpunkten aus, die weiter im Westen liegen, als eine so vollkommene Pyramide, wie nur je eine im

Niltale stand, bevor ihr die Stürme und die Jahrtausende die Spitze abbrachen. Wie die Natur überhaupt in Gleichnissen lehrt, so sind es die Alpen insbesondere, aus deren Betrachtung manches Ergebnis für die Auffassung der Dinge im allgemeinen abgeleitet werden kann.

Verzeichnis der Abbildungen

Bibliographie

Noë, Heinrich, Das Österreichische Seenbuch, München 1867

Noë, Heinrich, Das Deutsche Alpenbuch, Band 1, 2 und 3, Glogau 1876

Noë, Heinrich, Das Brennerbruch, München 1869

Noë, Heinrich, Österreichische Südbahn, Die Kärtner-Pusterthaler Bahn Zürich 1883

Noë, Heinrich, Bürger von Tirol in Bild und Wort, München 1882

Ausstattung Hans Peter Willberg, Eppstein
Lithographien ReproGruppeDreieich,
Dreieich-Sprendlingen
Satz Dörlemann-Satz, Lemförde
Schrift Palatino (Digiset 200 T2)
Druck Paul Robert Wilk, Friedrichsdorf
Bindearbeiten Monheim GmbH, Monheim
Papier holzfreies Daunendruck 80 g/m²
der Papierfabrik Scheufelen, Oberlenningen
Printed in Germany 1983
ISBN 3 88034 190 7

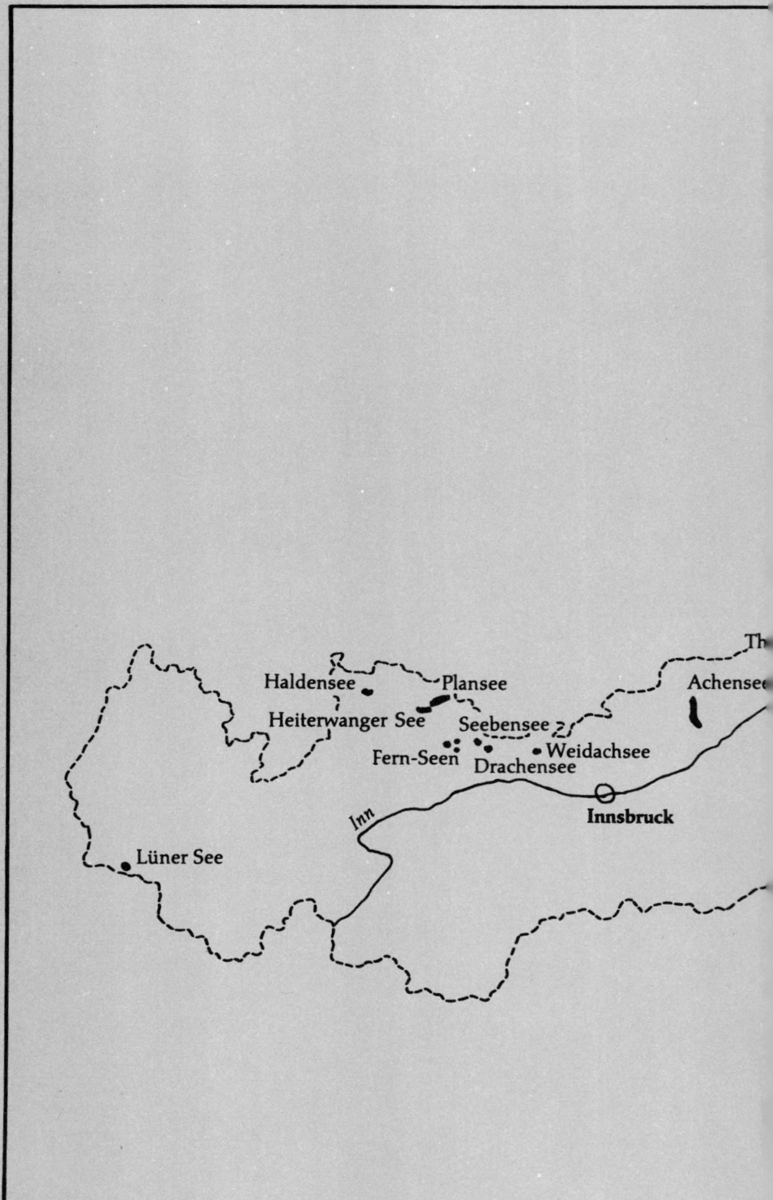

Th
Haldensee
Plansee
Achensee
Heiterwanger See
Seebensee
Fern-Seen
Weidachsee
Drachensee
Inn
Innsbruck
Lüner See